西南财经大学老龄化与社会保障研究中心

U0582757

中国多层次养老保险制度协同治理研究

任 斌◎著

Research on collaborative governance of
multi–level pension system in China

经济管理出版社
ECONOMY & MANAGEMENT PUBLISHING HOUSE

图书在版编目（CIP）数据

中国多层次养老保险制度协同治理研究 ／ 任斌著.
-- 北京：经济管理出版社，2024.4
ISBN 978-7-5096-9691-0

Ⅰ．①中… Ⅱ．①任… Ⅲ．①养老保险制度 - 研究 -
中国 Ⅳ．①F842.612

中国国家版本馆 CIP 数据核字（2024）第 091636 号

责任编辑：张莉琼
助理编辑：李光萌
责任印制：许 艳
责任校对：王淑卿

出版发行：经济管理出版社
　　　　　（北京市海淀区北蜂窝 8 号中雅大厦 A 座 11 层　100038）
网　　址：www. E-mp. com. cn
电　　话：（010）51915602
印　　刷：北京晨旭印刷厂
经　　销：新华书店
开　　本：720mm×1000mm/16
印　　张：15.75
字　　数：289 千字
版　　次：2025 年 4 月第 1 版　　2025 年 4 月第 1 次印刷
书　　号：ISBN 978-7-5096-9691-0
定　　价：98.00 元

· 版权所有　翻印必究 ·
凡购本社图书，如有印装错误，由本社发行部负责调换。
联系地址：北京市海淀区北蜂窝 8 号中雅大厦 11 层
电话：（010）68022974　　邮编：100038

前　言

　　推进养老保险制度朝多层次体系的协同治理模式改革，是新时代我国多层次社会保障体系高质量发展的重要内容。当前，在国际金融危机、逆全球化、数字技术革命等的现实环境下，各国政府均加强了对养老保险制度的规制和财政支出的混合策略，企图通过政策杠杆的作用来调节这些冲突和矛盾，从而为养老保险制度改革与治理创造良好条件。在我国，养老保险制度的改革治理不仅面临着传统的地区分割衍生的地方利益博弈、制度碎片化嵌入社会分层之中的分配问题，以及有待完善转续衔接通道的各层次排他性格局，还面临着新时期经济增长放缓的市场福利变化、劳动力市场就业结构变迁、个体化冲击传统社会关系等外部经济社会环境的变迁，以及国际养老保险制度改革新趋势的渗透。在这些新旧交织的风险和困境面前，我国养老保险制度的改革已然是一个值得高度关注的社会政策问题。

　　本书坚持马克思辩证唯物主义和历史唯物主义，在推进国家治理体系和治理能力现代化的进程中，结合我国多层次养老保险制度建设所面临的现实困境，把养老保险制度改革嵌入社会系统（包括经济、社会、文化、人口等诸多方面）的循序协调发展之中，通过拓展一个养老保险制度协同治理的理论框架，展开相关经验分析和国际比较研究。总体上，本书首先尝试性地构建了由政党体系、社会系统、规制策略、风险因素四个核心要素构成的多层次养老保险制度协同治理的理论框架；其次分别考察了当前及未来制约我国多层次养老保险制度改革治理的一些关键性问题，即基本养老保险与个人养老金制度相互作用对基金财务可持续和老年人的养老金充足性的保障效能，如何完善税收优惠政策和调整规制策略来推动商业养老保险的扩面，以及如何推动养老金基金化改革来促进老龄金融的创新发展。

具体来说，笔者在第二章围绕我国多层次养老保险制度改革治理的成就与挑战，系统地梳理出改革开放以来我国养老保险制度改革治理的阶段性特征，并从治理主体、对象、工具、理念及风险等方面概括出改革治理的趋势，以及提炼出重要成就。然后，结合我国经济社会发展实际与国际环境形势所面临的系统性挑战和风险特征，归纳出制约我国多层次养老保险制度协同治理的体制机制障碍。第三章，进一步分析了构建我国多层次养老保险制度协同治理框架的相关理论基础和现实依据，并依次对社会政策中的"风险"因素和"规制"因素进行分析，基于协同治理视角厘清两者对养老保险制度改革治理的作用机理，最终形成由党政体系、社会系统、规制策略、风险因素四个基本单元构成的多层次养老保险制度协同治理理论框架。

在第四章到第七章，笔者分别围绕当前我国多层次养老保险制度协同治理的三个重要侧面展开了经验研究工作，并进行了国际经验的梳理。第四章基于养老保险制度参数调整、劳动力供给紧缩、财政补贴调整、国有资本划转及个人养老金制度实施等现实背景，构建系统动力学政策仿真模型，考察我国基本养老保险与个人养老金的相互作用对基金财务可持续与养老金待遇充足性的保障效能。第五章从劳动力市场工资收入增长压力视角解释了我国既往商业养老保险的改革逻辑。并且，基于中国劳动力动态调查数据和全国76个城市经验数据，实证估计了我国居民收入增长压力、就业结构及两者共时性效应对其购买商业养老保险行为的影响效应。第六章深入解析了我国人口老龄化、资本紧缺压力及养老金储蓄的现实境况与挑战，并系统梳理了几种主要的养老金基金化改革模式和阶段性进程。当然，对国际经验的借鉴与吸收仍然是我国养老保险制度理论和实践创新的重要方法论基础，所以笔者在第七章围绕三个侧面进行了国际经验的分析考察。

第八章是全书的终章，笔者基于经验分析结论和国际经验梳理，提出了关于我国多层次养老保险制度协同治理的制度优化和政策完善的一些建议。总体上，本书的创新或边际贡献体现为两个方面：第一，在研究视角方面，突破了传统多层次对养老保险制度的改革研究长期囿于制度内部结构关系或单一层次的考察，把养老保险制度改革活动及其影响嵌入社会经济系统的循序协调发展之中。第二，在理论框架方面，构建了一个纳入"风险"与"规制"要素的多层次养老保险制度协同治理的理论框架，丰富了对我国多层次养老保险制度协同治理的理论认识。并且，基于这一理论框架，本书考察了当前及未来制约我国多层次养老保险制度改革治理的一些关键性问题，这些经验分析与结论背后所涉及的是各层次养老保险的相互作用、税收政策优化、劳动力市场规制、金融市场结构及居民金融素养与行为等涉及多个侧面协同的、混合的改革治理的路径优化。

目　录

第一章 导 论

一、选题背景与研究问题

（一）选题背景

推进养老保险制度朝着多层次体系的协同治理模式改革，是新时代我国多层次社会保障体系高质量发展的重要内容。从改革经验来看，我国多层次体系的协同治理模式是通过国家的主导，促进多元主体的协同合作，将"善治"①理念应用到多层次养老保险制度的政策制定、执行、评估、调整的综合性全过程，保证国家养老保险事业发展目标的全部实现。其内涵主要体现在两个层面：第一，多层次养老保险制度的政策体系本身就是一个多样化的组合方式，不同层次的养老金计划解决特定类型的风险，以分散养老收入风险和优化预期回报（Wang et al.，2014），因而强调各层次和各要素之间的协同与相互作用。第二，把养老保险制度嵌入它所处的经济社会环境之中，在围绕经济包容性增长和国家治理现代化的改革进程中，通过"创造性破坏"等方式重构养老保险制度在参与主体、发展目标、资源结构、权责利益等方面的关系，因而强调与整个经济社会的系统

---

① 在过去几十年的改革实践中，逐步认识到协同治理不仅要追求效率的工具理性，更要对价值理性关切，是工具理性和价值理性的有机统一——这也正是"善治"伦理演进的终点，由它引出的积极的政策性思想包括权力与权利的协调、政府与社会的合作分工、公共选择与公共博弈的公平有效、多元主体共建共享和共管共治。

性协同发展。

从国际经验来看，当今世界已经进入一个对养老保险制度提出历史性挑战的社会与经济转型时期，这给多层次养老保险制度改革治理带来了一系列挑战。在全球金融危机、逆全球化、数字技术革命等系统性冲击面前，养老保险制度所赖以运行的劳动力市场和金融市场条件都发生了变化，各国政府均加强了对养老保险制度的规制，企图通过政策杠杆的作用来调节这些冲突和矛盾，从而为养老保险制度改革治理创造良好条件。然而，各国在历史文化、价值观念、福利模式和社会政策等方面的差异，使得复杂的养老保险问题并没有一个普遍的解决办法，也没有简单的改革模式可以适用于所有国家。当然，唯一可以确定的是，各国都壮大了职业养老金计划和个人养老金计划规模，但仍然表现出不乐观的前景，因为截至目前来看，各国政府的改革选择都还是很有限的（Hinrichs，2021）。所以，我国多层次养老保险制度的改革治理，必须立足于本土政治经济与社会文化条件，以及养老保险演进的历史传统，方能找到适合我国国情的多层次体系的协同治理创新路径。

在我国，至少有以下五个方面正在发生深刻变化，影响着当前及未来国家多层次养老保险制度的改革治理。第一，老龄化加剧和数字技术变革促进了劳动力市场就业结构变化，灵活就业的"非标准化"模式对建立在全职就业基础上的传统养老保险制度模式提出了挑战，威胁到国家养老保险制度的核心目标。第二，持续放缓的经济增长表明生产性福利模式可能会终结，工资收入增长创造的市场福利与公共养老金福利之间的关系需要进行再平衡，这也预示着职工和居民在面临市场福利紧缩的同时，还要承担更多的养老保险责任，这对补充养老保险发展是一个较大挑战，如何认识和应对这个挑战是多层次养老保险制度改革治理的核心任务之一。第三，经济增长放缓威胁到既往主要依靠财政支出扩张的养老保险制度改革治理策略。随着"福利中国"口号的提出，"规制"与"财政"的混合策略模式将是未来的必然选择，但这也意味着将进一步地把养老保险制度嵌入劳动力市场和金融市场的规制体系之中，这种互嵌性将会增加养老保险制度改革的复杂性。第四，应对老龄化加剧所带来的再生产资本紧缺压力是未来养老保险制度改革的重要目标。在传统的以促进经济增长和工业发展的金融制度安排基础上，还需要考虑促进养老金基金化的制度能力构建，这就需要提供一套整体的、协同的金融市场与养老保险制度改革的政策体系。这将拓展国家养老保险制度改革治理的边界（林义，2022）。第五，立足中国式现代化本质内涵和发展愿景，"双循环"战略将在产业布局、数据安全、资本分配、交易成本控制、市场准入等多个方面形成一套综合性改革策略①，这将重构新时代我国养老保险制度改革治理的经济社会环境和条件，深刻影响国家养老保险制度资金来源和支付变革。

（二）研究问题

第一，在传统的养老保险制度各参数或各项养老金计划之间的内部协同范畴基础上，基于实现"福利中国"目标的视角将国家养老保险制度的协同治理范畴拓展到经济社会系统的循序协调发展层面。因此，为了完成这项研究工作，本书在第三章尝试性地构建了一个由政党体系、社会系统、规制策略、风险系统四个核心要素构成的多层次养老保险制度协同治理的理论框架。这一框架的经验支撑主要来自我国养老保险制度改革的历史传统，当前的政治经济环境与社会结构变迁，包括中国共产党领导的先决性作用、经济紧缩时代的生产性福利减弱、个体化对社会关系的冲击等方面，以及典型 OECD 成员国的比较历史经验。在这一理论框架之下，本书在第五章至第七章将主要聚焦三个方面的经验性分析工作。

第二，如何通过基本养老保险与个人养老金制度的互动来应对基金财务可持续与老年人养老金待遇充足性的风险。这是任何国家的养老保险制度改革都需要关注的两个目标。毋庸置疑，促进各层次养老金计划的联动关系和转续衔接是保障我国多层次养老保险制度改革的重要政策取向（成欢和林义，2019），因此也是协同治理的一个重要侧面，而这种层次之间或不同养老金计划之间的相互作用在很大程度上是通过各个参量的调整和权重划分来实现的。从过去 10 多年的改革历程来看，我国基本养老保险制度的参量式改革取得了突破，对各项参数之间的相互作用和联动效应的规律有了深刻把握（刘苓玲等，2016），但超越基本养老保险制度范畴，参量式改革也是影响基本养老保险制度与补充养老保险制度平衡关系的重要因素，而这种平衡关系对养老保险制度的财务可持续与未来老年人养老金充足性的风险缓解具有关键性作用。

第三，如何促进商业养老保险的扩面。因为，商业养老保险扩面是决定我国补充养老保险发展的关键，特别是在当前我国大力发展个人养老金制度的现实背

---

① 过去几十年里，国家通过对外贸易政策（廉价劳动力比较优势）、再分配政策（税收和公共转移支付）、货币政策（控制通货膨胀）及收入政策（最低工资标准）等因素的混合效应，推动了经济的持续高速增长。未来，在中国式现代化建设新征程中，一套与时俱进的综合性改革方案正在逐步形成。

景下，必须把扩张商业养老保险覆盖面作为前置条件进行审慎考察。但在经济增长放缓时期，扩大商业养老保险覆盖面的最大挑战之一，毋庸讳言是职工和居民所面临的劳动力市场的工资收入增长压力。这个问题将涉及两个重要方面：一是工资收入增长压力背后不仅与经济增长、就业结构等因素关联，还受到国家对劳动力市场规制策略或规制活动的影响，从后者来说，牵涉到养老保险制度与劳动力市场规制政策的协同治理。二是税收优惠激励强度是促进个人购买商业养老保险的重要政策安排，但关于如何设计税优激励机制则需要综合考虑劳动力市场福利（工资）、公共养老金福利缺口、税收政策安排的混合策略，这就关系到税收政策改革与养老保险制度改革的协同治理。

第四，考察国际上养老金基金化的改革治理模式及阶段性进程。虽然推动养老金基金化是各国应对老龄化时代养老金储蓄保值增值和缓解资本紧缺压力的重要方略，但是，当前我国养老金基金化水平不高、进程偏慢已是不争的事实。虽然我们一再强调养老保险制度改革治理必须立足本国经济社会和历史文化特质，但这并不意味着要放弃对国际先进经验的博采众长。由于我国独成体系的改革治理路径和模式与领先国家呈现出相当大的不同，这不仅体现在多大程度上采用的各种制度所带来的绩效方面，还体现在从这些进程中产生的组织结构与运行机制的过程方面。所以，未来推进我国养老保险制度与金融体系改革的协同治理，必须在立足国情的基础上，充分认识先进国家的经验路径，深刻把握国内外养老保险制度和金融发展相互嵌入的历史路径和治理逻辑。

二、文献回顾与简评

（一）国际多层次养老保险制度改革面临的挑战

当今世界已经进入一个对养老保险制度改革提出历史性挑战的社会与经济的新形势，如何实现对多层次养老保险制度更高效的治理，已然是各国政府的重要议程之一。当前，国际上的多层次养老保险制度改革治理可能存在如下一些共同性挑战需要应对：

第一，如何实现各层次养老保险或公共与私人养老金计划之间的平衡。一些学者认为，当前公共养老金计划与职业和个人养老金计划之间的互动不完善，导致整个养老保险制度缺乏社会包容性（Marier，2008；Guardiancich，2010），公共与私人养老保险之间在减贫和收入替代目标之间的界限模糊，使得公共养老保险承担了减贫和促进收入替代的双重责任，从而使得政府在政策安排时也很难厘清政府与市场的责任。这一现象在澳大利亚、丹麦、荷兰、瑞士等发达国家的养老保险制度安排上也曾表现得尤为明显（Holzmann，1998）。当然，还有些学者认为当前强制性的养老金计划挤出了市场计划（Holzmann，2013），这种效应的"病相"呈现于缴费率、替代率等制度参数在各层次之间的权重配置，但是，若要调整固定已久的制度参数权重，必然引起既得利益主体的反对，甚至会涉及政府官僚、金融机构、社会组织（如工会）之间的激烈博弈（Holzmann and Stiglitz，2001）。

第二，政治经济需求使得政府对养老保险政策干预增强，导致养老保险制度改革目标与社会经济发展的协同关系失调。Sørensen 等（2016）认为，公共和私人养老金的相互作用以及各支柱之间的责任配置是养老金制度政治经济学的一个关键方面。实际上，任何改革都具有路径依赖，特别是在多元化改革进程中利益集团调集政治资源的能力方面，这就导致人们会更多地考虑改革的政治经济需求，以及可行的方案在多大程度上适用于国家或地区从经济理论衍生而来的独特的政治动力功能，而无论其正确与否，但过度强调政治经济需求而忽视社会发展需求，都可能导致多层次养老保险制度改革目标发生偏离。例如，21世纪初中东欧养老保险制度改革出现一种监管趋势，即以牺牲金融（第二）支柱为代价来增加非金融（第一）支柱的养老金规模，Naczyk 和 Domonkos（2016）、Kurach 等（2019）就曾质疑这种转变对未来退休福利的影响。然而，近年来这一地区的罗马尼亚和捷克两国又重启金融支柱养老金计划，但由于两国不同的政治格局导致了它们在制度选择的重要方面存在明显差异（Adascalitei and Domonkos，2015）。当然，一个国家平衡经济和社会优先事项是很有挑战的，但这并不意味着两个目标是彼此排斥的，Hamid 和 Chai（2013）曾以马来西亚多支柱养老保险制度为例对该观点进行了论证。

第三，传统风险与新兴风险的交汇，冲击多层次养老保险制度的稳定性。首先，各国面临经济衰退、失业率上升、金融市场预期下行等系统性风险带来的压力（Gentilini et al.，2020），欧盟国家已经认识到当前的养老保障体系并不能避免大流行病的潜在后果，从而掀起了关于未来多支柱养老金制度的政治辩论

（Natali，2020），当前各国采取的措施都将对无论是公共还是私人养老金计划产生长期影响（Feher and Bidegain，2020）。其次，当前金融市场和反复出现的金融危机表明，养老金私有化和市场化的转型可能会给多支柱战略的社会和政治可持续性带来挑战（Ebbinghaus，2015）。Beetsma 等（2015）研究发现，任何企图通过养老保险制度来独立应对的计划都失败了，从而刺激政府陆续实施旨在应对系统性冲击和挑战的政策改革，刺激了旨在调整系统性吸收冲击的方式的改革。这就需要我们重新回到政治经济视角找到决定养老保险制度结构性改革的力量（Burtless，2009；Naczyk and Domonkos，2016）。最后，国际贸易保护主义抬头将会给各国养老保障体系带来巨大挑战（郑宇，2018）。各国福利制度安排日益朝向兼顾生产和保护性的特点发展（Tillin and Duckett，2017），这势必会导致国际金融、劳动力等自由市场的阻隔，从而冲击到私人养老金投资市场的稳定性。

（二）国际多层次养老保险制度改革治理的经验

一是在多层次治理体系建设方面。在老龄化、后工业化与全球化的传统"三化"冲击背景下，过去几十年发达国家不仅推进了治理（管理）元素多元化、有效分权、基金自治改革（Diop，2003；Yermo，2008），还加大了第三方协商机制（Ghellab et al.，2011）、引入标准化作为重要参量（Karayev et al.，2016）、参与主体互动机制建设（Mckinnon，2016）等治理体制改革。二是在促进私人养老保险发展方面。促进私人养老金计划精细化管理和运营效率提升是养老保险制度改革治理的重要趋势（OECD，2016；Carone et al.，2016），包括引入自动加入机制、发展集合年金计划、完善税收优惠、推行审慎监管、鼓励养老金生命周期投资创新以及为职业年金和个人养老金金融化改革创造条件等举措（Ebbinghaus，2015；Cribb et al.，2016；Yu et al.，2018）。三是在评估和优化多层次养老保障体系治理水平和制度路径方面。通常，追求公平正义、防止老年贫困等社会团结功能，以及缓解财政压力、促进经济增长等经济功能是不同国家实施多层次养老保障制度改革的重要目标。一方面，以国际劳工组织为代表，强调多层次养老保险制度是将一套社会保护工具结合起来，每一种工具都发挥一种或多种功能，以保证国家养老保障体系目标实现（ILO，2018）。另一方面，以世界银行为代表，主要目标则是支持经济增长和减轻财政压力。依据这些目标，Holzmann（2013）、Polakowski（2018）等学者对欧盟及德国、法国、英国等部分国家的多层次养老保险制度改革治理成效进行了评估。

（三）我国多层次养老保险制度改革存在的问题

林义（1994）、林毓铭（1996）等学者较早对我国多层次养老保险制度进行了理论探讨。郑功成（2011）、孙祁祥和郑伟（2013）、林义和林熙（2015）等学者对我国多层次养老保险的战略思路、实践条件与战略举措进行了论证。近年来，随着我国社会保障制度顶层设计思路的明确，一些学者先后基于多层次养老保险制度的实践，开展了制度发展的现状评估、政策优化及国际经验借鉴等研究工作。一方面，学者们讨论了多层次养老保险制度存在的困境，为完善我国多层次养老保险的制度设计与改革路径选择提供了丰富的问题准备。林义（2017）研究认为，当前我国多层次养老保险制度还存在发展环境制约、企业补充养老保险发展动力机制不足、商业养老保险提供的产品服务不够完善、补充养老保险的监管和风控能力尚待提升等问题。席恒和翟绍果（2014）则认为，广义养老金制度的三支柱之间的结构还有待进一步优化，第一支柱"一枝独秀"、职业年金作用发挥不足、商业养老保险和个人储蓄性养老保险未能给予充分的激励和政策支持。郑功成（2020）认为当前多层次养老保险体系缺乏统筹规划，导致体系结构和功能定位紊乱，比如各层次一直处于各自为政、分割推进、边界模糊状态。当然，也有学者针对上述部分问题进行了文献回应。成欢和林义（2014）提出，完善我国多层次养老保险体系必须发挥市场作用统筹当前各项分类改革，包括基础养老金的全国统筹、激励补充养老保险发展和强化养老保险制度顶层设计等。景天魁和杨建海（2016）、张思锋和李敏（2018）等学者提出要积极构建非缴费型基础养老金层次，完善多层次养老保险体系。胡继晔（2016）提出了养老金融是促进多支柱养老保险可持续发展的重要战略思想，并分析了不同支柱养老金融化的可行性。成欢和林义（2019）通过分解个人账户基金现值及权益，尝试在多层次体系下建立不同养老保险制度间的转换衔接通道，发现允许个人账户基金纵向转移是弱化多层次挤出效应的重要方式。

另一方面，部分文献聚焦多层次养老保险制度的机制设计、路径选择和支持体系建设等方面研究，积极回应了政策制定和改革的现实需求。董克用和孙博（2011）、李连芬和刘德伟（2011）、董克用等（2020）在对多层次养老保险体系反思的基础上，提出我国应构建以"多支柱"为核心的养老保障体系。郑秉文（2015）提出了我国多层次养老保险改革的发展思路和实施路径的优化策略。其他学者（席恒和翟绍果，2014；徐文娟和褚福灵，2016；林义等，2020；吴香雪和杨宜勇；2020）还从国家治理、收入阶层、社会契约、制度统一性等视角切入，讨论了完善我国多层次养老保险制度的政策举措和优化路径。一些文献则是从国际经验的梳理上，提出针对我国多层次养老保险制度的改进方法。例如，房连泉（2018）基于国际公共和私人养老金混合发展的经验分析认为，我国应实施多层次混合型养老保障体系的整合发展战略，调整基本养老保险制度，为年金市场发展提供空间。妥宏武和杨燕绥（2020）通过比较分析不同福利模式国家在养老金制度建设方面的经验，认为当前我国多层次养老保险制度建设仍然存在全国统筹、结构失衡和基金可持续性方面的问题，应该借鉴国际经验在结构、参数和管理机构方面进行综合协同改革。李倩倩（2015）、张乐川（2016）、郭鹏（2017）等学者还对韩国"四个支柱"养老保障体系、瑞士企业年金、日本企业年金和国民年金基金制等制度体系进行了研究，提出了针对完善我国多层次养老保险制度的政策建议。

（四）我国多层次养老保险制度改革成效的评估

第一，从各层次互动关系来看，现阶段多层次养老保险制度的替代率在三个层次之间仍然处于失衡状态。企业年金替代率仅为5%（郑功成，2019），个人储蓄养老保险的替代率几乎可以忽略不计（路锦非和杨燕绥，2019），基本养老保险的缴费则对企业年金发展产生了挤出效应（贺晓波等，2020）。第二，从税优政策促进补充养老保险方面来看，当前对企业年金的税收激励不仅整体激励效应不足（汪丽萍和邓文慧，2017），且存在显著的异质性（韩克庆，2016），甚至产生一些负面的政策效能（黄薇和王保玲，2018）。在个人养老金方面，也存在个税制度安排整体上不匹配，纳税人投保的可及性很差；税延限额计算复杂，抬高了投保门槛；税延额度低，激励程度十分有限；领取期税率较高，降低了投保人预期等问题（郑秉文，2018）。第三，从多层次养老保险制度的参与主体的权责配置关系来看，当前政府投入结构和方式不尽合理，市场参与力量和积极性远远不够，社会整合能力仍然不充分，对社会主体的监管和激励不足（郑功成，2019；邓大松和张怡，2020）。例如，在央地关系方面，虽然近年来国家加强了养老保险制度的顶层设计，但地区分割统筹仍然是制约我国养老保险制度健康发展的重要因素（郑功成，2020）。此外，也有学者从生育政策和延迟退休（王海东，2013；景鹏和胡秋明，2016；范维强等，2020）、养老金基金与资本市场（郑秉文和孙守纪，2008；郑秉文，2021）、养老保险制度改革与劳动力市场政策

（封进，2019；郭东杰和唐教成，2020；于新亮等，2021）等社会政策协同实践的视角进行了相关研究。

（五）一个简要评述

本书梳理了当今世界多层次养老保障体系存在的三个方面的问题和挑战，虽然这些可能尚未囊括全球养老保障体系所面临的全部风险，但也足够警醒我们，无论是从制度内部的各层次或各项养老金计划之间的关系，还是与外部社会经济系统的关系来看，都将涉及一个更加宽泛的治理议题——如何协同好养老保障体系内外部的相关因素与制度条件，从而对多层次养老保险制度更高效地改革治理？在我国，养老保险制度的改革治理不仅面临着传统的地区分割衍生的地方利益博弈、制度碎片化嵌入社会分层之中的分配问题，以及长期缺乏转续衔接通道的各层次排他性格局，还面临着新时期经济增长放缓的市场福利缩减、劳动力市场就业结构变迁、个体化冲击传统社会关系等外部经济社会环境的变迁，以及国际养老保险制度改革新趋势的渗透。在这些新旧交织的风险冲击面前，我国养老保险制度的改革治理已然是一个值得高度关注的重大社会政策。

对以往关于我国多层次养老保险制度改革治理的文献梳理后认为：一是更多研究只关注某一层次的分析，较少关注不同层次的结构比例及各层次之间的协同治理关系；二是更多的研究讨论了多层次养老保险制度内部参数改革、制度结构调整及国际经验比较借鉴，对养老保险制度发展与社会经济环境和制度条件的协同治理关系的讨论不足；三是在研究方法上，既往研究从行为主义视角展开了相关研究工作，基于制度主义视角的研究成果还很有限。在本书中，坚持马克思辩证唯物主义和历史唯物主义，在国家治理体系和治理能力现代化战略的指导下，结合我国多层次养老保险制度建设所面临的现实困境，把养老保险制度改革嵌入社会经济系统的循序协调发展之中，通过拓展一个养老保险制度协同治理的理论框架，围绕养老保险制度与劳动力市场、金融市场及税收政策的协同治理关系，展开了经验研究分析和国际比较研究工作，希望为推动我国多层次养老保险制度的高质量发展提供更丰富的改革治理启示。

三、研究方法与技术路线

（一）研究方法

本书的研究工作主要采用了三个主流研究工具和方法：一是比较历史研究方法。社会保险制度分析论强调，研究一个国家制度必须从历史的、跨文化的比较视角来展开，方能把握其一般性原则、规范与价值伦理。所以，笔者遵从此方法论指导，将跨地区、跨国别的横向比较研究与跨历史的纵向比较研究相结合，深刻剖析国内外多层次养老保险制度及其所依附的经济社会变迁规律，提炼出有助于推进我国多层次养老保险制度改革治理可遵循的规律和价值取向。二是跨学科研究方法。在本书中，笔者交叉采用了养老金经济学、社会学、公共管理学及金融学的相关理论观点和方法。因为，多层次养老保险制度建设是嵌入在复杂的经济、社会、文化环境之中，与各国政治经济和制度文化条件保持着天然的内在联系。因此，在这些复杂因素共同作用下的养老保险制度改革治理研究，很难采用任何单一的研究工具和方法贯穿始终。三是实证研究方法。本书主要是通过计量回归分析和系统动力学的政策仿真，借助我国经验数据和制度参数，对数据所反映出的经验事实和规律进行总结梳理。本书所采用的数据是专业机构的微观调查数据和官方公布的权威数据，包括中国劳动力动态调查（CLDS）、近 100 个城市的均衡面板经验数据以及国家层面关于养老保险制度的参数和经济、财政、人口等方面的数据。根据不同模型的需求，笔者对一些数据进行了加工处理，但关于数据的来源和样本的选取过程，在相应地方都做了说明和论述。

（二）技术路线

本书遵循问题导向的研究方略，基于"提出问题—分析问题—解决问题"的基本路径来展开全书的研究工作。具体步骤大致分为三个方面：第一，本书在第二章总结了改革开放以来我国养老保险制度改革治理的主要成就、趋势与挑战；在第三章从理论和现实的两个维度，论述了我国养老保险制度协同治理改革的理论基础和现实依据，然后基于养老保险制度经典理论和国内外改革实践的成功经验，构建了一个关于"我国多层次养老保险制度协同治理的理论框架"。第二，在第四章、第五章与第六章，分别从养老保险制度公共与私人养老保险的相互作用来应对财务可持续与老年人养老金待遇充足性的风险、劳动力市场工资收入的增长压力对商业养老保险扩面约束、国际上养老金基金化改革模式与进程三个典型侧面，展开了经验分析和国际经验研究工作。然后在第七章，针对这些侧面笔者进一步梳理了典型 OECD 成员国的成功经验。这些研究工作从养老保险制度协同治理的视角，深刻分析了制约和推动不同国家的养老保险制度改革的重要因素和原因。第三，在第八章，笔者基于经验研究结论，并借鉴国际先进经验，提出了推动多层次养老保险制度协同治理的路径优化策略和政策建议。本书的技术路线如图 1-1 所示。

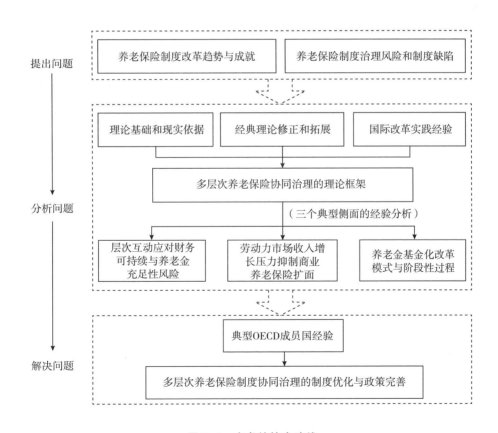

图 1-1　本书的技术路线

资料来源：笔者自绘。

四、边际创新与研究不足

（一）可能的边际创新

本书可能的边际创新主要有两点：第一，在研究的视角方面，笔者突破传统多层次对养老保险制度的改革研究长期囿于制度内部结构关系或单一层次的考察，把养老保险制度改革活动及其影响嵌入社会经济系统的循序协调发展之中。新时代我国多层次养老保险制度协同治理的内涵体现在两个层面：一是多层次养老保险制度的政策体系本身就是一个多样化的策略组合；二是养老保险制度嵌入在它所处的经济、社会、文化等系统之中，强调养老保险制度与外部经济社会系统中各要素的协同治理，以及两者的相互作用关系。如前所述，当前世界各国的养老保险制度改革治理普遍面临着新挑战和新趋势，无论是从制度内部的各层次或各项养老金计划之间的关系，还是与外部社会经济系统的关系来看，都将涉及一个更加宽泛的治理议题——如何协同好养老保障体系内外部的相关因素与制度条件，从而对多层次养老保险制度更高效地改革治理？所以，我们必须跳出养老保险制度本身，立足于一个社会系统的循序协调发展视角来考察我国多层次养老保险制度的协同治理问题。

第二，构建一个纳入"风险"与"规制"要素的多层次养老保险制度协同治理的理论框架。一方面，在既往学者关于我国社会保障改革治理分析框架基础上，把养老保险制度改革的路径选择嵌入我国政治经济与社会文化的制度条件和环境之中，特别是当前及未来的劳动力市场结构变迁与金融市场模式及阶段性进程的背景之下，结合国际先进经验与我国社会经济环境变革新形势来开展研究工作。另一方面，在中国式现代化进程与实现"福利中国"目标的牵引下，风险因素和规制工具对养老保险制度改革治理的影响将越来越重要，但是既往文献关于我国养老保险制度乃至整个社会保障体系的研究中缺失了对这两个因素的协同考量，所以本书尝试性地把这两个要素纳入协同治理的整体框架之中，对我国多层次养老保险制度的理论创新和价值跨越做出一定的边际探索。

（二）研究不足

由于受到理论和经验数据的支撑约束，本书难免存在一些不足之处。作为工业化进程和福利国家建设的新兴国家，我国养老保险制度改革的治理模式和路径选择很大程度上是对先进国家经验的博采众长。社会保险制度分析论提示我们，对不同国家社会保险制度的比较研究，不仅要关注它们的成功经验，还要关注它们在某些侧面或某种程度上的约束性及后发优势。特别是对养老金基金化的模式和进程分析时，所呈现出的"领先国家""后来国家""新兴国家"的三个模式和进程，在这种先后顺序明晰的经验面前，往往后来者或新兴国家面临的约束性更为复杂。然而，一些后来者或新兴国家往往忽视了对自身约束条件的考量而轻易地追寻领先国家的经验，导致不可避免地面临一定程度的失败风险。因此，从比较历史的视角来看，对领先国家的失败经验的甄别和对落后国家的优势分析，与成功经验的借鉴是同样重要的。但是，开展这样的工作不仅会涉及更多的关于制度历史、制度文化的分析研究，还要求对模式和路径的标准进行总结，这不仅是另一项系统的研究工作，而且也容易导致本书的分析由于标准的偏差而陷入一种体系性的失误。所以，这些研究的工作量在一本书中，且受到笔者自身能力的局限性是难以实现和驾驭的。当然，这也为未来的研究工作提供了展望。

第二章 多层次养老保险制度改革治理的成就与挑战

我国在 1991 年就提出了多层次养老保险制度的政策设计框架及发展理念，但从过去三十余年的改革治理历程来看，在取得一系列重大成就的同时，也仍然存在诸多体制机制不完善与改革进程缓慢的问题。进入新时代，如何破除当前我国多层次养老保险制度改革治理所面临的现实困境，是推动多层次社会保障体系高质量发展的重大挑战和关键任务。在本章中，首先，围绕我国多层次养老保险制度改革治理的成就与挑战，系统地梳理出改革开放以来养老保险制度改革治理的阶段性特征，并从治理主体、对象、工具、理念及风险等方面概括出改革治理的趋势，以及提炼出重要成就。其次，结合当今我国经济社会发展实际与国际环境形势所面临的系统性挑战和风险特征，归纳出制约我国多层次养老保险制度协同治理的体制机制阻碍。本章希望通过对我国多层次养老保险制度改革治理的规律把握和未来挑战的系统性梳理，为后文构建我国多层次养老保险制度协同治理的理论框架奠定基础。

一、制度演进：发展趋势与改革成就

自 1978 年开启改革开放的伟大历史变革以来，伴随着国家社会保障改革治理由"嵌入"市场经济体系到逐步回归社会本位系统（林义和任斌，2021），我国养老保险制度的改革治理模式也从单一层次的行政管理转向多层次体系的协同治理模式，这虽然与国际养老保险制度改革治理主流趋势保持一致，但也深刻地遵循着我国养老保险制度变迁与经济、社会、人口乃至文化的循序协调发展保持着内在一致性的治理逻辑。特别是，在中国共产党全面领导下，我国在过去四十余年的实践经验不仅呈现出了系统的中国式养老保险制度改革治理的一般性规律及趋势特征，还积累了丰富的养老保险制度创新发展经验，彰显了我国推进养老保险制度朝向多层次体系的协同治理模式发展的制度优势，为社会保障改革治理的"中国模式"奠定了丰富经验基础。

（一）养老保险制度改革治理的阶段特征

1. 20世纪80年代：行政管理向社会治理转向

"企业是国家的企业，工人是国家的工人"，反映了改革开放前我国企业管理实行行政管理，职工养老保险制度（或称为退休制度）是企业管理的重要制度安排，也即采取行政管理模式。改革开放后，养老保险制度作为市场经济体系的重要配套政策，逐步从传统的"单位保障"模式向"社会保障"模式转型，其治理模式也逐步向社会治理转向①。一是各地区确立社会统筹基金缴费比例，由地方政府统一征收管理；二是按照"老人老办法，新人新办法"，个人承担部分养老金缴费责任；三是国家层面统一推动指导政策出台，地方层面积极试点探索。当然，由于该阶段养老保险制度并没有完全实现社会化转型，因此社会治理模式也并没有完全取代行政管理，主要原因在于：第一，市场化改革所衍生的微观层面的企业内部财务风险与宏观层面市场经济风险，使得国家并不能迅速地将传统的单位养老保障模式取缔；第二，当时中央与地方之间的财政结构，加之县域竞争的行政壁垒，决定了统筹层级停留在市县一级，甚至部分企业还留有企业账户；第三，虽然相继有水利部等11个行业的16个部门实行了养老保险制度的行业统筹，但其根本出发点是维护自身利益；第四，乡镇企业蓬勃发展吸纳大量劳动力，但它们大多数一开始并没有为劳动者提供养老保险。总体上，这一阶段国家的改革重心在市场经济体制的建设上，经济管理及经济风险应对（如金融、外贸风险）是该阶段的主要内容，而关于养老保险制度的改革治理及风险应对还属于配套地位。

---

① 1984年《中共中央关于经济体制改革的决定》提出部分地区率先开展社会统筹试点的要求，标志着我国养老保险制度向社会治理模式转型迈出了第一步。随后，1985年《关于做好统筹退休基金与退休职工服务管理工作的意见》、1986年《国营企业实行劳动合同制暂行规定》相继明确了养老金社会统筹的国家指导和市场实践。

2. 20 世纪 90 年代：国家与社会治理并行发展

市场经济体制建设是 20 世纪 90 年代国家改革主旋律，社会保障作为配套市场经济体制改革的重要公共政策，必须加快治理模式的改革转型。1993 年《中共中央关于建立社会主义市场经济体制若干问题的决定》和 1996 年《中华人民共和国国民经济和社会发展"九五"计划和 2010 年远景目标纲要》，提出发展现代企业制度与建立劳动力市场目标，明确国家社会保障对建立社会主义市场经济体制的重大意义，提出"统账结合"和统一社会保障管理机构等任务。在养老保险制度领域，1991 年《国务院关于企业职工养老保险制度改革的决定》确立了基本养老保险"政府、企业、个人"共同责任模式，提出基本养老保险、企业年金与个人储蓄性养老保险的多层次体系。1995 年《国务院关于深化企业职工养老保险制度改革的通知》、1997 年《国务院关于建立统一的企业职工基本养老保险制度的决定》与 2000 年《国务院关于印发完善城镇社会保障体系试点方案的通知》，进一步促进了国家养老保险制度社会化转型。一是统一了企业缴费比例、个人账户资金规模、养老金计发以及养老金账户管理等治理内容。二是缴费与收入相关联，个人缴费责任比例提高。三是提高企业养老保险管理服务社会化程度，包括逐步实现养老金发放社会化、社会保险行政管理与基金管理分开、执行和监管机构分设。四是基本养老保险扩大到所有城镇企业，开始推动县级统筹向省级统筹过渡。

当然，任何制度的转型离不开主体因素的变革和外部事件的冲击，在养老保险制度的治理模式转向过程中，政府职能的转变与经济风险的冲击发挥了重要推动作用。一方面，《中共中央关于建立社会主义市场经济体制若干问题的决定》明确提出了转变政府职能改革任务。加强政府的社会职能建设，提高调节社会分配和组织社会保障的行政能力，注重政府部门之间的综合协同工作。实施"分税制"改革，中央财政收入得到保障，为中央对国家经济社会改革的统一指挥提供了物质基础。这些改革举措从根本上展示了国家推进政府职能从计划经济管理模式向适应市场经济的治理模式转型，奠定了养老保险制度向多层次治理模式转向的基调。另一方面，外部经济社会风险因素的冲击，特别是国企改革的下岗潮与 20 世纪 90 年代中后期的亚洲金融危机的应对。国家在统筹调配社会保障资源配套国企改革和稳定社会发展的同时，大力推进企业、个人在养老保险缴费、养老金发放及养老保险账户管理方面的参与和规范，充分调动社会资源以缓解财政压力。

总体上，这一阶段市场主体的作用发挥仍然有限，但国家有效的行政治理改革为社会治理模式的进一步发展提供了条件和空间。第一，政府"有所为而有所不为"，从"全盘具体操办"的模式转向更加注重从政策层面对企业和个人参与养老保险制度行为进行规范引导。第二，在转型时期，政府必须通过强有力的行政干预来调整制度的发展路径，所以，这一阶段政府加大了对养老保险制度发展的战略设计。第三，政府逐步认识到经济社会治理模式转型与社会管理能力提升的重大意义。显然，一旦政府在养老保险制度中的责任和职能调整，必然要求引入新的要素进行平衡，此时如何高效地引导和规范企业、个人参与养老保险制度的改革治理，具有重要的意义。大致上，政府大力发展社会职能，通过政策设计、执行监管等多维度来实现对养老保险制度的社会化推动。同时，塑造了在面临国内外重大外部风险因素冲击的时候，充分发挥养老保险制度在维护社会稳定方面的重要作用，逐步形成了对养老保险制度的国家与社会治理并行发展的模式。

　　3. 21世纪头10年：社会治理向协同治理转向

　　毋庸讳言，虽然我国多层次养老保险制度框架在20世纪90年代初就被提出，但当时条件并不成熟，补充养老保险发展非常缓慢①。随着21世纪公共政策由偏向经济政策转为偏向社会政策（王绍光，2017），加之政府经历20世纪90年代后期对稳定经济社会发展进行了艰苦的结构调整后，深刻认识到建成独立完整的社会保障制度对维护社会稳定的重要性。所以，进入21世纪后，国家在深化基本养老保险试点改革工作的同时，也逐步加强了对补充养老保险制度的建设。一方面，从经济社会治理层面来看，2003年《中共中央关于完善社会主义市场经济体制若干问题的决定》，要求完善政府社会管理和公共服务职能，合理划分中央与地方在经济社会事务方面的管理责权。2004年，党的十六届四中全会提出加强社会建设和管理、推进社会管理体制创新。2006年，党的十六届六中全会《中共中央关于构建社会主义和谐社会若干重大问题的决定》，明确了建设服务型政府和强化社会管理与公共服务职能的任务。同时，该阶段社会保障逐步被置于社会事业发展事务之中，国家社会保障向社会本位系统回归，是养老保险制度向多层次协同治理模式转向的重要背景。

---

　　① 1994年《中华人民共和国劳动法》和1995年劳动部《关于建立企业补充养老保险制度的意见》，先后以法律形式确立了鼓励有条件企业为职工建立补充保险，并明确了建立补充养老保险的基本条件、决策程度、资金来源、管理办法等多方面指导意见，基本政策框架初步形成。

另一方面，从养老保险制度层面来看，2000 年《国务院关于印发完善城镇社会保障体系试点方案的通知》，明确了新时期"建立独立于企业事业单位之外、资金来源多元化、保障制度规范化、管理服务社会化的社会保障体系"的改革任务。在基本养老保险方面，2003 年《关于积极推进企业退休人员社会化管理服务工作的意见》、2005 年《国务院关于完善企业职工基本养老保险制度的决定》相继出台，规范了基本养老保险缴费和企业退休人员社会服务管理。在企业年金方面，2004 年相继出台《企业年金试行办法》《企业年金基金管理试行办法》[①]，对企业年金的治理结构、基金管理和市场服务主体等方面做出了规范引导。在商业养老保险方面，保监会在 2004 年出台《加快发展养老保险的若干指导意见》，在 2005 年出台《关于规范团体保险经营行为有关问题的通知》，初步确定了我国个人储蓄型养老保险的制度模式。2008 年天津滨海新区率先开展个人商业养老保险的试点。2009 年上海率先试点个税递延型养老保险产品。总体上，这一阶段我国企业年金和个人商业养老保险有了一定程度的发展，多层次养老保险制度的政策结构雏形初现，政府、企业与个人在养老保险制度治理中的主体角色和权责利益逐步清晰。

从经济社会层面的政府职能转型，到养老保险制度本身的多层次体系结构逐步完善，表明国家养老保险制度的创新治理体制逐步完善。但是，这一阶段在持续推进政府、企业和个人等多元主体参与养老保险制度治理的进程中，协同治理的制度模式仍然不清晰。第一，企业职工养老保险与机关事业单位职工养老保险"二元"并存，在管理模式、待遇水平甚至制度目标上都存在明显差异。第二，企业年金和商业养老保险的政策实践出现了相互"挤兑"现象，如企业年金对团体养老保险挤出严重，团险市场长期低迷（成欢和林义，2019）。第三，政策愿望上突破了社会治理向协同治理的转向，但在具体实践中，协同治理实现机制、治理目标等方面仍然缺乏完善的制度保障。例如，企业年金虽然在政府引导下，逐步转向政府优惠激励、企业主动参与的模式，但最终却演变成为"富人俱乐部"。第四，社会大众普遍缺乏对补充养老保险的认知，个人主动参与养老保

---

① 之后，劳动部又会同其他相关部委，陆续出台了一系列针对企业年金运营的具体操作管理办法和规定，包括《关于企业年金基金证券投资有关问题的通知》《企业年金基金管理机构资格认定暂行办法》《企业年金基金管理运作流程》《企业年金基金账户管理信息系统规范》《企业年金基金管理机构资格认定专家评审规则》《关于企业年金方案和基本管理合同备案有关问题的通知》《关于企业年金基金银行账户管理等有关问题的通知》等。

险的意识薄弱，过于依赖基本养老保险，而忽视了对年金、商业养老保险的诉求。这一阶段的养老保险制度治理模式，在政府主导下，多元主体逐步加入养老保险制度的改革治理之中，日渐迈入协同治理的时代。

4. 2011 年以来：协同治理的制度化完善

2011 年《中华人民共和国社会保险法》揭开了 21 世纪第二个 10 年的发展历程，特别是党的十八大以来，国家通过顶层设计推动了社会保障事业全局性、结构性的制度体系建设与完善，社会保障成为国家治理体系的重要组成部分。从社会改革治理层面来看，党的十八大提出"加快形成党委领导、政府负责、社会协同、公众参与、法治保障的社会管理体制"；党的十八届三中全会《中共中央关于全面深化改革若干重大问题的决定》提出"推进国家治理体系和治理能力现代化"重大战略使命，强调注重改革的系统性、整体性、协同性，改进社会治理方式；党的十八届五中全会强调要加强和创新社会治理，推进社会治理精细化，首次提出构建全民共建共享的社会治理格局。特别是，党的十九大之后，社会保障被置于"改善民生、创新社会治理"的重大改革任务之中，突破了既往社会保障作为社会建设内容的治理理念①。一是从"社会建设"到"社会治理"，前者更加强调"从无到有"的发展阶段，既注重对制度的创新，又关注制度运行的规模效应；后者更强调"从有到优"的发展阶段，关注制度运行的质量效应。二是从"社会事业"到"改善民生"，表明社会保障的治理理念更加强调人民的本位逻辑，既要在治理目标上以民生为根本出发点，又注重人民在社会保障发展中的主观能动性发挥。

上述重大会议决定和治理理念转型，为我国新时代多层次养老保险制度的改革治理指明了方向。《中华人民共和国国民经济和社会发展第十四个五年规划和 2035 年远景目标纲要》明确提出发展多层次、多支柱养老保险体系的任务。在基本养老保险制度方面，2015 年《国务院关于机关事业单位工作人员养老保险制度改革的决定》，推进机关和事业单位职工养老保险与企业统一相同的基本养老保险制度。2017 年《中共中央　国务院关于加强和完善城乡社区治理的意

---

① 指导思想是纲，纲举则目张。从党中央的重大会议决策文件中，可以追寻出国家对社会保障事业发展的重要战略目标。2006 年党的十六届六中全会《中共中央关于构建社会主义和谐社会若干重大问题的决定》中，首次将社会保障改革任务置于"社会事业"之下——"加强制度建设，保障社会公平正义"，而在此之前，社会保障始终与收入分配体制改革、促进就业政策相结合，以配套市场经济分配体制改革和维护市场稳定为首要任务。这一指导思想的转向表明，国家强调社会保障的社会属性，把社会保障的职能回归到社会事业之中（林义和任斌，2021）。

见》，设立企业职工基本养老保险的中央调剂制度，推动全国统筹进入实质化阶段。另外，《人力资源和社会保障部 财政部关于阶段性降低社会保险费率的通知》和《降低社会保险费率综合方案》等政策指导，更加增进了养老保险制度与经济发展的协同关系。在企业年金制度方面，伴随着机关事业单位基本养老保险制度并轨改革，职业年金制度同步建立。2013 年《财政部 人力资源和社会保障部 国家税务总局关于企业年金职业年金个人所得税有关问题的通知》与 2017 年《企业年金办法》，进一步优化和调整了企业年金的税收优惠激励措施。在商业养老保险制度方面，2014 年《国务院关于加快发展现代保险服务业的若干意见》和 2017 年《国务院办公厅关于加快发展商业养老保险的若干意见》①，明确了保险成为政府、企业、居民风险管理和财富管理的基本手段，是政府改进公共服务、加强社会管理的有效工具的功能地位，以及商业养老保险发展的阶段性目标。2018 年《关于开展个人税收递延型商业养老保险试点的通知》，标志着国家推动个人税收递延型商业养老保险发展迈入实质化进程。2022 年《关于推动个人养老金发展的意见》出台，我国个人养老金制度正式成立，多层次养老保险制度的顶层政策架构最终成型。

这一阶段，我国养老保险制度的多层次协同治理模式的政策系统逐步完善，为进一步的创新实践提供了制度保障。第一，政策层面的协同治理格局基本形成，政府、企业与个人在养老保险制度治理中的主体角色和权责利益更加清晰地呈现，各层次养老金计划的制度功能、目标、资源等方面得到了进一步明确。第二，养老保险制度体系的各层次结构关系持续优化，更加有利于多层次、多支柱养老保险制度目标的实现。例如，在企业年金制度覆盖面扩展极其有限的现实困境下，加之内外部发展形势的迫切性，党和国家迅速调整政策导向，大力支持个人养老金制度发展。第三，养老保险制度与外部经济社会发展的协同治理关系更加稳定②。例如，基本养老保险缴费率下调，既是解决多层次养老保险制度之间各层次缴费负担的重要改进，又是与劳动力市场工资增长紧缩相协同的举措。第四，更加注重政府的政策引导与激发企业、个人主观能动性相结合，通过对企业

---

① 明确了商业养老保险发展的阶段性目标，即到 2020 年，商业养老保险成为个人和家庭商业养老保障计划的主要承担者、企业发起的商业养老保障计划的重要提供者、社会养老保障市场化运作的积极参与者、养老服务业健康发展的有力促进者、金融安全和经济增长的稳定支持者。

② 过去几十年里，养老保险制度与经济社会的关系大致经历了从配套经济改革到回归社会本位体系，然后形成独立的政策治理体系，再到注重与经济建设的协同发展。

年金税收优惠政策的调整，以及加大对个人税收递延型商业养老保险的试点力度，大力推动多层次养老保险制度体系的持续完善。

（二）养老保险制度改革治理的五大趋势

1. 治理主体多元化

表 2-1 展示了自改革开放以来我国养老保险制度治理模式演进的阶段性特征与趋势。治理主体从单一的政府管理发展为政府主导、多元主体制度化参与。在行政管理阶段，党和政府是养老保险制度的唯一管理主体，这主要是因为推动传统的企业保障模式向社会保障模式转型，以及稳定新建立的制度发展，必须要有强有力的行政管理作为核心力量。进入国家和社会治理并行发展，并向协同治理过渡的阶段，企业、个人等主体逐步参与到养老保险制度治理之中，但这一阶段的协同治理效能仍然有限，突出表现为非制度化和非对称性的特点。一方面，改革的"路径依赖"导致政府的主导性作用长期囿于基本养老保险制度层面；另一方面，企业年金和商业养老保险的市场化发展，受成本约束导致其制度覆盖面扩张举步维艰。进入协同治理的制度化完善阶段后，政府、企业、家庭或个人、社会组织的协同合作有了更高效的制度性基础，虽然政府的主导核心地位没有改变，但政府主导、多元主体参与的新格局已然形成。

表 2-1　我国养老保险制度治理发展的阶段性特征及趋势

维度	行政管理向社会治理过渡（20 世纪 80 年代）	国家与社会治理并行发展（20 世纪 90 年代）	社会治理向协同治理转向（21 世纪前 10 年）	协同治理的制度化完善（2011 年以来）
主体	政府	政府主导，企业、个人的非制度化参与		政府主导、多元主体制度化参与
对象	基本养老保险	基本养老保险政府推动，补充养老保险市场化发展		多层次养老保险制度
工具	行政管理	行政管理为主，社会治理为辅	行政规制、税收激励、信息技术	
理念	配套市场经济体制改革		社会保障向社会系统回归	经济、社会、文化、人口循序协调发展
风险	制度重构风险	市场经济风险	社会风险	系统性风险

资料来源：笔者整理。

2. 治理对象层次化

治理对象从单一的基本养老保险发展为基本养老保险、企业年金、个人养老金制度的多层次体系。改革开放后，国家从计划经济体制向市场经济体制过渡，配套推进的养老保险制度逐步转向为政府主导、社会化管理的基本养老保险制度。随着基本养老保险制度建设基本稳定，为了提高老年群体收入水平，以及应对未来人口老龄化对单一养老保险制度模式的财务可持续性压力，国家逐步推动补充养老保险制度的发展。但是，这一阶段补充养老保险产品单一，且主要集中在企业年金领域，市场化推动又受到成本约束，导致补充养老保险发展始终缓慢。进入协同治理的制度化阶段后，治理对象逐步扩展为基本养老保险、企业年金、个人养老金制度所组成的多层次体系，此时，各层次养老金计划的主体角色和权责利益清晰呈现，制度功能、目标、资源等方面得到了制度化的确定。

3. 治理工具丰富化

治理工具从单一走向丰富多元。在改革开放初期阶段，必须要有强有力的行政管理措施来推动养老保险制度的转型。进入20世纪90年代之后，市场经济体制逐步在我国建立起来，现代保险市场兴起和发展，国家在政策上引导补充养老保险制度发展。但这一阶段的补充养老保险主要依靠市场推动，其治理模式主要是社会治理，如企业年金由发起主体自主运行或委托其他市场主体运行。因此，形成的是基本养老保险依靠国家管理、补充养老保险依靠社会自治的"二元"并行发展模式。进入社会治理向协同治理过渡的阶段后，政府加大了对补充养老保险的支持力度，不仅在政策层面做到有法可依、有规可循，还在激励层面不断优化税收优惠的激励措施；同时，加大了对市场的监管力度，确保商业养老保险市场的健康发展。随着数字技术的发展，越来越多的技术工具也不断被应用到治理过程中以提高效率水平。

4. 治理理念系统化

治理理念从配套市场经济体制改革向经济、社会、文化、人口等方面协同发展。改革开放后，经济建设是国家改革的主要任务，虽然这一阶段发挥养老保险制度促进经济发展的功能作用，但这种单向式的关系本质上仍然是"单中心"的治理模式。进入21世纪后，物质财富的积累丰富，以及人口老龄化趋势加剧给我国经济社会发展带来的潜在巨大风险，要求将社会保障迅速回归社会治理的本位功能。在养老保险制度领域，通过多层次体系的协同治理模式来应对老龄社会对大规模养老金储蓄和消费的需求，无疑是决定我国养老保险制度可持续性的关键之举。在多层次体系下，我国养老保险制度具备更加包容、灵活的制度内涵。一方面，对各层次养老金计划的优势进行整合，逐步提升为以治理系统性风险为中心；另一方面，推动经济、社会、文化、人口等方面的循序协调发展，强调与各个社会子系统风险因素的协同治理。

5. 治理风险复杂化

治理风险从市场经济转型的制度重构风险转向社会系统性风险。20 世纪 80 年代，养老保险制度向"社会模式"转型，制度目标、治理措施、政策实践等都发生了变化，这种转型和重构给制度带来了潜在的治理风险。进入 20 世纪 90 年代，养老保险制度向部分市场化、私有化转型。更重要的是，市场经济体制改革也面临着潜在的市场风险，如税收制度改革、金融风险、外贸风险等，几乎牵动着整个经济社会资源，这对养老保险制度的改革治理产生深刻影响。进入 21 世纪后，国家社会保障向社会系统回归，一方面，养老保险制度既是国家治理社会风险的重要公共政策工具，另一方面，独立建制的养老保险制度开始直接与社会"对话"。2013 年以来，随着国家治理体系和治理能力现代化战略实践，强调从系统性、整体性、协同性的视角开展风险治理，养老保险制度治理风险嵌入社会系统之中。

（三）养老保险制度改革治理的主要成就

1. 促进了互助共济与承认福利思想的辩证统一

养老保险制度改革治理突破了传统福利多元主义视角下静态的、非辩证的社会福利和国家福利供给必然依赖于福利国家的最终归属论（武川正吾，2011）。一是确定了养老保险费、财政补贴和税收支持是养老金筹资的三大来源，并在国民之中形成了普遍共识。这不仅表明国家、企业与个人在养老保险筹资中的相互补充关系，还显示了通过财政转移支付和税收政策的累进机制，将公共财政资源适当地从相对丰富的群体转移到相对不足的群体，体现社会保险的共济互助传统。二是以《中华人民共和国劳动法》《中华人民共和国社会保险法》等一系列社会政策法规体系为支撑，从性别、工种、（户籍）身份、年龄等维度对社会性排斥进行规制，从而实现所有国民之间彼此承认养老保险权。三是通过国家循序协调地有效控制养老保险商品化程度，协同了两者的"对抗性互补"关系。虽然过去很长一段时间国家基本养老保险制度改革治理带来了诸多问题，但不可否认的是，牢固基本养老保险制度的基础性位次从来没有动摇，只有在基本养老保险制度稳定成型的基础上，才能再来推动补充性位次的年金制度、个人养老金制度的发展。总体上，我国很好地实现了互助共济与相互承认的辩证统一关系，而在具体的改革过程中的体现，可以从地方与国家两个维度来佐证：地方层面强调对互助共济思想的执行，对养老保险制度地区统筹、区域劳动力市场和金融市场等壁垒的破除，为补充养老保险的发展提供必要条件。国家层面强调对承认思想的指导，通过社会政策法规体系与对养老保险制度价值取向的确定，自始至终摒除社会性排斥矛盾，为养老保险制度改革治理创造了良好的条件。

2. 探索出中国共产党领导改革治理新模式

在我国，养老保险制度改革治理的最大制度优势是中国共产党的全面领导。随着改革推进的日益深化，我国独特的政治经济条件与社会文化环境不断地塑造着中国特色的养老保险制度改革治理新模式。第一，中国共产党领导的多党合作和政治协商制度，深刻地区别于西方国家的模式。第二，中国共产党从根本上决定我国养老保险制度改革治理，能够科学把握制度建设的规律性、时代性与创新性。第三，中国共产党的全面领导，保障了国家经济、社会、人口乃至文化等方面的循序协调发展，从根本上决定了养老保险制度是促进经济社会发展的重要制度安排，经济社会发展又为养老保险制度创新发展提供物质条件，两者良性协同。第四，中国共产党领导的"渐进式"改革治理模式，通过对养老保险制度的覆盖面、缴费率、替代率、便携性、激励性等综合性参数进行协同治理，确保不同阶段、不同群体、不同政策之间循序渐进地得到改良和创新，保障整个改革进程的动态性和连续性。总之，中国共产党领导的养老保险制度改革治理的新模式集中体现在制度目标的始终如一、制度过程的科学性、制度结构的协同性及制度参数的渐进优化。

3. 多层次养老保险制度顶层架构基本成型

我国养老保险制度的重要成功经验之一是特别注重制度"顶层设计"的引领作用（杨复卫，2020）。过去几十年的改革治理推动了我国多层次养老保险制度在法治化、制度体系及治理模式方面的顶层架构基本形成。第一，《中华人民共和国社会保险法》标志着我国社会保险制度建设正式迈入法治化阶段，推动我国养老保险制度改革治理从依靠行政命令和政策指导转向法治化规范、从政策层次上升到法制层次（席恒等，2021）。我国多层次养老保险制度法治化的持续完善从根本上奠定了改革治理的现代性基础。第二，自1991年国家首次提出多层次养老保险制度的政策制度设计以来，先后实施统筹城乡基本养老保险制度、统筹机关事业单位与城镇企业职工基本养老保险制度。21世纪初期以来，国家持续出台关于构建和完善企业年金制度的一系列政策文件，实现了企业年金制度在治理结构、基金管理、市场服务等方面的规范发展。2022年国家正式出台个人养老金制度。至此，我国以基本养老保险制度、企业/职业年金制度、个人养老金制度为支撑的多层次养老保险制度的顶层架构基本形成。第三，逐步形成养老保险制度"非均衡治理模式"，即中央主导下的央地分责模式，政府主导下的政府、企业、个人等多元主体责任共担模式，以及政府引导下"有效市场与有为政府"的运行模式。时至今日，这种非均衡治理模式在体制机制方面虽然还存在诸多不足，但未来持续深化这些方面的改革将是引领我国养老保险制度改革治理的重要任务。

4. 养老保险制度与经济社会治理良性互动

我国养老保险制度建设与经济社会发展良性互动关系的形成并非一蹴而就，而是历经了几十年改革历程的反复检验。第一，伴随着市场经济体制的全面建成与持续发展，养老保险制度完成了新旧制度的全面转型，通过向多层次体系模式转型，重塑了集中统一管理体制与社会化经办管理机制，为统一劳动力市场与企业筹资责任公平性创造了条件，弱化了劳动者对企业的依附关系（郑功成，2020），一定程度上激活了市场主体活力。第二，在经济建设转型时期，包括经济增长率的放缓与全球化竞争带来的劳动力成本压力，养老保险制度在一些关键参数方面及时调整，以适应新的经济增长条件下的企业和个人参与养老保险制度需求，如在缴费率方面由法定的28%下调到24%，以缓解经济增长新常态下市场主体压力；在税收优惠方面，及时开展个税递延型商业养老保险试点改革工作，通过税收优惠刺激个人养老保险制度参与积极性。第三，伴随着社会治理创新发展朝向"共建共治共享"转型，养老保险制度也在管理体制和经办机制方面实现了改革创新，为制度整合创造了条件，推动了劳动力自由流动与退休人员社会化管理，是多层次养老保险制度协同治理的重要条件。第四，由于企业年金制度在我国制度文化土壤中面临着深层次挑战，难以迅速解决，使得制度效能极其有限，鉴于此，国家迅速调整政策导向，大力推进个人养老金制度建设，力争有效提高补充养老保险制度对多层次养老保障体系的支撑效用。

二、问题挑战：治理风险与制度缺陷

一方面，从现代化进程中的风险社会视角来看，多层次养老保险制度改革治理的本质也是应对治理风险的过程，因为任何决策的失误都将会产生难以预判的风险，而国家及其政府的决策失灵案例比比皆是。这就要求坚持实事求是原则，对养老保险制度改革治理风险进行客观认识。另一方面，制度本身的体制机制缺陷无疑是制约多层次养老保险制度协同治理的重要阻碍，它不仅体现为制度自我进化能力，还体现为制度应对外部不确定性因素冲击的能力，从而确保养老保险制度的可持续发展。这就要求坚持"问题导向"的改革方略，厘清当前我国养老保险制度体制机制存在的不足和问题，以及未来发展可能面临的挑战。应对这些风险和挑战首先要厘清治理风险的一般化特征，在此基础上深刻地剖析我国养老保险制度的缺陷，有助于国家更好地"对症下药"，推进改革治理创新。

（一）养老保险制度治理风险的一般化特征

多层次养老保险制度是一项复杂的体系，在不断变化的内部和外部环境中运作，因而需要可持续的、动态的、集成协同的政策安排作为支撑。与其所面临的经济发展、文化变迁、人口结构等风险因素不同，之所以强调"治理风险"，是因为治理本身是内生的——"治理"既是应对养老保险制度风险的行为统筹，又是风险的主体致险因素——决定着一切内外部风险因素对养老保险制度的作用。当大量文献企图揭示各种风险因素对养老保险制度的影响效应时，其基本假设是治理的手段、目标和效能是确定的。但实际上，随着人口老龄化加剧、全球化浪潮及新技术革命的影响日趋深化，世界各国对养老保险制度的治理优化从未停止，由于面临的外部环境复杂多变，以及越来越多的难以预测的风险因素，使得养老保险制度各个子系统的治理手段和目标协同越来越困难，治理效能也难以预测，所带来的"试错"成本更是与日俱增。因此，这种蕴含在养老保险制度中的"治理"本身的风险①，也正在融入风险社会的系统之中，逐步演化成为具有一般性特征的风险因素。

1. 治理风险的人为化

现代化过程中的风险是人为制造的，其根源在于风险主体的决策和行为。养老保险制度一旦面临外部风险冲击，新的治理因素引入成为治理风险生成的先决条件。从各国实践经验来看，治理风险人为化体现在三个方面：一是政策实践方面，治理风险源于少数利益集团对话语权的垄断。二是经济利益方面，它源于部分群体、机构组织对养老保险制度资源的垄断性排斥。三是社会公平方面，养老保险制度的治理风险源于社会"关系合同"背后对"剩余"权利（周飞舟，2019）的配置失衡。当然，治理风险人为化的中心内容是对制度的调整，其核心考虑要素也包括三个方面：第一，治理主体的参与度，多元主体以其拥有的资源对制度调整产生影响力、支配力，这就要求主体之间形成开放、互补、多元的风险治理格局。第二，治理目标的合理性，在"目标导向"的建制议程中，各国对养老保险制度的治理目标设置越来越注重可预测、可识别、可评估、可规制。第三，治理技术的有效性、新技术的应用能力和新旧价值观念的转化，将影响到部分治理风险是否在新制度中存续。

2. 治理风险的社会化

对养老保险制度的治理行为属于公共范畴，但随着过去几十年朝向多层次体系的发展，治理主体从公共机构拓展到私营机构，使得治理风险的边界也向外拓展，治理风险获得了社会性特质，转化为社会化风险，即所产生的社会牵连效应在更大范围、更纵深领域可能引发系统性的社会风险。通常，治理风险社会化意味着整体呈现出如下趋势：一是风险生成的社会化，揭示的是对养老保险制度的治理风险根源于社会系统，已然超越了公共行政治理的范畴，如社会中的、公共环境中或制度中的风险因子，都可能是治理风险的来源。二是风险效应的社会化，即养老保险制度治理的风险主体、风险空间、风险时间等方面所表现出来的复合性、社会化特征。例如，风险时间效应揭示了治理风险不仅会影响到当代，还会产生代际效应。三是风险治理的社会化，其是风险生成社会化和风险效应社会化的自然延展，揭示的是治理主体、机制、模式对风险应对所体现的动态、多

———————————

① 当然，"治理"本身也可以理解为应对一切社会风险的统筹工具。在当代风险社会中，养老保险制度毋庸置疑是国家统筹应对老年群体收入风险的核心公共治理工具。

元的交织关系，如在治理机制上，既需要行政化治理、市场化治理，又离不开风险的自治化治理。

3. 治理风险的制度化

"风险社会"概念的兴起，其深远的意义在于启示人们重新审视社会发展方式的新路径，即风险对社会发展方式产生构成作用（潘斌，2012）。对于养老保险制度来说，它所面临的所有风险也就自然构成其进路的"制度"总和。当前，全球进入了新一轮的社会大转型时代，几乎所有国家的养老保险制度都在持续调整。从各国实践经验来看，绝大多数国家的治理风险演进大致会经历三个阶段：第一阶段，面对社会风险的复杂性、迅疾性，很多养老保险制度的正式规则显得滞后、僵化与虚化（王海明，2017），导致治理风险日益积累，甚至演化出社会断裂等压力。第二阶段，非正式规则作为治理的重要维度，当改革面临"文化—社会"层面的系统性阻力时，对非正式规则的重新重视，重塑了养老保险制度治理的手段、机制、模式等方面的制度化特征。第三阶段，正式规则的主导功能与非正式规则的支撑功能，被更好地统一于养老保险制度的协同治理体系之中，治理风险逐步得到矫正，养老保险制度发展更具有张力。显然，这种阶段性过程遵循了"量变到质变"的唯物辩证逻辑，深刻地刻画了当今各国的养老保险制度治理风险制度化的一般规律。

（二）多层次体系协同治理的体制机制矛盾

很大程度上，推动当前我国多层次养老保险制度可持续发展的关键任务之一就是要破除制约补充养老保险发展的体制机制瓶颈，为它们的发展创造良好的制度条件和政策环境——实现这一目标的过程就是协同治理的过程。显然，完成这样的任务必须做好两个方面的工作：一方面，要明确我国养老保险制度变迁所处的社会结构和社会变迁的外部环境，以及当前我国养老保险制度发展所处的阶段。我们将在后面章节对这一点进行系统论述，但这也意味着本部分中关于我国多层次体系协同治理的体制机制问题的分析将运用到有关社会结构的社会学理论工具，而不是仅仅关注特定历史时点上的数据特征解释。另一方面，任何制度的体制机制矛盾都不应该囿于运行的经济效率这个单一维度评价，而要从一个由经济、社会、人口等多个方面构成的社会系统性视角进行判断，这就不仅只是效率维度，还涉及价值取向、权责分配、资源结构等维度。这些分析思路也会应用到本书的其他章节。

1. 养老保险制度的政策结构与制度参数僵化

结构优化与参数调整是推进养老保险制度改革治理的两个基本方面，但从我国当前的改革进程来看，参量式改革存在严重滞后，政策结构方面的调整也长期停滞。第一，养老金替代率、缴费率和缴费基数、个人账户计发、退休年龄和最低缴费年限、财政补贴率、基金投资收益率等是养老保险制度的重要政策参数。只有与时俱进地调整这些参数设定，方能保障我国养老保险制度的可持续发展。但大量研究和经验事实证明，我国养老保险制度参数僵化已是不争事实①，特别是基本养老保险制度的参数调整滞后问题，严重制约了我国多层次养老保险制度协同治理的效能发挥。第二，各层次养老金计划项目单一，如企业职工在第一层次有且只有职工基本养老保险制度可以参加，与加拿大、瑞典、丹麦等国家相比，养老金计划的单一导致风险缓解与激励之间、制度公平性与效率之间等多个维度的问题很难协同。这些政策结构方面的不足导致了我国养老保险制度难以满足越来越多元复杂的制度目标的需求。第三，主体之间的权责边界模糊甚至失衡，制约了多层次养老保险制度协同治理。虽然我国养老保险制度改革治理在一定程度上实现了团结和承认福利思想的辩证统一，但这种顶层的制度设计与治理思想却在具体的政策实践中大打折扣，其背后深层次的原因就是养老保险制度的政策结构和参数僵化②。

2. 短期风险应对有余而精算规则支撑性不足

这些政策结构与参数僵化的问题背后实际上是我国养老保险制度改革治理对现代化治理工具和治理理念的重视不足。基于风险理论和精算规则的现代保险治理视

---

① 例如，替代率长期居高不下。我国社会平均工资替代率大致为 55%，高出同期 OECD 成员国公共养老金替代率的均值约 12 个百分点，部分群体特别是机关事业单位退休职工的工资替代率则更高。自 2005 年启动补偿历史欠账改革以来，我国职工养老金待遇已经是"18 连涨"，但由于缺乏科学合理的调整机制，这种趋势无疑会挤出国民对补充养老保险的需求。又如，缴费率和缴费基数仍然存在调整空间。自 20 世纪 90 年代中后期确定我国企业和个人养老保险缴费比率及缴费基数后，这一参数水平沿用了 20 多年，虽然近年来为了适应经济增长新常态的形势，国家下调了企业缴费率，但这种调整背后并非通过养老保险制度运行机制的自发功能实现的，而是行政干预以服务短期经济效益为目的的。再如，企业和机关事业单位职工的养老金领取最低年龄和年限标准参差不齐，领取养老金年龄和最低缴费年限亟待提高，至今我国还执行 20 世纪 50 年代确定的男性 60 岁、女性 50 岁与女干部 55 岁的最低领取年龄标准，甚至机关事业单位人员还在执行缴费满 30 年即可退休并领取养老金的政策。党的十九大以来，国家逐步启动了延迟退休的改革议程。

② 例如，个人账户的计发办法，现行规定 50 岁退休者按 195 个月、60 岁按 139 个月计发个人账户养老金积累，但随着预期寿命的延长，这些参数设置将导致政府责任的无限膨胀和个人责任的相对降低。又如，基本养老保险制度的财政责任，不仅体现在财政对统筹账户基金的补贴和个人账户计发不足时的财政兜底责任，还应该包括个人所得税的税基是抵扣社会保险费用后的应税收入，只有将这些财政支持和税收支持进行一个统筹的考量，才能够综合判断在不同层次和各个养老金计划项目上，财政和税收对居民养老金的激励效应，从而为国家宏观层面税收政策和养老保险制度协同改革提供参考。

角来看，过去我国养老保险制度改革存在"重视风险有余，运用精算不足"的结构性失衡。一方面，在我国转型时期过度强调对短期风险的应对将导致两个问题。一是缺乏长期的系统战略思维。在过去四十余年里，我国经济社会持续的转型和变革，带来的风险重组导致风险转变是复杂且迅疾的，加之很长一段时间强势的行政管理是养老保险制度的主要治理工具，这就导致在改革"路径依赖"的作用下，养老保险制度政策安排注重短期的风险应对，实施的重点项目和养老金计划缺乏长期系统的战略思考。二是养老保险制度内部和个体风险长期被外部经济风险掩盖。在过去很长一段时间强调经济增长和配套经济体制改革中，国家的风险治理任务重心是经济风险，嵌入在经济系统中的养老保险制度内部风险和个体风险长期得不到正视，导致片面强调对经济风险进行配套改革，而制度的治理风险长期被忽视。

另一方面，精算规则作为现代保险的核心技术支撑，也应该是国家养老保险制度改革治理一般性原则塑造的重要依据，特别是以个人和企业供款的补充养老保险层次。但是，由于受历史原因约束和经济社会转型时代的现实需求影响，我国长期实施的现收现付制的社会统筹账户在人口增长和经济增长的良好趋势下运行，个人账户"空转"的粗暴简单记账方式，导致精算规制一开始就被忽视，或者说是有条件的适用[1]，从而没有很好地培育出对筹资、支付、通货膨胀、投资风险等风险要素和信息评估的原则。当前，我国大力推进补充养老保险发展时，这个深层次问题成为一道难以逾越的鸿沟。这至少会带来两个方面的结构性矛盾。第一，政府对养老保险制度的政策供给，要围绕财政责任来设计，任何超出财政范围的制度安排，都将会挤占市场作用发挥。例如，个人养老金制度建设，政府的责任和资源投入是通过税收激励来促进个人养老金制度扩面，但关于市场主体的优胜劣汰应该由市场机制来决定。然而，当前的具体实践情况可能恰好相反[2]。第二，我国养老保险制度改革治理长期忽视精算规则的支撑，导致养

---

① 通常，精算平衡原则对于市场化运营的商业养老保险是根本遵循，但对于我国政府主导的基本养老保险来说，筹资机制和待遇确定机制具有明显的政治性和人民性，价值理性要高于工具理性，加之既有的精算模拟往往忽略了政府的财政支付责任，所以既往的精算平衡原则是有条件适用的。

② 2022年，国务院出台《关于推动个人养老金发展的意见》，人力资源和社会保障部、财政部、国家税务总局、银保监会、证监会颁发《个人养老金实施办法》，明确了个人养老金经办办法、税收优惠、金融保险产品、信息平台等方面的规范性内容，这些是政府通过政策指导来引导个人养老保险制度发展的合理责任，但是，进一步地明确试点城市（地区）及金融机构则有可能超越了政府财政责任的边界，过度干预市场的自由竞争或优胜劣汰的机制作用。从根本上来看，政府的责任中心应该是如何提供更好的税收优惠激励制度，而非"替市场做选择"。一定要摒弃行政管理和行政治理阶段对养老保险制度改革治理的管理模式，要"有所为而有所不为"。

老保险制度政策设计对风险因素的统筹考虑并不充分，这应该是我国基本养老保险与补充养老保险之间缺乏清晰责任边界和资源规划的根源。例如，养老金替代率的结构关系，之所以基本养老金替代率长期居高不下，就是因为忽视精算规则导致政府、企业、个人等各主体对养老保险制度的风险评估不足，而风险又是参与者行为决策及其背后心理因素作用的关键条件。

3. 关注账户制税优模式忽视产品制模式建设

由于我国养老保险制度长期以来对精算规则不够重视，因此我国养老保险的税收优惠政策的改革治理进路未能协同，具体表现为当前主要依托养老金账户而忽视了对依托养老保险产品和服务的税优激励制度的创新。认识这一问题，需要厘清以下两对关系。第一，税收优惠机制的价值是效率还是公平？账户模式①的税优机制可以兼顾效率和公平。按照不同企业、不同群体、不同资产性质等建立的养老金账户，其税优机制设计既要考虑到再次分配的社会公平，又要考虑到生命周期的精算公平。产品模式的税优机制则可以通过企业和个人对养老保险自由选择来组成养老金账户的产品和服务组合，因此更加关注市场效率，也更加强调精算公平②。第二，税优激励的效应是封闭还是开放？笔者认为，账户模式的税优激励是养老保险制度内部的封闭效应，通过税收抵扣的方式减少企业和个人购买养老保险产品和服务的支出。但那些节约下来的支出很难被继续用于养老保险产品购买（Adelman and Cross，2010）。所以，账户模式的税优激励效应只存在购买环节。相反，通过对养老保险产品和服务的税收支持，不仅可以让企业和个人通过自由选择养老保险产品和服务得到税收优惠，还可以刺激金融机构加大产品和服务的创新和供给效率。因为盯住产品的税收优惠可以让金融机构在产品设计的精算模型中关注到税收优惠的参数效应，为养老保险产品和服务的研发提供激励。

基于上述关系，并结合我国当前补充养老保险制度发展的具体阶段，可以剖析出当前我国税收优惠机制的设计可能还存在一些不足之处。第一，由于精算技

---

① 本书将依托养老金账户的税收优惠机制简称为"账户模式"，将依托养老保险产品和服务的税收优惠机制简称为"产品模式"。

② 当前我国税优机制设计对居民选择行为背后的心理因素考量还不足。通常情况下，影响税优机制建设的因素是多方面的，不能仅仅局限于制度与政策的供给层面，很多国家的"自动加入，自愿退出"机制的设计的核心基础就是人的"拖延"心理（Thaler and Benartzi，2004）。人们对自由选择的渴望和心理动力也必然会影响他们购买养老保险产品和服务的行为，所以当人们直观地依托产品来享受税收优惠时，实际上也创造了居民关于享受什么样的税收优惠的自由选择过程。

术和规则对我国养老保险制度建设的支撑性还不足，因此对更加复杂的产品激励模式尚未试足。当前国家税优激励方案主要盯住养老金账户，这得益于国际和国内实践经验的借鉴和发展，但我们必须清楚，账户模式并不能回答如何找到关于分配公平和精算公平的均衡点，这应该是导致政府责任过度的根本性原因之一。第二，分配公平和精算公平的价值取向也关系到政府与市场的边界问题。从当前我国经济社会转型下的人口老龄化趋势加剧、经济增长放缓等现实背景出发，单一的账户税优模式所衍生的政府与市场边界问题，极有可能掣肘补充养老保险制度的健康发展。第三，长期囿于税优激励的账户模式，而忽视对产品模式的创新，还有可能会忽视一些长期战略层面的协同治理关系。因为，账户模式的封闭效应特征在一定程度上不及产品模式的开放效应对市场作用发挥的最大化刺激，从而约束了未来多层次养老保障体系服务空间的拓展。

4. 片面强调财政支出保障而弱化了规制作用

本质上，上述技术方法的应用和具体实践路径的偏好体现的是我国养老保险制度的社会政策价值取向，所以不同社会政策建构的一般性原则也深刻地影响着多层次养老保险制度改革治理。通常，财政支出和规制政策是社会政策的两个重要工具，对于养老保险制度来说，由于不同层次的养老金计划在政府责任边界方面有所不同，这在一定程度上决定了两者的使用也会存在差异。在基本养老保险层次，养老金待遇"18连涨"的背后，至今没有科学合理的调整机制支撑。这种无差别的待遇上调不仅没有促进再分配的公平性，反而加剧了基本养老保险的基金财务风险，导致财政补贴负担加重和地方政府逾矩"找钱"乱象等困境（郑秉文等，2018）。在补充养老保险层次，片面强调"养老储蓄"的功能，而忽视养老保险制度对企业人力资本发展、企业市场竞争，以及企业长期经营目标的实现等功能和动力（林义，2022），使得企业年金发展长期缺乏内生动力机制[①]。另外，随着新兴就业形态的不断涌现，对社会部分人群（如网约配送员、网约车驾驶员、网约货车司机、互联网营销师等）的养老保险制度参与机会没有采取充分的规制措施，对于新业态从业人员的参保身份、经办程序、权利存续、咨询服务等方面的规则政策长期缺失（汤闳淼，2021）。

[①] 当然，这一问题还体现在另一个层面，即当前在补充养老保险重点关注筹资端的激励问题时，往往忽视投资经营和未来支出阶段的风险规制、程序规范、税率确定等方面的建设。如果企图通过现阶段的财政支出和税收优惠进行物质激励，而忽视对保障未来收益预期方面的制度建设可能带来的对市场主体和居民行为产生的影响，这种内生性的动力机制若长期缺失，将严重制约我国补充养老保险制度的覆盖面。

笔者认为，片面强调养老保险制度的支出保障，而忽视必要的规制能力建设，是我国养老保险制度改革治理诸多问题的一个重要病灶。这种改革治理问题绝非简单地归咎于政策制定的决策议程，而是要追寻到国家政治经济条件与经济社会的外部环境。一方面，近年来随着国家经济增长放缓，对剩余劳动力的吸纳、就业机会的创造及居民收入的快速增长等变得越来越困难，传统养老保险制度改革依赖经济增长的替代效应日渐下降，不断凸显的养老保险制度结构性矛盾暴露了规制建设的滞后性。我国作为转型中国家，改革开放后很长一段时间贯彻的是"强经济性规制，弱社会性规制"的社会政策策略。虽然，进入 21 世纪后我国加大了养老保险制度方面的规制建设力度，特别是党的十八大以来关于养老保险制度领域的社会性规制体系完善，如统一征缴机构、合并城乡居民基本养老保险、机关事业单位养老金并轨改革等，但诸如社会保险作为国家养老保险制度的核心支撑，却长期停留在基本养老保险层面，对多层次养老保险制度的补充层次的规制立法几乎空白等。另一方面，伴随着老龄化持续加剧，作为老年福利的养老保险和医疗保险支出都会持续扩张，但奇怪的是医疗保险的支出增长趋势却大幅小于养老保险支出。这种结构性的差异让我们认识到，可能在养老保险制度领域的支出扩张策略仍然盛行。虽然，规制方面也有一些具体政策出现，如上调领取养老金最低年龄、降低养老保险缴费率等举措，但它们所体现的"抑制性策略"很大程度上被基本养老保险的成熟而产生的自然增长所抵消。

三、本章小结

我国多层次养老保险制度的政策框架和发展愿景自 20 世纪 90 年代被提出以来，在过去几十年的改革历程中取得了诸多成就，并且彰显了中国独特的创新治理的实践路径。从发展的趋势来看，根据治理主体、对象、工具、理念及风险五大要素的历史性变迁规律总结出既往我国养老保险制度改革治理的一条重要路径——从单一层次的行政管理模式朝向多层次体系的协同治理模式的循序渐进式改革。在这一变迁历程中，养老保险制度改革治理所取得的成就既包括朝向福利国家团结与承认思想的辩证统一方向前进，又日益彰显了中国共产党领导改革的创新治理模式。在我国，依靠国家的强力主导，并持续强化国家责任来推动养老保险制度朝向协同治理模式的探索与发展，深刻地受到国家经济社会发展阶段及改革治理的制度文化的影响。这就要求我们在认识并推动我国养老保险制度朝向多层次体系的协同治理模式发展时，必须审慎把握并沿着中国模式的方向创新发展。

当前及未来一段时间里，推动我国养老保险制度改革治理的核心议题之一是壮大补充养老保险层次，而这项任务的顺利开展必须建立在对两个基本问题的认识之上：一是我国养老保险制度改革治理风险的一般化特征；二是养老保险制度改革治理的制度缺陷。本章的分析结论正在提示我们：第一，系统地促进我国养老保险制度朝向多层次体系的协同治理模式发展，必须从外延上突破养老保险制度本身的风险应对体系范畴，以及既往片面强调养老保险制度作为经济风险规避的配套政策思路，致力于构建一套能够统筹和协调制度内外部各子系统的协同治理关系体系，把所有可能给制度运行带来致害威胁、充满不确定的风险因素"内化"为制度能力建设的重要动力。第二，我国改革实践进程中所观察到的制度性缺陷带有中国制度背景下的特殊性。这种特殊性既来自于我国政治经济和社会文化环境，又来自于当前养老保险制度改革进路所处的具体发展阶段。因此，基于这些事实背景，从社会结构性变迁与现代养老保险制度的国际比较历史经验角度来开展本书的研究工作就显得尤为重要。

第三章　多层次养老保险制度协同治理的逻辑建构

关于我国多层次养老保险制度的协同治理的模式建设与理论分析的讨论并不多，鉴于此，本章的重要目的就是力图构建一套科学合理的多层次养老保险制度协同治理模式或范式。首先，对国际先进理论与我国养老保险制度改革治理所依附政治经济与制度条件及其变革进行充分认识，提出构建我国多层次养老保险制度协同治理框架的相关理论基础和现实依据。其次，依次对社会政策中的"风险"因素和"规制"因素进行分析，并基于协同治理视角厘清两者对养老保险制度改革治理的作用机理，最终形成以政党体系、社会系统、规制策略、风险因素四个基本单元构成的多层次养老保险制度协同治理理论框架。本章希望通过构建一个关于我国多层次养老保险制度的协同治理模式，为后文的典型侧面的经验性研究工作提供一个有效的理论指导框架。

一、多层次养老保险制度协同治理的内涵释义

（一）价值理性：协同治理的价值目标

推进养老保险制度的治理范式转型，很大程度上是关于养老保险制度政治经济学的一个分支，即制度变革与治理工具的适应性关系。在现代化进程中，经济、社会、文化与人口等风险因素迅速迭代，养老保险制度的治理风险日益增加，任何传统的单一层次的制度模式都难以应对现代的复杂风险冲击，这就要求

对治理范式进行变革。此时，如何构建一个跨部门、多层次的协同治理体系，成为各国政府推动治理变革在养老保险制度领域的创新探索。在价值理性层面，多层次养老保险制度协同治理强调的是对人为化、社会化与制度化的治理风险的认知和协同，特别是在日趋精细而复杂的现代化风险治理过程中，要构建一套跨部门、跨区域、跨层级的整体均衡的秩序，对不同主体的目标、资源、工具等方面进行协调，以促进养老保险制度可持续发展的制度能力建设。

1. 实践层面

在实践层面，当今世界各国的养老保险制度"应对风险的治理逻辑"正逐渐超越"对养老金财富分配和养老保险权利分配的逻辑"。传统改革治理通常是以养老金财富储蓄和分配为主，但这种价值目标也约束着养老保险制度的改革长期囿于内部结构关系调整。当前，日趋加剧的老龄化趋势和全球经济增长放缓等多重压力，要求各国的养老保险制度改革目标越来越服务于整个社会系统的循序协调发展目标。这正是当今西方福利国家的社会保障模式从"为福利而增长"向"为增长而福利"转型的重要改革逻辑之一（约翰·哈德森和华颖，2018；克劳斯·彼得森等，2019）。对于我国多层次养老保险制度改革来说，适应人口老龄化、经济增长放缓、社会结构变迁等激进性变化，不只是要构建一个养老金财富和养老保险权的分配机制，更重要的是，要在当前和可预见的未来的技术、制度和观念的基础上对新的社会因素进行吸纳和化解风险时，能够提升养老保险制度的制度能力，建立一个更加具有弹性和包容性的改革治理体系。

2. 制度层面

本章构建了一个包括政党体系、系统协调、规制策略与风险系统四个方面组成的治理逻辑框架，或者说构建了关于我国养老保险制度协同治理的制度性架构。第一，在经济、社会与人口等多方面的循序协调发展过程中，不同阶段的各个方面的协调关系所表现出来的格局和态势的差异，必然会带来冲突和矛盾而衍生出养老保险制度在特定历史阶段或环境中的发展压力。第二，规制策略则是通过经济性和社会性规制政策来规范和约束这些冲突和矛盾，既实现对经济社会秩序的整合，又确保养老保险制度与外部环境的适应性关系和协同发展需求。第三，风险因素本身是难以预测的，并且现代社会的风险治理不仅是制度所面临的外生风险，还包括在"创造性破坏"中所产生的一系列的风险。换句话说，养老保险制度的风险并不是独立于制度之外的力量，而源于制度内在的动力机制，包括风险的生成、转化、应对等多个环节。第四，具有改革自主性的政党体系是统筹经济社会发展的主导力量，通过把经济社会的风险和压力内化为养老保险制度的能力建设动力，推动养老保险制度的改革治理。总体来看，上述四个制度性维度相互作用，共同构成多层次养老保险制度协同治理的基本逻辑。

3. 观念层面

协同治理必然依赖于制度性创新，从核心范畴——实践、制度和观念——进行规范和革新。那么，它的价值理性在观念层面所表现出的变革在于以下三个方面：第一，它超越了传统养老保险制度改革治理仅着眼于制度内部或单一层次的策略，将制度内部的治理风险与经济社会循序协调及其过程中产生冲突和矛盾进行统筹平衡，从整个社会系统的层面来谋划多层次养老保险制度的改革路径和治理模式，在可能性和现实性之间保持适度张力。第二，从无限性思维转向有限性思维。随着经济增长放缓和人口老龄化压力的持续增长，人们逐渐从过去经济增长无限可能性中得到反思。曾经建立在经济快速增长和人口结构年轻化的社会基础之上的养老保险制度忽视了对养老保险制度技术创新的限度和边界的思考，在协同治理的范式下，一个重要变革就是要通过有限性意识来矫正对无限性思维的膨胀。第三，协同治理培养了养老保险制度改革治理的反思性。既往养老保险制度改革在立足国情基础上学习领先国家的经验，习惯性地将养老保险制度改革治理问题归于某一个部门或主体的责任，而忽视了养老保险制度改革发展必将呈现出的复杂性。随着我国养老保险制度改革的深化和"中国式现代化"建设新征程的启动，面临的挑战和风险的复杂性、未知性及否定性等特征将不断凸显，这就要求以一种反思性的思维来指导改革实践。

（二）工具理性：协同治理的制度构成

1. 养老金计划的混合政策体系

多层次养老保险制度协同治理的制度构成至少包括三个部分：第一，多层次养老金计划的混合政策体系；第二，以法律为中心的保障养老保险权的法规体系；第三，财政支出和规制的协同政策体系。作为老年人收入保障的多层次混合政策体系，它是通过国家主导设计，并协同企业、家庭、个人及社会组织等共同推进政策实践，多元主体共同承担对老年人收入保障的责任①。从当今世界各国

---

① 这一概念是世界银行、国际劳工组织、日内瓦协会等权威机构所提出的不同版本的多层次养老保险制度框架中的一个核心思想。

的实践经验来看，这些政策包括基础养老金计划、企业年金计划、职业年金计划、个人养老金储蓄计划等，并按照强制性和非强制性，或者待遇确定型和缴费确定型，抑或统筹账户制和个人账户制等不同维度划分到不同层次。通常，各项养老金计划解决特定类型的风险，以分散养老收入风险和优化预期回报，所以多层次养老金计划的混合政策体系强调各层次和各要素之间的相互协同和作用。

2. 养老保险权扩张的法制体系

从法律约束层面，养老保险权扩张的标准可以分为两个层面：第一，法制基础在精神和原则层面的约束。例如，英美国家的普通法体系，很大程度上孕育了它们在工厂和企业创新之中所体现出来的分权、制衡和自由文化的积淀，这无疑为它们能够成为养老保险私有化、市场化转型的先驱提供了法理层面的支撑。相反，法德等欧洲大陆法系国家，它们的国家公权对家庭的介入力度增强，在父权制下的家庭自治衰退的同时，也越来越强调社会的或公共的福利供给保障。本质上，两大法系国家之间的法律精神和原则从底层逻辑上就产生了对各国多层次养老保险制度的演进和结构关系的约束力或张力影响。第二，从具体养老保险权扩张路径来看，不同国家遵循各国的内在治理逻辑。例如，美国通过税收和市场机制，协调和整合国家、企业、个人角色，来推动养老保险权在法制层面的确立；新加坡则是依靠政府的强力，推动公积金和个人账户的完善来确保养老保险权的扩张；德国和法国等欧洲大陆国家则是强调费用征缴和支付层面的技术整合来协同实现养老保险权扩张（杨燕绥，2004）。

3. 财政与规制的协同政策体系

显然，各国在法治精神和技术层面对养老保险权扩张的约束，实际上界定了国家、企业与公民在社会经济发展过程中如何形成公民养老保险权的社会关系范畴，而社会关系表征和维系还需要具体政策的支撑。这涉及第三个层面的财政支出和规制的协同政策体系。在本章中，笔者梳理了财政支出和规制及其混合策略作为支撑福利国家的两个核心工具，并且在后文中系统考察了英国、日本和韩国在不同时期推动私人养老保险"起飞"的改革治理过程。我们不难发现，这些国家的实践正展示着这样一个重要的经验现象——越来越多的国家更加注重财政支出和规制的混合策略，而不是只偏好于某一方面。这一方面的协同政策体系包括财政支出所涉及的财政补贴、税收政策、税优激励机制，以及规制所涉及的劳动力市场工资调控、金融监管等政策安排。

二、多层次养老保险制度协同治理的基本依据

（一）理论基础

21 世纪以来，各国根据本国具体政治经济和社会文化发展需求，在养老保险方面开始逐步回旋到"国家化"道路上来。国家中心主义与雇主中心主义成为完善多层次养老保险改革治理所遵循的两个重要逻辑基点。一方面强调国家对养老保险制度的顶层设计与政府在养老保险改革治理方面的主导地位；另一方面激励企业建立年金制度和个人自愿性的个人养老金制度，建立政府、企业、个人等多元主体的协同治理关系体系。时至今日，如何构建一个跨部门、多层次的养老保险制度协同治理体系成为各国政府的重点任务，但这种改革治理模式的创新发展绝非由单一制度建构的外部因素导致，也非纯粹自发演化的内生结果，而是受到外部制度环境因素和内部政策互动关系的综合作用影响。日趋复杂多变的经济竞争、人口结构变化、技术变革及文化渗透等，给我国多层次养老保险制度协同治理带来了巨大挑战，这些复杂因素共同构成了影响和制约国家养老保险制度可持续的政治经济因素和制度条件。

1. 协同治理理论

Ansell 和 Gash（2007）对"协同治理"的定义是，一个或多个公共机构直接让非国家利益相关者参与正式的、以共识为导向的、审慎的集体决策过程，旨在制定或实施公共政策或管理公共项目或资产。在以"分权、竞争、激励"为核心的新公共管理运动中（Dunleavy et al.，2006），协同治理打破了传统治理模式下政府缺位、错位、越位等治理问题，把参与主体（政府、企业、社会组织及个人）通过职能的划定、合约的激励及治理工具的整合，形成新的力量对比和合作关系。在协同治理模式中，政府仍然是处于横向与纵向联系上的中心地位，与跨越公共、私营、自愿部门并在不同决策层运作的网络中的广泛行为者合作（Mcguire et al.，2011）。联合国全球治理委员会指出，协同治理模式强调治理主体的多元化、治理权威的多样性、子系统的协作性、系统的动态性、自组织的协调性和社会秩序的稳定性。在过去几十年的改革实践中，各国逐步认识到协同治

理不仅要追求效率的工具理性，还要对价值理性关切，协同治理是工具理性和价值理性的有机统———这也是"善治"伦理演进的终点，由它引出的积极的政策性思想包括权力与权利的协调、政府与社会的合作分工、公共选择与公共博弈的公平有效、多元主体共建共享和共管共治（人民论坛，2014）。

近年来，协同治理在我国诸多公共治理领域展开实践。党的十九大提出"推进国家治理体系和治理能力现代化"的重大战略，党的十九届四中全会进一步将这一战略具化为"治理""国家治理体系""治理能力"等核心概念，协同治理逐步上升为国家治理现代化的核心问题（郑智航，2021）。伴随着国家治理现代化进程的有序推进，在对传统科层制的纵向线性治理模式的扬弃基础上，协同治理逐步被实践证明是完善我国公共服务供给行之有效的治理策略（刘建伟，2018）。但是，从国内外实践经验来看，协同治理模式的效能发挥仍然面临着诸多因素约束，包括冲突或合作的历史、利益相关者参与的动机、权力和资源的不平衡、领导力和制度设计、内部协作动态和行动、公众参与的政治兴趣、政府的优先事项安排、法律制度保障等（Ansell and Gash，2007；Emerson et al.，2012；曹海军和梁赛，2021）。当然，这些约束仍然需要针对不同国家的具体政治经济环境和制度条件来分析。因此，我国多层次养老保险制度协同治理，既要吸收国际先进理念，又要立足国家顶层战略概念及我国养老保险制度所处的具体的政治经济环境和制度文化条件。

2. 国家中心主义论

国家中心主义强调国家的自主性、能力、结构、偏好等，这些因素对社会会产生深刻影响。自20世纪七八十年代以来，全球化和信息技术变革不断推动全球范围的治理格局重构，对各国的国家治理体系和治理能力带来了根本性影响，迫切需要一套能够对国家权力、社会政策与民众行为之间的互动等议题进行合法性建构的理论支撑（曹胜，2022）。在过去几十年的理论发展中，国家自主性、国家能力与国家结构三大要素逐步凸显出来，构成了国家中心主义的核心概念（刘军强，2018）。第一，国家自主性是指国家追求特定目的时，并不作为某些社会群体、阶级或社会利益的反映（Skocpol et al.，1985），国家是否独立关系到一个国家的政党体系是否能够独立地运作。第二，世界银行曾概括认为，国家能力是指以最小的社会代价采取公共行动的能力。它包括国家公务员的行政和技术能力及更深层次的国家制度安排，其分析维度通常包括但不限于国家税费征缴能力、资源协调能力与行政能力。第三，国家结构的分析主要包括国家权力组织方式和国家科层化程度。其中，国家权力组织方式从纵向和横向两个维度切入，横向部门之间的利益分割，以及纵向中央对地方政府的控制和领导，都将深刻地影响着制度的制定、通过和执行。

过去40多年的改革经验反复验证，我国养老保险制度改革治理的推动力量绝非只是社会组织或市场，更是中国共产党全面领导下的国家力量，并且其重要性远远超过了西方多元主义和结构功能主义视角下的国家——仅被视为一个公共平台或为某些群体服务的竞技场作用。在我国，一方面，党和国家对养老保险制度的认知、理解、判断及治理行为，虽然会受到经济和社会等诸多因素的影响，但始终保持独立性和自主性，推动养老保险制度建设。另一方面，中国共产党全面领导下的非均衡治理模式（刘鹏和刘嘉，2019），不仅包括中央地方分权体制下财政制度、中央指导下的中央地方统筹治理等方面，还包括不断完善的依法治国体系、税费征缴体系及国家行政能力等，这些都是支撑我国养老保险制度改革治理的重要制度条件。另外，国家强制能力也是保障养老保险制度规制治理的重要因素。对于转型时期的中国来说，制度变革所触及的部分利益群体对政策的抵制，或者部分群体的"搭便车"行为，都应该由强有力的制度安排进行规制。综上所述，这些概念将为我们重新构建中国多层次养老保险制度的协同治理体系奠定基础。

3. 福利社会学理论

养老保险制度不是存在于社会性真空状态里，必须有经济、文化、人口等社会性结构支撑。福利社会学理论强调，对于福利这个纷繁复杂的问题来说，很难用一种理论和方法的解释框架来连贯地分析，所以对一个国家的福利问题研究需要采用多种理论和方法来解释、分析福利实践的发展。一方面，福利社会学理论通过关于福利国家的经验和规范性问题研究，致力于在社会结构和社会变迁过程中对福利国家进行定位（回答由什么样的制度构成、福利国家的环境），以及从社会价值角度给福利国家定位，所以该理论在国际福利比较的研究中应用广泛。另一方面，福利社会学理论能够应用的分析工具是开放的，包括制度主义、结构功能范式以及社会网络和相互作用的分析方法。该理论优势在于两个方面：第一，强调对福利实践过程的研究，通过社会学的相关理论工具对实践形态及其社会现象进行研究；第二，强调对不同方法论和分析工具的综合应用，体现了该方法论作为分析工具时的现实性和实践性价值。总体来看，福利社会学的理论价值在于，能够帮助我们超越狭隘的养老金经济学范畴，从一个更广泛的社会系统层面来评价和创新我国养老保险制度改革治理的政策价值和实践路径。

在我国，经济、社会、文化及人口等多方面循序协调发展的内在一致性治理逻辑是我国养老保险制度改革治理成就的重要背景。一方面，构建多层次养老保险制度的协同治理体系，也必然要从社会系统的协同视角，立足现阶段及未来国家经济社会发展实际，对包括养老保险制度在内的社会保障目标、保障计划、资源及服务供给等内容进行统筹协调。既要把养老保险制度嵌入经济社会发展体系，又要聚焦养老保险制度在应对人口老龄化和经济增长放缓的核心公共政策功能。另一方面，随着我国经济社会发展水平的持续提高，在不断提升国民福利的进程中，我国的制度特质、经验过程、发展阶段及福利水平等并非是一个单一的历史维度所能评价或认识的，而是要通过与其他国家的有意比较，以一种比较历史的制度分析范式进行比较，才能更加深刻地认识到我国当前养老保险制度发展所处的环境与历史阶段。综上两方面，只有从一个比较历史的、社会系统的视角来考察我国养老保险制度的制度条件和政治经济环境，才能够为多层次体系的协同治理模式构建奠定良好的理论基础。

4. 社会保险制度分析论

正如福利社会学理论所认识到的那样，对于福利这个纷繁复杂的问题来说，很难用一种理论和方法的解释框架来连贯地分析。社会保险作为福利问题的一个重要领域，其制度模式选择与变迁过程中所涉及的因素也相当复杂多变。林义（1997，2001）及其后来者从新制度主义的方法论出发，向下延伸探寻了西方国家与中国社会保险制度所赖以形成及变迁的各种价值要素，然后以这些要素为出发点，向上延伸到社会保险制度的历史演进、模式选择、机制互动等方面的具体化解构，从而发展出一套科学的关于社会保险制度建设的一般性原则、规范与价值伦理，即社会保险制度分析论。该理论融合了新制度主义主流学派的方法论优势，并深刻地结合了社会保险的制度演进脉络和实践规律，注重国别之间关于社会保险制度发展所处的社会观念文化（包括社会结构）方面的根本性差异，以及制度建设在多大程度上对政治和经济条件的依赖，从而强调各国对社会保险制度模式的选择要遵循社会结构和制度文化的客观规律。总体上，该理论在方法论上强调跨学科、跨文化的比较研究，注重经验研究的支撑；强调制度对集体（国家）和个体（家庭）认知层面的约束和激励考究；在制度变迁层面强调制度的嵌入性关系，要求制度与经济、社会、文化等各方面的综合适应（林义和林熙，2009），因而制度的最终演进趋势是"分散化"的——从福利国家改革治理实践的半个多世纪以来，至今没有任何一套普世的国家模式或治理模式适用于所有国家，反而随着新兴国家特别是亚洲国家的崛起，越来越多的福利模式或路径被提出①。

由上述分析可知，社会保险制度分析论的特质决定了该理论对于分析一个转型社会的社会保险制度模式选择或重塑具有重要的理论指导价值。当前，在数字经济、人口老龄化趋势加剧的冲击下，全球经济社会秩序正处于新一轮的迅速更替时期。在后面的相关章节中，本书分析了国内外在经济增长放缓、人口老龄化趋势加剧、社会治理风险纷繁复杂，以及全球化竞争异常激烈等多方面的变化趋势。在这样一个大的背景下，传统的养老保险制度改革治理模式亟待创新，这种创新不仅是体制机制层面的优化重组，还是治理逻辑与经济社会层面互动关系的重构。虽然，我国早在 20 世纪 90 年代初期就提出了养老保险制度的多层次体系结构与制度愿景，但受到当时社会结构与制度条件的约束，多层次体系的制度建设进程非常缓慢，至今建设成效远未达到预期。新的时代背景下推进我国多层次养老保险制度的可持续发展，必然要求加快多层次体系的协同治理模式创新。但我们必须清楚，随着我国养老保险制度改革的持续深入，深层次的本土"社会—文化"特质正在重塑着我国制度建设的治理模式与路径偏好。基于这些原因，社会保险制度分析论将为本书在讨论我国养老保险制度朝向多层次体系的协同治理模式发展时奠定重要方法论基础。

（二）现实依据

1. 政治经济因素的先决性作用②

一方面，从政治学角度来说，工业文明的逐步扩张与之相伴的是政治形态上的大众政治时代到来，其大致可以分为"自下而上"和"自上而下"两类模式，即中国古代的官本位思想与现代政治形态"自上而下"模式耦合并过渡到现代

---

① 这一规律也被同时期的日本学者武川正吾发现。在《福利国家的社会学：全球化、个体化与社会政策》一书中，武川正吾反驳了西方福利学者笼统提出的"福利东方主义论"，并对日本、韩国两个国家的福利或社会政策改革进行了基于社会历史的比较分析，认为两个国家虽然在一定程度上都受到儒家文化的影响，但各国的政治经济条件却存在差异，使得两个国家在福利模式和路径（包括福利支出、社会性规制）的选择上也是不同的。因此，对于各国福利模式和政策路径的研究方面，需要深入地考虑不同国家的政治经济条件和社会文化环境，不能盲目地把西方的福利模式作为划定的依据，"依葫芦画瓢"地制定出一系列可能并不适应本国制度条件的政策措施。
② 这部分内容摘自笔者与导师合作并于 2021 年 10 月发表在《社会科学》期刊上的《政治经济视角下的中国社会保障：变迁逻辑与发展经验》一文。

政治治理模式，这可以说是由我国历史文化所决定的。另一方面，从社会学角度来看，无论是"国家与社会"还是"制度与生活"的解析架构，都明确地表明了"国家"和"正式制度"在我国社会关系中的主导作用，正式制度及其代理人要主动改革自身以符合国家和社会的建设需求，与此同时，生活领域主体（包括公众、非正式制度、习俗等内容）需要以正式制度转变来不断提升和自我反思（肖瑛，2014）。陈述上述两方面的条件，是希望进一步明确两点共识：一是我国自上而下的政治模式有着独特的历史积淀，建制议程的界定所依据的不是国外的和单纯的现代经济社会条件，而是我国自己的历史文化条件，这决定了我国政策制定者们能够保持自身制度建设的独立性；二是生活领域的主体对正式制度具有极强的适应性和认知度，这表明我国制度力量或正式制度对社会规范和经济力量能够保持约束性。

我国的政治治理模式在根本上区别于诺贝尔经济学奖得主缪尔达尔（Myrdal）概括的西方多党轮政的"软政府"治理模式。归结起来的具体表现就是，国家政府在受到社会和资本力量的必要制约下，大致维持着自我规范和引导资本的能力，并协调推动着政治、经济与社会诸方面的协调循序发展（张维为，2019）。从国际经验来看，社会保障制度的建立和推行要求政府是强硬的、集权的，同时又具有推进社会保障制度改革发展的意愿，这样就能利用政府力量来强行推动社会保障发展。实际上，西方历史经验表明，在一个没有对资本进行必要制约的国度，资本的逐利性必然会导致更加严重的两极分化，最终的结果就是不断地重复上演金融危机和实体经济危机，进而影响到社会福利和社会保障公共产品供给的稳定。2008 年国际金融危机后的西方国家的福利削减无疑是最好的例证，相反，金融危机时期中国社会保障却实现了持续的发展，当然，这其中的一个重要原因是当时中国社会保障仍然存在的巨大制度空间（如扩大覆盖面）释放了动能，但从根本上来说还是国家政府对资本进行的强有力约束和纠偏。

第一，国家政府能够自觉地不断推进自我规范和引导经济社会发展的能力提升，为政治、经济与社会发展的良性互动提供了制度保障。我们并不否认，对于任何处于上升阶段的国家，经济发展奠定的丰厚物质基础必然会使政府倾向于且有条件采取积极的公共政策来应对经济社会危机，我国也不例外。过去 40 多年，经济增长与社会保障的相互促进，居民收入增长的替代效应，可以说为我国社会保障的发展提供了不可或缺的条件（Zheng and Scholz，2019）。但是，抛开并超越任何经济学范畴，社会保障政策的实践路径和政策价值应该在一个更广泛的框架内来考察，波兰尼的思想可以为我们提供构建这一解释框架的理论依据，即政治、经济、社会乃至文化的协调推进是保障整个经济社会稳定的基础，一旦失去了平衡，社会系统便会在自我保护机制的作用下使整个国家陷入危机之中。那么，社会保障作为工业资本主义社会中的社会政策工具，不仅可以看作保护劳动者和贫困人口免受市场力量不良影响的社会反应，还可以视为政府弥补市场失灵所实施的一项政策安排，所以，它所涉及的利害关系无论从哪个维度来看都是极其庞大和复杂的，政治、经济与社会是否协调，决定着不同国家在不同时期所采取的社会保障计划是不同的。

　　我国政府在协调政治与经济关系方面，一开始就明确了国家宏观调控政策的重要性，并逐步形成了中国特色的制度力量对经济社会发展的规划与引导模式。特别是党的十八大以来，在面对世界经济复苏乏力、局部冲突和动荡频发、全球性问题加剧的外部环境，以及我国经济发展进入新常态等一系列深刻变化的背景下，我国深入推进国家治理体系和治理能力现代化的改革。2019 年，党的十九届四次会议通过了《中共中央关于坚持和完善中国特色社会主义制度推进国家治理体系和治理能力现代化若干重大问题的决定》，可以说这既是历史的必然性，又是国家治理能力提升的自觉性。一方面，自改革开放以来，我国在以经济改革为主线的同时，一直坚持着政治与经济、社会观念与经济等循序渐进的协调进步，当一个方面的发展达到一定水平后，其他方面的改革进程将被有序推进，原来作为推动力量的一方反过来又变成被推动的方面，如此良性循环（吴敬琏和刘吉瑞，2009）。所以，当经济社会发展到一定水平时，国家治理能力的提升必然会被提上议程。另一方面，中国特色社会主义最本质的特征是中国共产党的领导，而中国共产党的重大优越性就是保持与时俱进。党的十六大将"与时俱进"首次写入党的工作报告，明确"与时俱进"就是党的全部理论和工作要体现时代性、把握规律性、富有创造性；党的十八大以来，国家进一步积极推进了政府机构改革和职能转变等一系列重大改革以适应新时代对国家治理的需求。总而言之，党和国家不断优化各领域体制机制、法制法规安排，致力于建立一套紧密联系、相互协调的国家制度，统筹领导民主政治、经济改革、社会事业等各方面循序渐进地协调发展。

　　第二，中国共产党能够保障过去几十年国家社会保障政策是连续的、动态的，未来亦是如此。毋庸置疑，改革开放 40 多年来我国一直在致力于协调经济改革、政治民主和社会观念的变革与发展。经济改革作为最基本的因素被首先推进，但国家关于经济建设和生产力发展的基本理念是一脉相承的，从邓小平同志的"社会主义的本质，是解放生产力，发展生产力，消灭剥削，消除两极分化，最终达到共同富裕"，到习近平同志的"中国共产党人的初心和使命，就是为中国人民谋幸福，为中华民族谋复兴"，所体现的根本宗旨就是生产力的发展是以实现人民福祉为根本目的，当然，这一点几乎是所有国家经济社会发展的最终目标。随着经济发展，分配问题、社会风险等将会迅速升至社会政治议程前列，甚至在一些学者来看，现代社会经济增长不可避免地促成了社会保障的诞生和发展（Lindert，2004；沃夫冈·舒尔茨和蔡泽昊，2017）。

2. 经济增长放缓带来生产性福利供给减弱

在过去很长一段时间，我国养老保险制度改革治理所取得的成就很大程度上得益于经济增长过程中城镇职工工资增长与农民土地承包责任制和农民进城务工等使收入迅速增长而产生的收入替代效应（郑功成，2019），即西方福利国家学者所提出的"工作福利国家"现象。但是，随着近年来我国经济增长率回落，这种替代效应也会减弱，从而凸显了养老保险制度能力缺陷。自2010年开始，我国经济增长率开始回落、人口老龄化趋势持续加剧，随之而行的是社会性转移支付与个人工资增长率趋势也逐步下降。在这些经济指标变化背后，反映的是我国生产性福利供给减弱，并将导致未来国家一系列公共政策的新一轮调整。实际上，21世纪初我国公共政策完成了一次从偏重经济政策转向偏重社会政策的转型（王绍光，2007），这得益于我国人口红利、快速工业化和城镇化、加入世界贸易组织后的对外贸易增长，以及技术应用的高边际效益，这些因素巩固和深化了国家市场经济体制改革。但近年来这些有利因素在不同程度上呈现出衰减，表3-1展示了过去近40年来我国GDP、老龄化、社会转移支付、工资收入的增长率趋势。

生产性福利是西方福利国家学者用于解决"追求福利"与"追求工作福利"[①] 两个概念之间的矛盾而提出的，但两者都指向因为经济良好增长而创造的福利，本书采用这一名词的本意就在于此。它至少体现在两个关键指标上，即社会转移支付与工资收入增长。自20世纪80年代中期以来，我国社会转移支付与个人工资增长率的演进大致呈现出倒"U"型趋势，且在2005~2009年达到了最

---

① 在西方福利经济学者来看，两者是相互矛盾的，"追求福利"意味着"去商品化"，而"追求工作福利"意味着劳动力的"再商品化"。

高点（见表3-1）。但是，关于这种变迁趋势的动力因素，却需要从三个阶段来分别考察。图3-1展示了我国2000年以来国家社会转移支付占GDP比重的年度变化规律。第一阶段为社会转移支付迅速扩张阶段，这一阶段的主要动因是经济的高速增长。本书需要着重讨论的是后两个阶段，即第二阶段社会转移支付低速扩张与第三阶段增长下滑的动因。总体上，这些动因不仅包括全球化的一般性因素，还包括我国面临的一些特殊性因素作用。

表3-1　GDP、社会转移支付、工资收入及老龄化增长率

指标	1980~ 1984年	1985~ 1989年	1990~ 1994年	1995~ 1999年	2000~ 2004年	2005~ 2009年	2010~ 2014年	2015~ 2019年	2020~ 2021年
GDP增长率	0.096	0.099	0.109	0.091	0.092	0.115	0.086	0.067	0.058
老龄化增长率	0.025	0.022	0.020	0.020	0.020	0.030	0.034	0.050	0.052
社会转移支付增长率	0.098	0.035	0.062	0.095	0.149	0.230	0.171	0.071	0.055
工资收入增长率	0.045	0.022	0.070	0.090	0.118	0.139	0.082	0.071	0.058

注：社会转移支付主要包括教育支出、社会保障和就业支出、文化旅游体育与传媒支出、卫生健康支出、住房保障支出，这些项目所涉及的内容构成了居民消费支出的绝大部分；工资收入是职工平均工资。

资料来源：根据历年《中国统计年鉴》计算，且以1980年为基础通过CPI进行了实际价值测算，并取5年均值。

　　第二阶段[①]生产性福利增势趋缓的第一个动因是改革的路径依赖，因为在上个阶段国家并没有实施福利扩张策略，社会保障与就业支出的财政比重不断下滑，直到2014年左右才开始出现回升；相反，教育和卫生健康等公共支出却保持着较高的财政支出占比（约60%）来提高人力资本积累。在这一时期，强经济规制而弱社会性规制，重公共支出而轻社会保障支出，以配合就业并兼顾地区再分配，此时整个社会保障嵌套在经济系统之中。第二个动因是自2008年以后国际经济危机，低增长、低利率、低通胀向国内传递增长压力（袁志刚等，2020）。第一，大量外资企业特别是东部沿海制造加工企业撤离我国，就业压力使得工人的生产性福利下降，即工资增长率开始下滑。第二，企业面临国际竞争

――――――――

　　① 从图3-1（b）中，我们首先排除国家财政支出的结构性调整动因。因为，从社会转移支付占财政支出比重的年度变化趋势来看，这种结构性调整工作已经在第Ⅰ阶段和第Ⅱ阶段完成了，至少第Ⅲ阶段的社会转移支付占财政支出比重持续稳定了近10年。

压力而加强了成本控制，国家也增加了社会性规制建设，包括《中华人民共和国社会保险法》《中华人民共和国劳动合同法（2012年修订）》等相继出台，几大社会保险制度相继并轨，保障劳动者生产性福利免遭大幅下降。第三个动因是传统人口红利逐步减弱。2010年后持续上升的老年抚养比与趋于平行的少儿抚养比的结构关系（见图3-2），表明"50后""60后"逐步退出劳动力市场，而"80后""90后"的劳动力供给效应也逐步衰减。

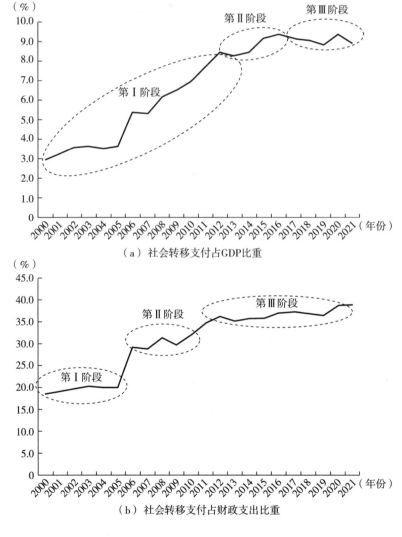

（a）社会转移支付占GDP比重

（b）社会转移支付占财政支出比重

图3-1　社会转移支付占GDP与财政支出的比重

资料来源：同表3-1。

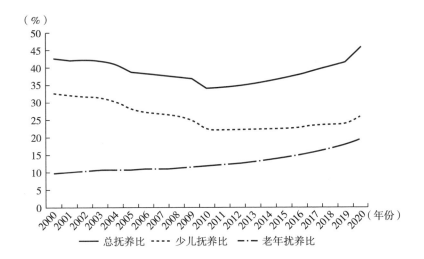

图 3-2　我国 2000~2020 年人口结构的变迁趋势

资料来源：历年《中国统计年鉴》。

第三阶段生产性福利增势下滑的原因主要来自国家结构性改革挑战。党的十九大以来，国家提出了高质量发展战略，意味着我国将在产业结构、技术创新、对外开放、社会治理等领域进行一场"质量变革"（余泳泽和胡山，2018），以推动经济社会发展转型。第一个原因是逐步调整传统的在凯恩斯主义治理逻辑下以扩大投资和刺激需求来推动经济增长的策略，2015 年国家开始实施供给侧结构性改革战略，其中以"营改增"为核心的降费减税改革是重要举措之一，并下调了企业的社会保险费率，这些不仅是对我国税种税源、央地分配等结构方面的重构，从长远看还会对我国政府支出行为和养老保险制度筹资结构产生深远影响。第二个原因是以稳就业和稳通胀为基本目标的宏观经济调控正在面临从"软着陆"转向"有管理的硬着陆"的结构性调整挑战[①]。当前及未来一段时间，在"去投资"的总体方略下，资本形成率、国有企业改革等方面都将进行一次系统的调整，从而实现国家经济增长的动能彻底从依靠物质资本转向生产率进步的"索洛增长"模式上来（赖平耀，2016），这将重构劳动力转移、就业、工资增长等生产性福利。综上所述，在第三个阶段及未来，支撑我国生产性福利的经济增长策略与经济增长点都会陆续地呈现出深刻变化。

---

① 20 世纪 90 年代末至 21 世纪初我国就进行了一次成功的有管理的硬着陆改革，有效地化解了清理债务及中小国有企业和集体企业改革风险，从而抵御了当时亚洲金融危机的冲击与扭转了经济增长下行趋势。

3. 个体化冲击传统社会关系基础

传统上，我国与西方社会结构存在重大差异已是一个不争的事实。梁漱溟先生将西方社会结构与中国社会结构进行了经典的比较（见图3-3）。在西方社会结构中，团体和个人是社会关系的两极，家庭功能无法超过团体和个人的核心意义，即西方的社会结构关系在团体和个人之间摆动，家庭作为其中的一个部分，难以发挥平衡的作用。相反，在中国社会结构中的家庭则是处于极其重要的位置，并积极地平衡着个人和团体的关系（林义，1997）。然而，一方面，随着我国改革开放以来参与全球化步伐日益深入，我国社会结构在某种程度上与西方国家出现了"趋同化"的趋势。另一方面，西方国家所显示的"团体—个人"社会结构的内核关系可能也并非一成不变，而是经历了近代社会的重构，换句话说，核心家庭在西方的社会结构关系中也扮演着举足轻重的作用。如果从一个比较历史的视角来看，我们可能会得出这样一个结论：无论是中国还是西方国家，当代社会的个体化进程正在推动社会结构的基础单位从家庭进一步地向作为人格的个体发展。

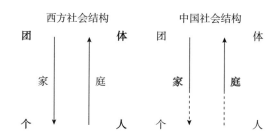

图3-3　中国与西方社会结构比较

注：字体大小表明位置的轻重；箭头往复表示直接关系；虚线表示其关系不够明确。

资料来源：梁漱溟. 中国文化要义［M］. 上海：学林出版社，1978.

第一，家庭的个体化。我国封建社会时期以小农经济为基础的社会结构持续了两千多年，且极具稳定性、封闭性、刚性、整合性与二元一体性（李培林，1991）。中华人民共和国成立以来，特别是改革开放后的市场经济体制建设进程，加速瓦解了传统的以家庭为基本单位的社会结构模式。虽然，深厚的传统核心家庭仍然有很强的抗逆力，加上结构性因素的制约，传统的家庭形式仍然对人格独立个体具有很强的吸引力，生、育、养、教化功能仍然由家庭承担（杨菊华和何炤华，2014）。但是，家庭的经济纽带关系的弱化加速了个体的流动性，如现代社会的工资体系和就业习惯，个人脱离核心家庭的可能性大幅提升。当代中国的家庭规模持续缩小，核心家庭比例下降，家庭结构和代际居住模式的变迁使得家庭功能进一步减弱（杨舸，2017）。另外，传统乡土社会的差序格局也在悄然发生演变，乡村社会关系也逐步向内核压缩，即人格化个体的关系正从亲缘关系、地缘关系朝向理性化、利益化关系演化（徐晓军，2009）。显然，这些经验事实正在向我们展示着，传统以家庭为内核的社会结构关系正在发生演变并朝向人格化的个体化方向发展。

第二，工作单位的个体化。我国历史上的农耕经济、作坊经济作为个体赖以生存的生产关系，决定了社会的最小生计单位仍然以团体和家庭为基础，并提供对个体的保障。这种保障模式直接沿用到计划经济时代城市的"企业保障"模式。随着改革开放后工业化和城镇化的加速，个人就像从核心家庭脱离一样开始逐步脱离单位，即劳动力的流动性增强。虽然，劳动力的个体流动性增强了，但企业年金这类福利保障受到极大冲击。这一现象在美国、日本等国家表现尤为突出，而企业保障的衰退会导致朝向社会保障与个人保障的方向发展（武川正吾，2011）。另一个挑战就是，由于个体化的迅速发展，劳资关系的灵活性增强，极有可能导致我国因社会性规制薄弱而带来的传统养老保险制度模式失灵，如女性职工的社会保险等福利得不到保障或保障较低，即出现社会保险的公平性问题。

第三，地域社会的个体化。我国传统的地域社会概念本质是费孝通先生提出的"乡土社会"（费孝通，1986）。随着当代城镇化和市场化发展，城市地域社会表现为居民委员会、各类型社团等脱离地缘边界的组织形态。实际上，地域社会的个体化现象比家庭的个体化发生得更早，因为个体从核心家庭独立出来却被地域社会的某个社团或组织束缚本身就是一个不可能的事情。在城市地区，个体往往根据利害关系和目的加入某些组织，并非因为属于某个地区的个体身份而加入地缘组织。甚至，对于一些组织来说，它们之间的关系也脱离地缘属性，越来越依赖于目的和利益关系的纽带。在农村地区，传统的"内核—外围"社会结构关系也发生了变动，个体的社会关系系统的外围已高度利益化，而与之对应的是内核部分（家庭）的高度情感化（徐晓军，2009），但此时家庭的功能趋于特殊化，以满足家人情感需要为主，其余则由社会负担。这种现象对社会政策实践来说可能是一把"双刃剑"：一方面，个体脱离地域社会的团体约束，能够更加充分地获得自由；另一方面，社会性排斥又会使脱离地域社会和家庭的个体更加需要团体的保障。此时，社会政策的重构就势在必行。

综上可知，一方面传统的以核心家庭为基础的社会结构关系模式正在转向以人格个体为基础的社会关系模式；另一方面个体化趋势毋庸置疑会带来新的养老保障模式创新需求，从而在社会性规制层面发生深刻的变化。首先，个体化带来公平性问题，如女性职工的养老金充足性大幅低于男性职工，这在后文的实证测算中得到验证；我国养老保险制度强调的支出保障，通过财政的补贴促进基本养老金待遇上升，不仅没有实现其分配公平的目标，反而一再掩盖了精算公平的急迫性。其次，个体化带来社会排斥。例如，在一些年金计划方案中，严格设置了团险参保人数的范围，这种企图支撑企业年金发展的规制安排，在逐步个体化的趋势下，年金制度发展始终缓慢，这可能是重要的一个解释。最后，个体化将传统家庭内部的矛盾暴露出来[①]，这就要求对规制政策进行调整和改革，以适应新的需求，如对新业态从业人员的养老保险制度安排，要遵循机会的均等原则，即从同一劳动同一工资转向同一"价值劳动"同一工资。

4. 国际养老保险制度改革趋势影响

20世纪七八十年代，DC模式的提出突破了传统国家福利模式，大量与缴费关联的职业养老金计划兴起，养老保险责任和风险从国家转向了雇主和职员，迈出了养老金私有化的第一步；21世纪前后，人口老龄化压力的加剧和全球金融危机的深刻教训，加之全球化趋势深化了养老保险与私有化文化和经济的串联，世界银行等国际机构的助推，个人养老金计划规模持续扩张，养老金责任和风险进一步地向个人转移。这两个阶段可以视作全球养老保险向私有化方向发展的"两次跨越"。尽管养老保险政策私有化在不同层面受到了挑战和质疑（Ebbinghaus，2015），但这种趋势已然不可逆。当然，OECD国家的私有化进程并非一致。过去很长一段时间，欧洲大陆国家的福利传统注重社会合作，强调"社会保险"的福利供给模式，并且工会主义者在养老金福利谈判上表现得更加强势，所以它们的养老保障体系在公共养老保险的基础上，增加了雇主和雇员的责任，从而壮大了职业养老金计划。但美式新自由主义民主国家，它们的福利传统更加强调劳

---

① 我国现代养老保险制度与西方国家存在一些差异，即我国养老保险制度一开始就建立在依托劳动力市场的社会化（也即个体化）基础之上，而西方养老保险制度在过去相当长一段时间内依托的是核心家庭，而后发展为依托企业单位。它们的养老保险制度在20世纪五六十年代开始大兴企业年金制度，但随着个体化进程的推进，美国、日本等非欧洲国家已经转向了个人养老金计划，并且最近的EIOPA（欧洲保险和职业养老金管理局）也开始推进个人养老金发展的步伐，企图建立标准化的个人养老金产品计划（Stevens，2017）。

动力市场的放松管制、市场驱动的战略，工人的社会权利扩张受到抑制，加之转型时期的雇主积极削减了对职业养老金计划的责任分担，推动了个人养老金发展。

时至今日，从欧盟层面来讲，欧洲保险和职业养老金管理局当前正致力于欧洲标准化的个人养老金发展，各国职业养老金计划正受到逐渐但越来越大的压力（Stevens，2017；Calu and Stanciu，2018）。另外，日本作为"儒家文化圈"国家中东亚福利模式的代表，其福利传统的劳动力市场政策或环境与我国相似，但近年来其多层次养老金结构也发生了改变：一方面，企业年金参保人数占私营雇员养老金计划（即厚生年金）的比例持续下降，小企业提供企业年金的占比不断缩小（郑秉文，2016）；另一方面，个人养老金计划规模持续壮大，提供的替代率水平高达 23.1% 左右。当然，从比利时、斯洛文尼亚、瑞典、意大利等国的改革趋势来看，未来它们的第二层次替代率会有所下降，而第三层次会持续提高（Natali，2009）。毋庸置疑，当今全球任何一个国家的养老保险制度改革都无法独立推进，而是越来越深刻地受到国际或区域的共同性趋势影响。

这些经验也启示我们，伴随着各国多层次养老保险制度改革，当今全球养老金私有化正朝着个人养老金方向发展。在我国，20 世纪 80 年代开始养老保险制度逐步向部分私有化方向转型。DC 模式在基本养老保险制度中确立，形成个人的养老金责任。但是，个人账户的"空账运行"仍然没有摆脱现收现付的社会保险模式，所以个人的养老保险责任与风险分担是微弱的。1991 年提出了多层次养老保险制度框架，21 世纪初掀起了企业年金的短暂繁荣。从比较历史的视角来看，我国企业年金发展至今已近 20 年，这一时间跨度与主流发达国家第一次私有化跨越（DC 型职业养老金计划支柱的确立）的大致 25 年（Stevens，2017）的周期相近，但遗憾的是，我国企业年金计划的发展并不理想。我国长期实行低工资战略，对工资增长进行调控，无论是出于对贸易出口的比较优势保持，还是对充分就业政策的执行，越来越富有弹性的就业和工资背后，体现的是规制放松和市场竞争的驱动，而这些要素正是美国、加拿大等国家个人养老金计划持续壮大的重要动因。如果说，我国在全球养老金的第一次私有化文化跨越中是落后者，那么我们要跟上第二次跨越趋势。

三、纳入风险因素的协同治理逻辑建构

党的二十大报告阐释了中国式现代化特征与本质要求，但现代化过程本身也伴随着风险。越来越多难以预测的风险因素，使得多层次养老保险制度各层次养老金计划的治理手段、目标、资源等方面的协同越来越困难，治理效能也难以预测，导致改革成本不断提高。同时，这些蕴含在多层次养老保险制度中的风险，也被深刻地嵌入整个社会风险系统之中，特别是人口老龄化给国家经济和社会发展带来系统性风险压力时，养老保险制度作为应对人口老龄化的核心制度安排，一旦在风险冲击下降低了运行效率，极有可能影响到经济社会的稳定发展。这就要求从外延上突破多层次养老保险制度本身的政策框架和治理体系，致力于构建一套能够统筹和协调养老保险制度内外部各子系统，以及与外部经济社会系统的协同治理体系，把所有可能给制度运行带来致害威胁、充满不确定的风险因素"内化"为制度能力建设的重要动力。这是保证风险社会中我国多层次养老保险制度可持续发展的一个重要治理思想。

（一）一个参照：西方"福利三角理论"的解释逻辑

伊瓦思（Evers）的福利三角理论是解释西方国家福利模式及路径变迁的经典理论（Evers and Wintersberger，1990），即国家、市场和家庭构成了一个福利整体，而这三个部门具体化为对应的组织、价值和社会成员关系（见图3-4）。第一个部门是国家，对应的是公共组织，追求保障和公平的价值；第二个部门是市场部，对应的是正式组织，体现的价值是自主和选择；第三个部门是家庭，对应的是非正式组织，体现的价值是微观层面的团结和共有的价值。社会成员作为互动中的具体行动者，维系三方建立不同的关系，是个人和社会关系的具体化。显然，这三个部门与社会成员分别建立的社会关系互动，可以有效解释不同国家福利模式的差异，也有助于分析不同福利制度的动态发展。该理论强调互动过程中的社会成员与制度的关系，并且福利的分析框架应该放在政治、经济、社会与文化背景中。个人嵌入的社会制度结构是复杂的、多路径的。不同部门提供的福利是相互影响、此消彼长的互补关系（彭华民，2006）。这一理论的分析框架在国家、市场和家庭的三方力量比较均衡的西方社会里具有较强的解释力。

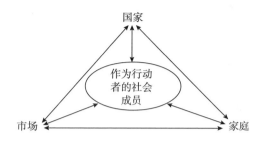

图 3-4 福利三角理论与行动者

资料来源：笔者自制。

将福利三角理论应用到西方多层次养老保险制度的治理逻辑中可知，各国养老保险制度朝向多层次体系演进不仅受到人口老龄化、经济增长放缓等外部压力的影响，还符合新自由主义关于加强个人自力更生、个人责任和消费者选择的理念。第一，从国家来说，它所提供的养老金是广覆盖、社会集中风险①的公共养老金，社会成员与国家建立的制度关系是公民权利，体现的价值是社会包容性（即保障和公平）。第二，从市场来说，所提供的养老金是依赖居民收入和依赖市场的私人养老金，社会成员与市场建立的关系是合约关系，体现的是自主和选择的价值。第三，从家庭来说，所提供的养老金是独立于国家和市场之外的养老金，社会成员与家庭所建立的关系是血缘、宗亲关系，体现的是家庭团结和互助的价值。从工具理性角度来说，由国家、市场、家庭三方构成的多层次养老金福利整体，本质上是将一套社会保护工具结合起来，每一种工具发挥一种或多重功能，从而保证国家养老保险制度的全部目标。

图 3-5 展示了西方福利三角理论下的多层次养老保险制度的协同治理框架。它是以社会成员为核心，由内向外构成的"①—②—③—④"四个圈层，分别为主体层、制度层、价值层与风险层。"主体层"是社会成员能够获得养老金福

---

① 在本书中，"社会集中风险"是指社会成员所面临的基础的、必然的且只能通过公共途径来应对的风险类型。例如，虽然养老风险是每个社会成员都必然会面临的风险，但他们之间的风险程度会存在差异。其中，威胁到基本生活保障而可能遭受生存危机的风险，无差别地存在于每个社会成员的老年生活之中，这就需要通过公共手段来集中组织应对；威胁到更高生活质量而可能遭受损失的风险，只会存在于部分社会成员的老年生活之中，那么这类风险则可以通过私人手段进行应对。

利的全部来源，包括国家、市场与家庭三个部门。"制度层"是三个部门分别提供的养老保险计划，分别是公共养老保险、私人养老保险与家庭伦理保障（如子女赡养）。"价值层"是指不同养老金计划追求的价值目标，如公共养老保险的核心目的是防止社会排斥，所以它所追求的价值目标是保障基本、防止贫困。"风险层"则是指各项养老保险所面临的风险，如私人养老保险是市场化、私有化的运行模式，深刻受到市场逻辑的影响，面临着市场风险；公共养老保险应对的是基础的、必须且只能通过公共途径来应对的风险。总体来看，这个治理框架通过社会成员和制度之间的互动关系，解释了西方国家的多层次养老保险制度改革治理及其变迁的逻辑。

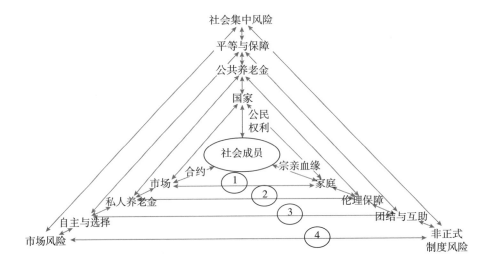

图 3-5　福利三角理论对多层次养老保险制度的解释逻辑

资料来源：笔者自制。

（二）养老保险制度改革治理的"中国式三角理论"

虽然，福利三角理论对西方国家的多层次养老保险制度治理逻辑具有良好的解释性，但它对我国的改革实践的解释却存在一定局限性。一方面，如前所述，各国养老保险制度改革治理过程中的治理风险与日俱增，它不仅包括制度外部的经济、社会、人口等诸多领域的风险因素，还包括在应对这些风险过程中所产生的一系列风险，并且后者正在融入风险社会的系统之中，成为一种具有一般化特征的风险因素。另一方面，我国多层次养老保险制度的改革治理并非是政府、市场和社会三方力量均衡或失衡的结果，而是中国共产党领导下的动态、非均衡治理的具体呈现，这一制度背景决定了我国多层次养老保险制度的改革治理逻辑有别于西方国家。因此，我们需要对西方福利三角理论进行修正和拓展，为我国多层次养老保险制度改革治理提供一个合理的解释框架。接下来，本书重构了以中国共产党领导为核心，由政党体系的改革自主性、社会系统循序协调发展需求与满足人民的养老金需求三个维度构成的中国式三角理论（见图3-6）。

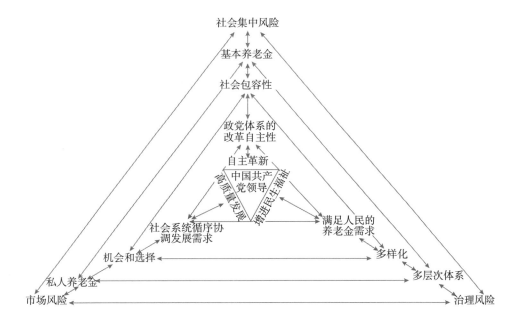

图3-6 中国多层次养老保险制度改革治理的逻辑架构

资料来源：笔者自制。

中国共产党领导是中国式三角理论的核心。在中国式三角理论中，核心由西方传统的福利三角理论中的社会成员发展为中国共产党领导。首先，中国共产党始终代表中国最广大人民的根本利益，养老金福利是人民利益的重要组成部分，所以发展和满足人民群众的养老金福利需求，是党和国家改革发展的内在属性和要求。其次，保障党和国家的自我规范和引导经济社会发展的能力提升，是党和国家的内在属性和发展需求。最后，高质量发展是党和国家在改革探索进程中不断升华的推动经济社会可持续发展的先进理念，也是新时代中国经济社会改革治理的鲜明主题。进一步地，以中国共产党领导为核心，发展出政党体系的改革自主性、社会系统循序协调发展需求及满足人民的养老金需求三个维度的目标协同关系。

1. 维度一：政党体系改革自主性

政党体系改革自主性是指党和国家对养老保险制度认知、理解、判断及治理行为，虽然会受到经济和社会等诸多因素的影响，但始终保持独立性和自主性，能够推动养老保险制度建设。进一步地，党和国家根据自己的治理逻辑所推动的养老保险制度发展，遵循的是问题导向和目标导向相结合的建制议程，确保社会包容性是党和国家实施养老保险制度改革治理的重要任务。对多层次养老保险制度来说，社会包容性的实践载体是基本养老保险制度，它是防止社会性排斥的关键制度安排之一，强调保障基本、注重公平，其制度目标所应对的风险是社会集中风险。

2. 维度二：社会系统循序协调发展

社会系统循序协调发展是指在社会系统中的经济、社会、文化、人口等多方面循序渐进的协调发展。当一方的发展达到一定水平后，其他方面的改革进程将被有序推进，原来作为推动的力量反过来又变成被推动的方面，如此良性循环（吴敬琏和刘吉瑞，2009）。当然，不同阶段各个方面的协调关系所表现出来的格局和态势是存在差异的，正是这些差异决定了不同时间节点上我国养老保险制度模式，并从阶段性的过程中演化出不同的养老金计划。20 世纪 90 年代我国市场经济体制逐步建立起来，现代保险市场的兴起和发展，为补充养老保险发展创造了机遇和市场条件。党的十八大以后，随着人口老龄化趋势加剧，以及企业年金制度发展的瓶颈约束在短期内难以突破，国家主动调整政策导向，大力推进税延型商业养老保险发展。归根结底，社会系统循序协调发展的客观要求在不同阶段为我国私人养老保险创造了条件和机遇。当然，私人养老保险所面临的风险主要是市场风险。

3. 维度三：满足人民的养老金需求

满足人民的养老金需求是指国家精准识别人民群众对养老金福利需求在内容、结构、层次、属性等方面发生的深刻变化，从而提供更充实、更丰富、高质量的养老保险制度和服务供给。我国人民群众的养老金福利需求对制度建设发挥着越来越重要的作用，国家以内容、结构、层次及属性层面不断推动养老金制度的改革创新。进一步地，人民群众对养老金需求的发展，衍生出了养老保险产品和服务的多样化价值取向，决定了我国养老保险制度的治理模式必然朝向多层次体系演进，在这种朝向多层次体系的转型过程中，必然会面临着治理风险的挑战。

（三）我国多层次养老保险制度改革的风险治理机理

中国式三角理论与西方福利三角理论解释框架的不同之处在于，将治理风险纳入解释框架之中。西方福利三角理论虽然从整体的、均衡的、自我调节和相互支持的功能结构关系视角，解释了社会成员获取养老金福利结构的均衡状态，这一分析框架对处于成熟、稳定环境中的西方国家的多层次养老保险制度治理逻辑具有较好的解释力。但对于处于转型时期的中国来说，不仅是养老保险制度本身的结构关系尚待优化，就连经济社会系统的诸多方面也在经历重构和完善的过程。因此，我国多层次养老保险制度协同治理所面临的风险与西方国家是存在差异的，特别是更加强调治理风险的影响。

另一个重要的不同之处在于，在西方福利三角理论框架中，其核心是社会成员，这是一个社会学概念，是指组成并属于社会这个集体的个体，那么个体行为者仅仅是风险接受者，且只能调整自己的养老金结构。但是，在现代风险社会中，风险本身也是推动制度建设的重要动力机制，那么究竟是什么力量将风险转化为养老保险制度能力建设的动力呢？西方福利三角理论并没有提供答案。在中国式三角理论中，中国共产党作为经济社会发展的全面领导者，风险向内传递"压力"，具有改革自主性的政党体系便推动制度的改革创新，这就揭示了党和国家统筹风险"内化"为推动养老保险制度改革发展的动力机制。图3-7展示了在纳入风险因素后的养老保险制度改革治理逻辑，即以政党体系、系统协调与风险系统三个基本单元为核心的养老保险制度协同治理机制。

第一，政党体系是养老保险制度的政策与价值输出主体，并根据现代化进程中的风险因素持续地开展自我革新，不断提升风险应对的制度供给能力。通过制度的顶层设计，围绕养老保险制度改革治理的总体目标、制度框架与监督激励机制做出总体规划，既包括对各层次养老金计划在制度参量、层次边界、账户设计、税收激励等方面的政策协同与制度规范，又逐步突破养老保险制度框架的内在政策，拓展养老服务空间，优化制度载体、动力机制和行为机理，发挥不同部门之间的协同作用来提高养老保障体系的制度能力（林义，2022）。同时，多层次养老保险制度发展任务纳入国家推进经济社会高质量发展的总纲之中，把养老保险制度作为新时代人口治理和经济社会转型的重要政策工具，以应对未来人口老龄化和市场经济方面的系统性风险。所以，我国政党体系在推进多层次养老保险制度的协同治理的进程中，不仅是要促进体制机制的协同，还必须有意识地协调经济、社会、文化等领域的政策和机构，这就进一步涉及系统协调问题。

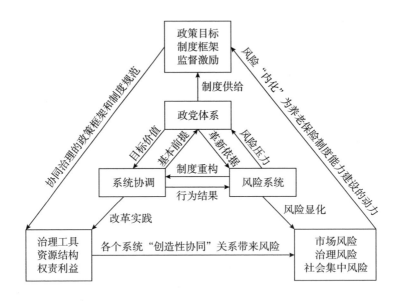

图3-7 我国多层次养老保险制度改革治理的协同路径关系

资料来源：笔者自制。

第二，养老保险制度协同治理要从整体的、系统的、协同的战略思路出发，这就要求系统协调不仅是养老保险制度内部治理目标、机构、资源等要素的协同，还是经济社会系统中经济、社会、人口等方面的循序协调发展，确保养老保险制度与它所处的经济社会环境和制度条件协调发展。首先，强调治理目标的协同，主要聚焦在覆盖面、充足性、可负担性、可持续性、稳健性及再分配等目标之间的权衡与取舍，以及如何通过养老保险制度安排来促进经济增长、缓解财政压力与社会包容性等目标。其次，强调在不同维度中的国家、市场、家庭及社会组织的相互作用，这些维度包括但不限于养老保险制度的监管监测、税收激励、投资监管和信息、财务成本和可持续、基金投资安全等方面，以及拓展了的养老服务、治理和生产部门的相互竞争和协同作用。最后，强调资源的协同整合，如基本养老保险的全国统筹与机关事业单位的"并轨"改革，本质上是在城乡统筹、区域协调发展与央地财政关系基础上，对区域之间、群体之间和层级之间的资源整合。未来，在个人养老金制度发展、养老服务空间拓展等方面，还需要深化对政府、企业、家庭等多元主体的资源结构与权责利益的统筹，尽可能构建出一套系统协同、整体均衡的养老保险制度协同治理体系。

第三，风险系统包括社会集中风险、市场风险、治理风险，它是促进政党体系自主革新和经济社会系统协同发展的重要动力。现代化进程中，现代性内在的悖论性运动导致的自身抗拒与反驳，诸如结构转型、样式变迁、心态嬗变及制度失范等问题仍然会通过"创造性破坏"过程重构风险，这就要求我国养老保险制度向多层次体系的协同治理模式演进，形成更加灵活的、动态的政策体系。首先，要有效识别风险。只有将养老保险制度改革所面临的风险置于经济社会的系统协调发展之中，从风险类型、风险时序、风险范围、风险形态等维度进行认识和重构，更好地与具有改革自主性的政党体系的制度优势相结合，才能切实促进我国多层次养老保险制度的创新发展。其次，要深刻把握风险转换规律（刘一弘和高小平，2021）。伴随着国家养老保险的私有化、市场化属性增强，以及人口老龄化、经济增长放缓压力等系统性风险增加，要加强养老保险制度改革治理的预案制度建设，充分发挥我国"地方试点探索"与"改革预案配套"两种建制议程的优势协同。最后，将问题导向与目标导向的建制议程相协同，既要尊重经济社会系统协调发展过程中风险生成的客观实际，又要发挥我国政党体系改革自主性所体现的制度优势，最终把现代性风险"内化"为提升养老保险制度能力建设的动能。

四、纳入规制因素的协同治理逻辑建构

在我国，中国共产党领导的国家治理模式从根本上决定了国家养老保险制度改革治理是由政府主导推进的。自 2021 年起，中国"社会福利共识"社会建构和社会主义福利国家目标，首次成为国家治理议程中的重要战略议题（刘继同，2022；郑功成，2022）。从西方福利国家实践经验来看，规制在实现福利国家目标中扮演着越来越重要的角色，与财政支出共同构成了福利国家的两个侧面。我国的改革历史经验表明，政府对劳动力市场的工资调控与社会性规制嵌入在经济性规制体系中，是理解既往我国养老保险制度改革治理的一个重要线索，这说明

规制之于我国多层次养老保险制度协同治理逻辑建构也将会发挥非常重要的作用。因此，我国养老保险制度建设促进"福利中国"目标的实现，要充分发挥规制在制度建设和改革治理进程中的功能。

（一）规制是养老保险制度改革的一个重要侧面

1. 财政支出与社会规制的不同政策组合

自 20 世纪七八十年代"新自由主义"思潮以来，国家监管或规制体系在社会政策、再分配和福利国家改革中发挥着越来越重要的作用，但往往被低估或误解。Majone（1994，1997）开创性地从公平正义与程序公平（逻辑）、产出与程序（合法性）、财政转移支付与规则制定（选择工具）角度来讨论了规制国家与福利国家模式，很显然，这种二分法在无意中突出了各类型国家之间的壁垒，由此划分的规制型（福利）国家和支出型（福利）国家被视为一种竞争或替代关系。Levi-Faur（2014）进一步地将这个二分法进行了融合，探寻了规制和福利国家的共存性，或者说规制强化福利国家的可能性。Levi-Faur 认为，规制会战略性地服务于分配机构和政策的紧缩或扩张，这体现了国家规制策略的嵌入性[①]。当代以来，随着私人和公共福利供给的增长和混合策略复杂性增加，特别是越来越强调社会服务的层次化或支柱化，如多层次养老保险制度，对国家规制的需求不断增加，促进了国家规制的扩张（Grabosky，2013）。

通常，养老保险制度的改革主要依赖于两个工具：一是财政政策，确保向老年群体提供财政或现金转移；二是规制工具，决定由谁支付、向谁支付以及支付的时间。这两个工具一定程度上并不具有完全的互补性，任何一种工具都独立地具有紧缩、停滞或扩张的不同形态。表 3-2 展示了在提升养老金福利情况下，财政支出和社会规制的不同政策组合。其中，双重扩张（a3）是养老金权利的扩张（如提前领取养老金、享受税收政策支持）与财政支持的扩张（如费用更多的由国家、雇主或者两者结合来承担）；双重紧缩（a1）和停滞（a2），则是养老金权利和财政支出均缩减或停滞不前，如提前领取养老金的权利受到限制或撤销、财政转移支付减少了对个人养老金账户补贴。从养老金政治经济学来看，财政支出和社会监管的"双重"状态（a1、a5、a9）代表着三个均衡，因为它在代表

---

① 规制在很大程度上仍被视为技术官僚的辅助工具，似乎它没有再分配效应，似乎财政再分配不再是规制的结果和目标。然而，在 Levi-Faur（2014）的研究中所考察的三个例子（租金控制、育儿假和税收支出）却证明了，规制不仅仅是一种具有间接或边际再分配效应的行为，还是一种重要的再分配工具。

财政和代表规制的利益群体诉求之间对各自的竞争对手都达到了与自己一致的政策，如在经济增长繁荣时期，各方力量对养老金权利的扩张和财政支出扩张是很容易达成一致的。

表3-2 财政支出和社会规制的不同政策组合

		社会规制		
		紧缩	停滞	扩张
财政支出 （或称社会支付）	紧缩	双重紧缩（a1）	混合策略（a2）	规制主导的扩张（a3）
	停滞	混合策略（a4）	双重停滞（a5）	规制主导的扩张（a6）
	扩张	财政支持主导的扩张（a7）	财政支持主导的扩张（a8）	双重扩展（a9）

资料来源：笔者自制。

除此之外，另外六种政策组合则表现出国家的明显政策偏好或路径，分别是混合策略（a2、a4）、财政支持主导的扩张（a7、a8）与规制主导的扩张（a3、a6）[①]。虽然，把规制作为国家养老保险制度改革的工具并不是一件新鲜的事情，并且各国实践也表明，通过不同的政策组合来实现国家目标使得财政和规制变得越来越密切。但是，把规制纳入一个统一框架，即把规制融入决定各国养老保险制度改革治理的政治经济与社会结构因素中，超越传统仅从财政支出的单一维度来考量，将是重新认识各国多层次养老保险制度改革治理模式或路径的重要基础。例如，一项关于德国养老保险制度改革的研究认为，改革催生了国家在养老保险政策中的新的双重角色：再分配型福利国家和规制型福利国家的结合，构成并管理（养老金）福利（Lamping and Rubb，2004）。虽然，Lamping 和 Rubb 的研究仍然把规制和再分配（财政支出）视为两个对立的因素，但他们已然指出了规制在养老保险制度改革或者养老保险制度改革治理模式划分中的重要意义。

2. 养老保险制度改革治理的"三种模式"

在后文第七章中，本书系统地对英国、日本和韩国的私人养老保险"起飞"时所面临的政治经济与社会结构条件进行了审慎分析，并由此讨论了三个国家在不同背景下的改革治理策略。概言之[②]，笔者依据如下三个维度进行了梳理并将

---

① 比如财政支持主导的扩张（a7、a8）表明养老金权利无论是停滞还是收缩，财政支持都会朝向扩张路径发展。当然，这种组合并不必然导致分配的不公平，如在老龄化加剧的情况下，财政对养老金的支持扩张是不得不增加的，但同时养老金权利可能会缩减，如延迟退休以增加缴费责任。

② 此处仅做简要概述，更详细的阐释参见后文。

其归纳为三个模式：一是国家力量（政府）与社会力量（工会）的博弈，决定了由谁主导私人养老保险建设；二是重视社会规制还是重视财政支出策略来支撑改革；三是强调对劳动力市场的放任还是对市场的约束性。图3-8展示了三个国家在矩阵中的位置关系，也代表了三种治理模式。首先以政府力量为原点，纵轴为主导力量维度，越靠近原点表示政府主导力量越强，越远离原点则表示非政府因素（如工会、国际组织影响）的主导性越强；横轴代表市场维度，越靠近原点表示越重视政府的规划引导和政府力量，越远则表示对劳动力市场的自由放任程度越大。其次为向量，向上扬起表示强化规制的作用，向下垂则表示弱化规制而重视财政支出的作用。

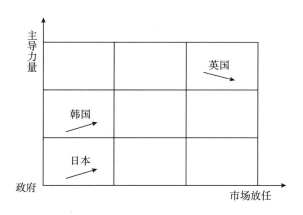

图3-8 养老保险制度改革治理的模式分析：英国、日本和韩国

资料来源：笔者绘制。

从第一个维度来看，英国在私人养老保险"起飞"时期，工会和左派政党力量发挥着重要作用，且工会主导职业养老金计划的管理运营，所以政府的主导性相对较小。相反，日本在强势的官僚体制下，工会的影响力相对薄弱，私人养老保险的发展主要依靠政府的主导。韩国政府的主导性则居于两者之间①。从第二维度来看，英国在"内嵌式自由主义"和劳动力"去商品化"的趋势下，经济增长和福利国家的目标导向，要求增加福利供给，因而有必要且有条件地采取了财政支出策略，通过税收政策支持私人养老保险扩张。日本和韩国采取

---

① 在韩国，一方面政府是历次养老保险制度改革的主要推手，另一方面也会受到国际机构的影响，加之民主主义势力在国内相对强于日本，所以政府主导相对弱于日本，但强于英国，介于两者之间。

了重视规制而减轻财政支出的策略，虽然两者在具体的政策安排上存在差异，但殊途同归，通过规制政策与财政政策的组合，实现了福利国家的目标。从第三个维度来看，在内嵌式自由主义趋势下，对劳动力市场的放任是当时的主流倾向，所以在私人养老保险发展初期，英国并没有对劳动力价格过多地干预。日本在经济增长放缓的"福利国家危机"时期，主要采取了控制工资增长，保护低生产力企业，培育高生产力部门，引导劳动力在部门间流动等措施，以约束市场从而顺利达成国家目标。韩国和日本虽然处于不同时期，但采取的策略是类似的。

（二）规制视角：养老保险制度改革的中国经验

1. 劳动力市场约束：工资增长的调控

20 世纪 90 年代，《中共中央关于建立社会主义市场经济体制若干问题的决定》提出"效率优先、兼顾公平"的收入分配原则。实践中，当时国家收入分配在"公平"和"效率"之间更偏向于后者，加之劳动力市场工资调节体制尚未建成，使得初次分配差距拉大——这是导致当时再分配力度不高的一个重要原因（Barth et al.，2014）。因此，20 世纪 90 年代可视为对工资增长调控的宽松时期。当然，从客观因素来说，20 世纪 90 年代国企改革进入攻坚克难阶段，民营企业成为吸纳城镇劳动力和农村剩余劳动力的主力军，但它们对工资控制非常敏感，所以政府一旦过度干预工资而导致劳动力价格扭曲，必然会影响到劳动力市场就业的保障。与此同时，这一时期我国养老保险制度正推行"部分私有化"改革，即待遇与收入关联、个人缴费责任增加，所以扭曲工资也必然会冲击养老保险制度的改革。

进入 21 世纪，2003 年《中共中央关于完善社会主义市场经济体制若干问题的决定》中强调在效率优先、兼顾公平的基础上，各种生产要素按贡献参与分配和加大收入分配调节力度。这一时期，得益于加入世界贸易组织后的对外贸易迅速扩张，以及城镇化迅速发展，虽然工资水平有了大幅提升，但从资本要素报酬与劳动要素报酬之间的比较来看，后者远低于前者（白重恩和钱振杰，2009）。当然，客观上较高的资本边际产出会导致资本报酬在国民收入的占比提高而劳动报酬率下降——这是我国经济结构调整的必然结果——但这仍然与国家在当时所坚持的"重资本、轻劳动"的政策取向有关（张全红，2010）。为了调和这一矛盾，2004 年国家实施最低工资标准，2009 年修正后的

《中华人民共和国劳动法》要求强制执行。因此，从这一时期开始，随着市场经济体制的基本确立，劳动力市场规制建设逐步启动，国家对工资增长的调控开始强化。

党的十八大报告提出，"初次分配和再分配都要兼顾效率和公平，再分配更加注重公平"；2013 年在《中共中央关于全面深化改革若干重大问题的决定》中提出健全工资决定和正常增长机制，完善最低工资和工资支付保障制度。在这一阶段，我国人均 GDP 突破了 1 万美元，全面建成了小康社会。但是，生产要素之间（劳动要素、资本要素、技术要素）、部门之间（居民、企业、政府）的收入分配差距仍然有扩大势头（邵红伟和靳涛，2016），所以，此时国家开始强化对劳动要素报酬的调控，特别是提出以工资为核心的增长机制和保障制度建设。当然，这种"抑长补短"的结构性调整，本质目的是对过去劳动报酬相对于资本要素的落后差距进行补偿，并非意味着国家放松了对工资增长的调控。例如，从最低工资标准的增长趋势来看（见图 3-9），以四川和上海为例的经验数据表明，两地都并没有表现出强势的拉升，而是与经济增长保持一个总体的稳定关系，这和实际工资增长率与 GDP 增长率的关系是一致的，但它更能够表明政府并没有放松对工资增长的调控。

上述经验事实表明，21 世纪以来我国政府对劳动力市场实施了工资增长的调控策略。与此同时，20 世纪 90 年代后期我国对稳定经济社会发展进行艰苦的结构调整后，深刻认识到发展私人养老保险的重要性[①]。2004 年起国家实施了一系列政策开始推进企业年金发展，然而图 3-10 展示的发展效果并未达到预期，企业年金扩面非常缓慢，自 2017 年起几乎处于停滞状态；团体寿险业务由于受到企业年金的挤出，也出现了断崖式下降[②]。这一现象与我国劳动力市场的工资增长调控有关。

[①] 实际上，20 世纪 90 年代，我国就出台了企业补充养老保险，1991 年《关于企业职工养老保险制度改革的决定》中首次提出鼓励兴办企业补充养老保险。但这一阶段始终处于试点探索阶段，直到 21 世纪初，制度化的试点政策出台，企业年金陆续试点并持续发展。

[②] 2004 年《企业年金试行办法》确立了以信托模式为基础的唯一运营模式，严格规定了企业年金计划受托人、基金托管人、账户管理人和投资管理人的独立角色，并设置了非全牌照的管理运营资格限制。保险公司管理的原企业补充养老保险基金和企业兴办的其他团体养老保险计划直线下降，商业保险公司的团体寿险业务大幅下滑。

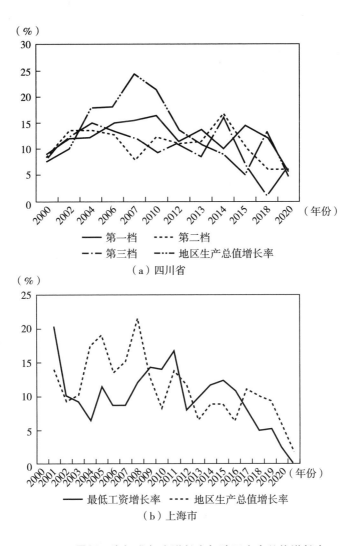

图 3-9　最低工资标准年度增长率与地区生产总值增长率

注：我国最低工资标准由各省区市划定，所以没有全国统一最低工资标准，此处选择四川省和上海市为代表地区，其中四川省在2008年后才从四个档次调整为三个档次，故2008年前取的是最高三个档次。四川省最低工资标准并非每年调整，因此四川省横坐标轴刻度标识的是最低工资标准调整年份。

资料来源：《四川统计年鉴2021》和《上海统计年鉴2021》。

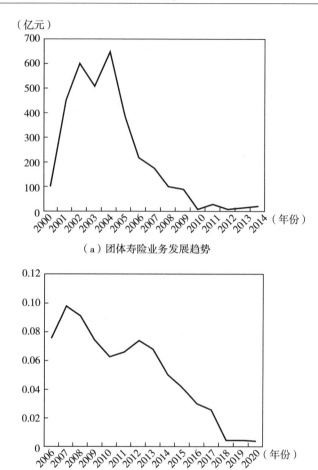

（a）团体寿险业务发展趋势

（b）企业年金覆盖面

图 3-10　团体寿险业务发展趋势和企业年金覆盖面

注：企业年金覆盖面=建立年金企业数÷企业法人总数。

资料来源：历年《全国企业年金基金业务数据摘要》。

　　从养老金社会学来看，自 20 世纪 90 年代以来，福利国家开始从追求福利（Welfare）转向追求"工作福利"（Workfare），这一趋势成为我国最直接的经验参考。过去很长一段时间，我国为了弥补社会福利支出的缺口，实施了以积极劳动力市场政策（赵频，2012）和社会投资型战略（Choi and Timo，2021）为核心的转型体制下的社会政策策略。通过加大对劳动力市场参与、教育和培训、社会保险扩张等领域的社会支出，提升了劳动者的技能和市场生存能力，有效实现了充分就业。一方面，大量劳动力供给必然会抑制工资增长。另一方面，追求工作福利也意味着劳动力的部分再商品化，"递延工资"策略成为缓和社会工资谈判矛盾的核心工具，并逐步达成了政府、社会、市场力量之间关于劳动力市场价格调控的协同行动。但是，在我国私人养老保险发展不充分的情况下，递延工资策略进一步强化了对基本养老保险的路径依赖，并将本不发达的私人养老保险远远"抛下"。

另外，从政策实践来看，自 20 世纪 90 年代起，为了建立和完善适应社会主义市场经济体制的企业工资分配宏观调控机制，1997 年劳动部印发《试点地区工资指导线制度试行办法》①，试图更好地指导企业工资分配。直到 2021 年，全国已有 14 个省份每年出台工资指导线，促进劳动力市场均衡价格的形成，尽快建成科学合理的市场工资体系。当然，工资指导线并非具有强制性，但它却表明我国政府对工资增长的态度是审慎的，从本质上说这种非强制的指导性也是政府对工资调控的重要政策工具。从市场趋势来看，图 3-11 显示 2000~2019 年我国实际工资增长率与地区生产总值增长率基本保持着一致趋势，这要归功于国家在国企改革后对市场工资的指导。但是，由于受行业周期或行业增长性等因素的影响，行业之间的工资差异正在不断拉大。同时，笔者还测算了城镇私营与非私营单位的实际工资差距。2009 年城镇非私营单位平均工资为 2.68 万元，比同期城镇私营单位高出 0.96 万元。到 2020 年，这一差距持续扩大，非私营单位平均工资 8.47 万元，高出城镇私营单位 2.68 万元。这些经验事实表明，在过去一段时间里，我国虽然对工资增长的结构差异性保持着一定程度的放松，但对工资总量增长的控制始终没有放松。

毋庸讳言，根据福利模式的"不可能三角"（张熠，2022），我国长期形成的以经济增长为目标的资源配置策略和以保障充分就业为核心的社会政策相结合，必然导致收入差距的扩大。从工资水平等价于劳动者生产效率的视角来看，由于低生产率行业愿意雇佣全部的低生产率者，从而推动低生产率者的就业，但与此同时也会拉开同高生产率行业和劳动者的收入差距，最终导致劳动力流动受阻（周云波等，2017），这种流动性受阻的结果是逐步形成了社会分层化。我国养老保险制度改革在这一社会分层的基础上，新的养老金计划加强了福利和缴费

---

① 1997 年试点范围由北京、深圳、成都扩大到包括江苏、江西、山东、广东、湖南、山西、吉林在内的十个地区。试点地区应按有关规定和要求认真制订试点方案，将工资指导线办法与弹性工资计划、工效挂钩等办法并行。随着工资指导线制度的建立和完善，逐步转向以工资指导线为主要内容的企业工资分配宏观调控机制。

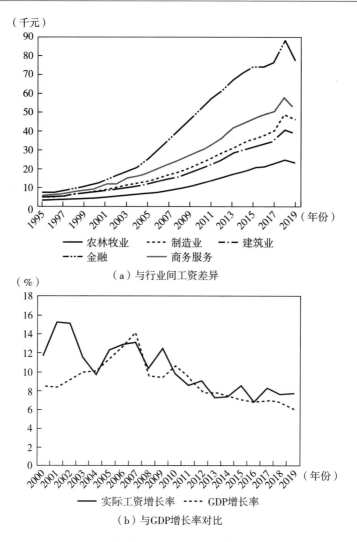

（a）与行业间工资差异

（b）与GDP增长率对比

图3-11　我国实际工资增长率与行业间工资差异及与GDP增长率对比

注：行业工资是非私营单位在岗职工平均工资；实际工资增长率则是通过各行业、私营与非私营的加权平均，并以2000年为基期按照CPI进行了实际价值测算。

资料来源：笔者根据历年《中国统计年鉴》数据计算。

之间的联系，高收入群体（如高人力资本、家庭资本）享受了更多的养老金权利（安华，2012；Zhu and Walker，2018），低收入群体的养老金权利必然更加依赖于公共养老保险的保障，从而挤占了私人养老金计划的发展空间。因此，长期工资增长总量调控策略忽视了对结构性的调控，必然会抑制私人养老保险扩张。

2. 社会性规制嵌入经济性规制体系

我国作为工业化进程中的新兴国家，强有力的经济性规制是促进经济高速增长的重要因素。这种治理策略与日本、韩国等工业化"后来者"国家相似。随着社会主义市场经济体制的基本确立，21 世纪特别是加入世界贸易组织后卷入经济全球化潮流中，国家对经济领域的干预最先是以保护和培育高增长部门和产业的形式出现。一方面，为了保护和发展生产力高、有比较优势部门，政府不仅进行了严格规制和监管，还进行了广泛的以补贴和引导等方式的经济性介入，如产业引导基金、各地城投集团就是介入平台①。另一方面，以尽快完成工业化和产业转型升级为目标，通过积极劳动力市场政策整理低生产率部门，如实施就业促进规划把低生产率部门的剩余劳动力吸收到高生产率部门，扩大公共支出推动基础设施建设吸纳就业，提供创业基金支持创业活动，把就业条件加入招商引资谈判和评估条款之中（陆铭和欧海军，2011）等举措，保障了充分就业。

但是，在过去 20 多年里，我国社会性规制比较薄弱（王健和王红梅，2009）。第一，虽然我国实施了严格的《中华人民共和国劳动法》《中华人民共和国劳动合同法》等约束聘任和解雇行为，有效降低了正规就业职工的失业风险（董保华，2017），但对于劳动力市场的就业机会均等化的规制一贯薄弱。户籍制度、高校分层、性别、年龄等维度的显性或隐性就业歧视长期存在。例如，以年龄为理由的就业排斥现象，在许多劳动力市场被视为是社会规范，一般不会认为这是一种歧视。另外，反歧视就业的相关法律法规缺失，某些少数群体的就业机会也没有采取充分的规制措施。第二，社会保险权的规制体制尚未建成，2011年我国出台首部《中华人民共和国社会保险法》，但缺乏精细化条款，一些条款至今存在争议，并且实践进程缓慢②。在养老保险制度方面，公务员、事业单

---

① 改革开放至 20 世纪末，我国实行的是以轻工业（纺织服装、电子及通信制造）为重点的产业战略；2000~2010 年，以原材料工业、电子信息制造业、汽车工业为代表的产业领域获得极大支持；自"十二五"时期以来，以高度加工组装型重化工业（精细化工、石油化工）、精密机械、汽车、计算机、飞机制造等为主导产业。尽管不同时代的重点产业领域发生变化，但政府向重要产业集中投资的规制引导策略始终没有变。

② 《中华人民共和国社会保险法》第五十九条规定："社会保险费实行统一征收，实施步骤和具体办法由国务院规定。"国务院 2019 年 3 月修订实施的《社会保险费征缴暂行条例》第六条规定："社会保险费的征收机构由省、自治区、直辖市人民政府规定，可以由税务机关征收，也可以由劳动保障行政部门按照国务院规定设立的社会保险经办机构（以下简称社会保险经办机构）征收。"现实中社保经办机构和税务机关就社保费征收互相推诿时有发生，两机构间信息沟通和数据传输工作滞后，不利于社保基金的有效征缴。直至 2020 年 11 月 1 日起，各省、自治区、直辖市开始落实社会保险费征缴改革方案，才统一由税务部门进行征收。

位、企业职工和城乡居民分别采用不同的养老保险模式，这些制度在费用来源、保障力度方面差异较大，养老金缴费和发放体制上存在的双轨制和多轨制，导致了不同群体享有养老保险权利的差距不断拉大（王萌萌和眭鸿明，2021）。

总体来说，我国逐步形成了"强经济性规制，弱社会性规制"的模式。在经济生产活动中的政府介入行为，是以强效有力的政府管理模式为后盾（博·罗斯坦和臧雷振，2016），充分就业至少是政府经济性规制的一个重要目标。同时，经济性规制在一定程度上还填补了社会性规制缺失的矛盾，如在1990年国家大力引导纺织服装等轻工业发展，大量女性劳动力进入市场，促进了女性就业权利的扩张；在经济生产活动持续繁荣的情况下，劳动力需求的扩张是劳动者向企业主张社会保险权的重要支撑。因此，我们必须承认，我国的社会性规制嵌入了经济性规制之中，且这是一个矛盾的共同体：一方面它填补了社会性规制的一些缺失，另一方面也阻碍了社会性规制的建设。图3-12归纳了这种规制模式及其对养老保险制度的作用机理。

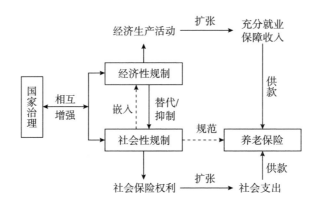

图3-12 我国规制体系与养老保险制度的关系

资料来源：笔者自制。

（三）我国多层次养老保险制度改革的规制作用机理

图3-13是在图3-7的基础上形成的。其中，关于政党体系、系统协调与风险系统三个单元的内涵和相互作用机理前文已经进行了阐释，此处只对规制策略及其作用机理进行论述。规制策略是指以国家权力为中介，政府通过经济性规制和社会性规制的混合政策模式，实现职工和居民养老保险权利的机会和结果公平

的干预活动。在我国,养老保险制度改革的一个既往逻辑是,伴随着职工和居民的养老保险权利扩张,国家和企业将提供的养老金视为社会支付责任。虽然养老保险制度一般也被视为国家对劳动力市场工资和个人养老金储蓄行为的强制性干预,但其目的是保护职工和居民的养老保险权利自由,而不是限制这种自由。因此,在过去,养老金待遇、养老保险覆盖面等指标的提高,常常被认为是国家干预中的财政支出或社会支出增加,而不是规制的原因。但是,我们必须认识到,一旦养老保险权利自由度扩张达到一定阶段或限度之后,就应该及时进行相应的规制层面的建构,因为养老保险权利本质上也是对养老金获取及其相关行为的规制,从这个角度来看,它对个人行动的限制程度应该是很高的。这样一来,我们对职工和居民的养老保险权利认识将从一个静态的对"物"的权利转向为一个动态的对行为的规制。

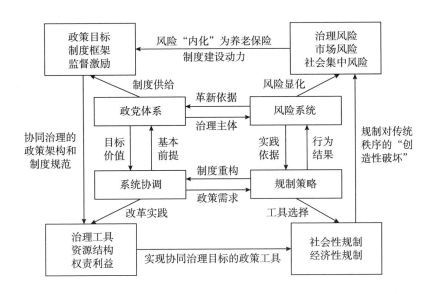

图 3-13 我国养老保险制度改革治理的协同路径关系

资料来源:笔者自制。

因此,从养老金权利结构和规制的实体目标来看,至少应该包括两个层面:一是对机会的规制;二是对结果的规制。前者,更加强调人们在养老保险权利实现的竞争条件的均等化,而且不是向低的方向而是应该向高的方向调整。例如,实施富有弹性的劳动力市场政策以维持充分就业,让更多人能够获得收入以参加养老保险制度，而不是降低养老保险制度门槛以适应僵化的劳动力市场政策[1]。后者，则更加强调实现人们养老金待遇的均等化。这就涉及收入的再分配问题，特别是关系到养老金分配的累进性还是累退性[2]。进一步地，从具体的规制工具来看，至少包括社会性规制和经济性规制。根据上述分析及第七章对日本、韩国、英国的经验考察可知，关于养老保险制度改革的规制活动，并非简单的社会性规制，也涉及许多经济性规制活动。前者，是指国家对养老保险制度的直接规范，包括养老金领取资格、养老金待遇标准调整等措施；后者，是指政府对市场的经济性干预而对养老保险制度产生的间接性规制效应，如政府对工资增长的调控会抑制私人养老保险的扩张。

从规制策略与系统协调、风险系统的协同关系来看，第一，在现代社会中，规制绝不是威胁，而是在某种程度上支撑着好的社会结构（Etzioni，2002），所以，规制具有协同塑造社会形态的重要功能，即规制策略的选择将重构经济社会系统中的资源结构、权责利益关系。在这一过程中，决定或影响养老保险制度模式和路径的制度环境也将随之发生变化。第二，规制作为行政干预，在促进经济、社会、文化等诸多方面的循序协调发展过程中，它会以一种创造性破坏的方式来重新生成风险。这是养老保险制度改革治理风险的一个重要来源。例如，我国 20 世纪七八十年代实施的计划生育政策，其核心目的是控制人口总量以增加人均资本积累，从而促进经济增长和工业发展，实现人口与经济的协调，但导致了人口结构的断层现象。这种风险本质上就是在创造新的适应当时经济社会发展需求的过程中破坏了既有的人口增长规律，从而给当前养老保险制度财务可持续带来冲击。第三，风险又是规制及其策略调整的实践依据，规制的目的就是应对养老保险制度运营中产生的一系列风险。因为，一旦新的风险动摇了既有经济社会运行模式，就需要重新调整规制策略的目标，以实现养老保险制度在新的环境中的机会和结果公平。

---

[1] 遗憾的是，养老保险制度的向下竞争现象比比皆是。例如，最低工资标准成为绝大多数企业为职工提供的养老保险缴费基线，虽然它在指标表现上实现了制度覆盖面的扩张，但提供的保险能力或养老保险权利的实现程度非常有限。这就是对机会规制的政策所需要解决的问题。

[2] 虽然在缴费关联的制度模式下强调了个人责任和激励，但纵使在一个分层化的社会中，养老保险制度的设计也不应该是分层化的，否则会带来分配的不公平，为了克服这一问题，典型 OECD 成员国设置了基础养老金或国民年金，从而将分层化带来的分配公平性问题内化为财政支出责任。从我国当前的养老保险制度来看，财政支出可能并没有起到内化作用，反而在一定程度上强化了分配的不公平性。

五、本章小结

本章致力于构建一个多层次养老保险制度协同治理的理论框架，帮助我们更好地理解我国多层次养老保险制度改革的逻辑与机理。首先，通过引入并对西方"福利三角理论"进行修正与拓展，发展出由政党体系改革自主性、社会系统循序协调发展、人民养老金需求三个维度构成的解释我国多层次养老保险制度改革发展的"中国式福利三角"，并梳理出政党体系、系统协调与风险系统之间的互动机理和相互作用——人民对养老保险的多样化需求压力与社会循序协调发展的客观要求相结合进入国家视野之后，具有改革自主性的政党体系便推动多层次养老保险制度的改革。这一治理逻辑框架将进一步深化对我国养老保险制度与经济、社会、文化等循序协调发展的内在一致性治理逻辑认识。

其次，从某种程度上来说，面对当前生产性福利减弱、社会关系个体化转型及国际养老保险制度改革趋势等因素的影响，规制和财政支出一样，都是保障国家多层次养老保险制度可持续发展的两个重要侧面。鉴于此，笔者在"中国式三角理论"框架基础上纳入了规制因素这个重要侧面。未来，我国养老保险制度改革面临的规制策略变革，必然是建立在对我国规制历史传统的继承之上，即对劳动力市场规制与社会性规制嵌入经济性规制体系两个基本特征。这也是日本和韩国的重要经验。具体来说，我国规制策略和活动必须嵌入在经济、社会、文化等多方面的循序协调发展之中，基于对治理风险的识别、转化及风险治理的规律把握，通过经济性规制和社会性规制的混合策略安排，实现人民养老保险权利的机会公平和结果公平，以及养老保险制度发展与经济社会系统的良性互动。

第四章　基本养老保险与个人养老金制度相互作用的风险缓解效能

　　在全球老龄化趋势加剧、经济金融衰退等系统性冲击面前，保障多层次养老保险制度的财务可持续和养老金充足性的风险和压力越来越大，对各国养老保险制度设计的稳健性和弹性提出了更高要求——处理好各层次养老金体系之间的相互作用，以实现整体的、系统的、协同的改革治理目标，在公共与私人养老金计划之间寻找一个新的平衡，以缓解和克服未来基金财务可持续与养老金充足性风险。本章立足于当前我国人口老龄化加剧与经济增速下滑的多重挑战的现实背景，基于养老保险制度参数调整、劳动力供给紧缩、财政补贴调整、国有资本划转及个人养老金制度实施等现实背景，构建系统动力学政策仿真模型，考察我国基本养老保险与个人养老金制度的相互作用来应对养老保险制度财务可持续与养老金充足性风险的保障效能。本章的重要意义在于，只有在一个特定的时代背景下厘清养老保险制度内部各要素作用关系与机理，才能更好地拓展我国多层次养老保险制度协同治理边界，优化协同治理路径，促进新时代国家养老保障体系的高质量发展。

　　此处需要说明的是，本章之所以只考察了个人养老金制度，没有考察企业年金计划，理由有三个：第一，国际经验表明，养老金责任和风险进一步地向个人转移是当前各国多层次养老保险制度向私有化方向改革的"第二次跨越"，在这种趋势下，探索和壮大个人养老金制度的经验和规模，在一定程度上也是我国的一个前进方向。第二，在我国，企业年金计划覆盖面很有限，覆盖面扩张长期停留在一个低增长水平，甚至在 2017 年后，其扩面趋势几乎"停滞"，2022 年我国正式出台个人养老金制度，未来关于个人养老金制度的改革探索还有很大空间。第三，企业年金牵涉的经济社会因素更加复杂多变，给构建系统动力学模型带来了极大挑战，在一篇文章或一章的内容中很难完全论述清楚。当然，退一步说，只要我们厘清了基本养老保险和个人养老金制度的贡献程度，那么对企业年金的发展空间或需求实际上也自然地呈现出来。

一、改革境况：互动缺失与病灶根源

我国养老保险各层次之间由于长期缺乏协同衔接通道而形成了竞争和排他的制度格局（成欢和林义，2019），导致我国多层次养老保险制度发展进程始终缓慢，各层次提供的覆盖面不均衡，补充养老保险还处于发展的初期，层次之间相互作用及其风险缓解效率不高。一方面，这与我国养老保险制度安排的地区分割统筹衍生地方政府利益博弈（Cai and Cheng，2014；郑功成，2020）、制度碎片化嵌入社会分层之中导致养老金财富分配不均（Zhu and Walker，2018）、商业保险市场发育水平不高等因素有关。但另一方面，从制度性因素来看，在过去几十年的改革进程中，长期以来我国忽视了对个人、企业承担养老保险责任的文化培育，导致在文化根基上始终无法应对公共与补充养老保险责任失衡。同时，公共政策之间的协同缺失，特别是劳动力市场作为养老保险筹资的主要"阵地"，以及国际经验所表明的税收制度作为补充养老金扩面的核心激励政策安排，共同导致我国多层次养老保险制度协同治理既缺乏内生性动力，又缺乏国家制度规制的约束和引导。

（一）多层次养老保险制度发展的可持续挑战

1. 相互作用与风险缓解的概念辨析

当前，关于多层次养老保险制度的目标和功能至今未能形成一致认识[1]，但通过了解公共与私人养老保险之间的相互作用可以帮助我们更好地明确制度设计和调整的目标。一方面，从公共养老保险角度来看：第一，私人养老金计划作为"后来者"，往往会受到一些慷慨的公共养老金计划的排斥（Holzmann，2013）。第二，一旦沉重的公共养老保险难以负担退休者的养老金支付，私人养老金计划

---

[1]　例如，一方是以世界银行为首，认为养老金制度改革的主要目标是支持经济增长和减少财政压力；另一方则是以国际劳工组织为首，认为其核心目标和功能是为老年群体提供收入保障。

是维持他们体面生活的重要补充。第三，相较于私人养老金计划的复杂性——包括产品设计、协议条款、收费系统及税收补贴等方面，现收现付制的公共养老金计划表现得简单、透明、易操作，使得后来改革常常伴随着"路径依赖"挑战。第四，公共养老金计划主要聚焦中低收入群体，为他们提供基本的老年生活保障；私人养老金计划主要聚焦中高收入群体，帮助他们合理平滑消费。

另一方面，从私人养老保险角度来说：第一，在一些国家环境中，如果私人养老保险更有效率，那么强制性私人养老金计划同样也会挤出公共养老金政策。第二，私人养老金计划的税收处理可能会影响甚至为公共养老金计划的税收处理提供依据。第三，一些私人养老金计划的发起可能首先是少部分人的实验，那么这种模式可能为公共养老金政策改进提供试验场。例如，固定缴费模式后来被正式纳入公共养老金计划之中（Rein and Turner，2001）。第四，如果私人养老金计划的风险很高，特别是金融危机给我们带来的教训，那么金融市场风险不太可能被视为养老保险制度建设的可取之处。第五，过于激进地转向私人养老保险计划，会加剧整个养老保险制度的资源分散和复制，甚至是拖垮整个国家的经济金融系统（Huber and Stephens，2012）。

上述两个方面启示我们，公共与私人养老保险之间的相互作用将密切地关系到整个养老保障体系在覆盖范围、稳健性、可负担性、充足性、再分配功能等方面的表现。但是，这种基于不同的权责发生制原则和不同的融资模式，服务于更广泛的目标，已然超越了参量式改革、名义固定缴费、个人账户建设等具体政策目标，而是跨越到整个养老保险制度的政策体系层面，力图建成一个尽可能多地融合相关要素，以整体地、协同地应对和缓解不同国家或个人的风险——这些风险包括人类一般意义的生命过程风险（如生病、残疾、长寿）、宏观的商业或经济周期风险、委托代理与绩效风险。因此，面对不同制度建设的目标，以及面临的风险差异，缓解这些风险将决定各国多层次养老保险制度的稳健性和弹性。

当然，在实践中我们很难将这些目标和风险分开。从 OECD 成员国过去 30 多年的改革历程来看，平衡这些目标和风险一直是政策改革的焦点。国家和个人在不同的政策维度中所发挥的作用，将会通过各种公共或私人养老金计划——经济状况调查、基础养老金、职业账户养老金、储蓄金融产品、财政补贴和税优，渗透到各层次养老金计划的功能上来，最终形成"一揽子"政策组合。进一步地，根据"关键目标的实现"（如保障老年收入、财务稳健）、"推动改革的需要"（如延迟退休改革）、"对有利环境的感知和应用"（如风险管理的能力、基金资本回报率）三个方面的相互关联性，实施一套持续的、统一的多层次养老保险制度的政策战略，最终聚焦在实现对养老保险制度财务可持续与养老金待遇充足性方面的风险缓解及其效率改善上。

2. 养老保险制度面临的风险与应对

在我国人口老龄化加剧和经济增长放缓背景下，一方面，我国退休员工的养老金待遇充足性不容乐观。基本养老保险"一层独大"局面难以破解，当前的平均替代率大致为55%，而企业年金替代率仅为5%（郑功成，2019），个人商业养老保险的替代率几乎可以忽略不计（路锦非和杨燕绥，2019）。另一方面，基金支出压力持续加大，带来了巨大的财务可持续挑战。基金支出增长率是GDP增长率的近2倍；基本养老保险的制度赡养率已经达到了38%。另外，基金累计结余系数在"十三五"时期平均为1.2年，但已经连续8个年度下滑。总体上，在这些日益严峻的指标背后，反映的是我国养老保险制度财务可持续与养老金充足性支撑不足的挑战和压力。

我国养老保险制度与经济人口指标趋势如表4-1所示。

表4-1　我国养老保险制度与经济人口指标趋势

年份	1991~1995年	1996~2000年	2001~2005年	2006~2010年	2011~2015年	2016~2020年
基金支出增长率	0.43	0.20	0.14	0.22	0.21	0.15
制度赡养率	0.23	0.30	0.33	0.33	0.33	0.38
基金结余系数	0.61	0.46	0.72	1.32	1.53	1.20
替代率	0.73	0.79	0.64	0.57	0.54	0.55
GDP增长率	0.27	0.10	0.13	0.17	0.11	0.08
老龄化增长率	0.022	0.023	0.020	0.029	0.034	0.052

注：由于我国私人养老保险发展规模很小，所以本表只测算了基本养老保险的相关参数；替代率是城镇职工社会平均工资替代率，但由于我国对工资统计经历多次调整，所以难以获取连续性社会平均工资，本表按照城镇单位各行业平均工资并基于就业占比进行加权平均来进行测算；基金结余系数＝基金累计结余÷基金支出。

资料来源：笔者整理。

从我国既往改革举措来看，为了应对上述压力和风险，在保障基本养老保险制度财务可持续方面：第一，扩大覆盖面增加缴款人数，包括机关单位"并轨"、城乡职工养老金与职工养老金对接；第二，下调目标替代率，虽然国家制度设计的目标替代率在 60% 左右，但目前在岗职工社会平均工资替代率为 55%～60%[①]，且有持续下降的趋势；第三，延迟退休，降低基本养老保险制度赡养率；第四，出台《全国社会保障基金条例》，实施中央调剂制度，力争在最短时间里完成全国统筹；第五，实施国有资本划转改革，即将其股权收益直接划入社保基金专户。在扩张补充养老金计划的覆盖面方面：一是实施个税递延型商业养老保险试点；二是出台《关于推动个人养老金发展的意见》，并推进试点工作；三是出台《企业年金办法》，指导我国企业年金发展。

总体上，近年来我国多层次养老保险制度改革呈现出如下特征：第一，基本养老保险制度收入端改革进程整体有序推进，但支出端涉及的一些趋势性因素很难在短期完成。例如，基本养老金替代率下调速度偏慢的话，会挤出私人养老保险的需求和空间。第二，政策引导的重心仍然还在基本养老保险制度上，涉及补充养老保险的政策还多停留在结构性改革层面，如企业年金建立至今对年金投资模式、税优激励等方面的配套政策还不足，改革进程偏慢。第三，由于多层次养老保险制度发展还不成熟，政策设计还缺乏对层次之间协同联动的引导，甚至由于各层次养老金体系的"各自为营"，对其他层次养老金计划产生了"排挤"。例如，市场细分上，享有税收优惠的集合年金计划对商业团体保险服务小微企业和私营业主的市场份额形成冲击（林义，2021）。

（二）各层次养老金体系缺乏互动的改革病灶

1. 国家与私人的养老保险责任失衡

从国际经验来看，各层次养老金计划之间相互作用是应对养老保险财务可持续压力和老年人养老金待遇充足性风险的重要措施。但遗憾的是，当前我国多层次养老保险制度的层次互动缺失是不争事实。笔者认为，我国多层次养老保险制度的层次互动缺失的制度性根源在于养老保险制度建设与社会文化系统发展的失衡[②]。半个多世纪以来，主流发达国家的养老保险制度朝向多层次体系的发展是伴随着"私有化""市场化"文化的全球扩张。自 20 世纪下半叶伊始，DC 模式的提出突破了传统国家福利模式，大量与缴费关联的职业养老金计划兴起，国家

---

① 通常，测度替代率指标主要有两个：一是基于社会平均工资替代率，即退休职工的平均养老金领取水平与在岗职工平均工资水平的比值；二是基于退休者在退休时的养老金领取水平与退休前工资收入水平之间的比值。本章中的替代率或目标替代率统一采用社会平均工资替代率。

② 林义（1997）等学者研究了文化对养老保险制度模式选择的影响。

养老金责任和风险转向了雇主和职员，迈出了养老金私有化的第一步；进入 21 世纪之后，人口老龄化压力的加剧和全球金融危机的深刻教训，持续加剧的全球化趋势深化了养老保险与私有化文化和经济的串联，加之世界银行等国际金融机构的助推，个人养老金计划持续扩张，养老金责任和风险进一步地向个人转移。这两个阶段可以视作全球养老保险文化向私有化方向发展的"两次跨越"。

至今，尽管养老保险制度政策的私有化、市场化在不同层面受到了挑战和质疑（Ebbinghaus，2015），但从各国实践经验来看这确实是多层次养老保险制度改革治理的一个趋势。图 4-1 展示了 38 个 OECD 成员国各层次养老金计划提供的替代率。有 35 个国家提供了强制性公共养老金，平均替代率为 42.2%；12 个国家提供了强制性私人养老金，平均替代率为 30.2%；11 个国家提供了自愿性私人养老金，平均替代率为 20%[①]。当然，OECD 国家的个性化趋势也并非一致。一方面，以德国、荷兰等欧洲大陆国家为代表，它们更加重视以职业养老金计划为主体的私有化转向（Stevens，2017）。另一方面，美国、加拿大、爱尔兰、日本、新西兰等国家，受到美式新自由主义思潮对劳动力市场的渗透，它们更加强调向自愿性私人养老金计划转向。

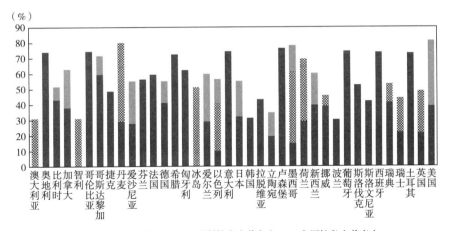

图 4-1　OECD 成员国多层次养老保险制度替代率结构

资料来源：OECD. Pensions at a Glance 2019：OECD and G20 Indicators ［M］. Paris：OECD Publishing，2020.

[①]　注意，这里的平均替代率是指提供了该项养老金计划的所有国家的平均值，而非 38 个 OECD 成员国的平均值，如建立强制性职业养老金的国家共计 12 个，替代率水平最高的是冰岛 51.8%，最低的是挪威 6.6%。

我国改革开放以来，伴随着劳动力市场上"国家的工人"向"社会的工人"转型，国家逐步开始塑造养老保险文化的私有化。DC模式在基本养老保险制度中确立，形成个人的养老金责任，但是个人名义账户的"空账运行"仍然没有摆脱现收现付的社会保险模式，所以，个人对养老金风险的分担是微弱的。继1991年提出多层次养老保险制度框架后，21世纪初掀起了企业年金的短暂繁荣。从比较历史的视角来看，我国企业年金计划发展至今历经近20年，这一时间跨度与主流发达国家第一次私有化跨越（DC型职业养老金计划支柱的确立）的大致25年（Stevens，2017）的周期相近，但遗憾的是，我国企业养老金计划发展并不理想。当然，在外部环境的"倒逼"作用下，2022年国家已经启动个人养老金计划。显然，这种现象并非历史偶然，在"文化—社会"系统中的养老金个性化文化塑造滞后是重要原因。

例如，基本养老保险制度中，个人只承担缴款责任而不承担收益风险，导致我国劳动力市场始终未能培养出职工和雇主的养老（保险）风险意识。纵然，职工也参与了个人账户的缴费，但"空账运营"模式且得到政府未来收益的许诺，极大地淡化了职工的风险意识。因为，这种模式下所有个人风险都可能被统筹账户吸纳。所以，养老金个性化文化的培育一开始就未彻底执行。又如，从政治经济学的视角来看，在主流发达国家职业年金计划发展的背后，工人社团组织在养老保险制度中的影响力持续壮大，保障了职工养老金权益与企业雇主的谈判关系，是保证国家养老保险的社会团结、风险分担等功能的重要力量。在我国，党和国家既是养老保险制度的设计者，又是工人利益的代表者，这种双重参与者身份可能导致职工本身对养老保险制度形式上的参与性，无法实质性推动责任和风险分担的个性化，最终导致养老保险私有化文化的培育仍然是"内部人"行为①。

2. 与劳动力市场和税制改革协同缺失

毋庸讳言，基本与补充养老保险的政策安排上所表现出来的互斥性，是制约两者互动关系的直接原因。第一，制度模式上的排斥性。例如，2004年《企业

---

① 不可否认的是，大量经验事实表明，在当前的制度安排下我国的企业年金覆盖面极限只能是国有企业和营利性公共组织机构。一方面，这些单位的职工具有"内部人"身份优势，与政府保持更加密切的关系，所以其养老保险权益得到保护的概率更大。另一方面，从具体的国情背景来看，在经济增长导向的治理逻辑下，我国的政企关系显得尤为密切，企业或雇主获得了相较于职工更多的利益争取机会。虽然，理论上企业雇主和职工在养老保险制度中的诉求权益是相同的，但后者缺乏要求这些权利的可能性或经验。

年金试行办法》和《基金管理试行办法》出台，单一的信托模式挤出了团体险业务的发展空间，保险在私人养老金计划中的作用受到极大约束。第二，政策设计和引导方面的"失灵"。例如，2005 年《关于规范团体保险经营行为有关问题的通知》规定不少于 5 人参与，且"保险人用一份保险合同提供保险保障的一种人身保险"①，导致产品供给和需求之间很难匹配。当然，税优激励模式探索、与税收和工资政策协同不足等原因，也导致私人养老保险税优激励效能不佳。第三，缺乏转续衔接通道。例如，2014 年国家出台《城乡养老保险制度衔接暂行办法》，打通了公共养老金计划之间的通道，但是，公共与私人之间，特别是私人养老保险之间的互动尚未实现。

此外，政策安排的失灵表面上体现的是国家对多层次养老保险制度的顶层设计和指导不足，但从深层次逻辑来看，是养老保险制度建设与劳动力市场、税收制度的协同治理不到位。通过对 OECD 成员国多层次养老保险制度的改革经验进行梳理可知，它们的各项养老金计划的设计和调整，都离不开对养老保险制度、劳动力市场政策及财税政策等三者之间的协同改革，总体上可以概括为"两个层面"和"一个趋势"。第一个层面是，关注各层次养老金体系之间关于替代率、缴费率、税收优惠等要素的责任分工，以协调制度本身运营的效率和公平。第二个层面是，强调边际税率与就业（工资）激励的相互效应，促进国家养老保险制度与宏观环境的契合，从而保障整个国家福利体系的社会伙伴关系稳定性。一个趋势是，对整个制度运行效率的评价更加强调目标和结果。关于这一点，新时代我国养老保险制度也要尽快实现从"问题导向"转向"目标导向"的建制议程。

从我国改革实践来看，关于养老保险制度与劳动力市场政策、税收制度之间的协同治理还存在诸多缺失之处。例如，关于补充养老保险的税收优惠：第一，税种问题，在分析 OECD 成员国以直接税为主的税收优惠政策经验时，必须考虑到我国是以间接税为主的税制安排；第二，测度问题，实际上我国基本养老保险缴费时也进行了税前抵扣，但关于我国税收优惠总效应及其在基本与补充养老保险之间的配置关系，当前政策和理论界缺乏考量；第三，基数问题，税收激励的安排究竟是以个人工资性收入，还是个人总收入，抑或家庭账户成员收入为基数，还没有充分的学理讨论支撑；第四，工具问题，个人养老金账户在账户类

---

① 包括团体定期寿险、团体终身寿险、团体年金保险、团体健康保险和团体意外伤害保险等。

型、地区之间等维度，如何体现税收优惠的公平和效率等。总体上，我们可以看到关于税收优惠政策，不仅是技术上的问题和任务，还涉及制度要素之间的协同关系。

二、政策模拟的模型构建与参数设置

（一）会计均衡模型

本章政策仿真模拟模型构建是基于系统动力学理论（System Dynamics Theory），该理论是在运筹学基础上发展而来，始创于麻省理工学院福瑞斯特（Forrester）教授，并在1958年首次运用于工业研究，该理论的基本原理是系统内部各要素的相互影响，进而形成系统内部各要素的反馈回路结构。通常，系统要素主要包括流量（流率变量）、存量（流位变量）和反馈回路（传导机制）三个基本要素，各要素之间的相互作用规律类似于流体在反馈回路中流动所呈现的规律，我们进而可以将社会系统结构抽象成"流量""存量""信息反馈"和"决策"四部分，而系统动力学理论就是指导人们尽量描述出整个系统各要素之间相互作用的非线性关系、复杂因果关系或生克关系，进而研究各个子系统的相互作用。

1. 基本养老保险基金财务可持续模型

通常，基本养老保险制度财务可持续性表征为基金的收支平衡，受到参保职工缴费人数、职工平均工资，以及制度覆盖率、缴费率等参数的影响。如下所示：

$$I_t = \sum_{2020}^{t} \left[\tau_t \times \sum_{x=a}^{r-1} N_{t_x} \times w_t + F_t + I\mu_t \right] \tag{4-1}$$

$$N_{t_x} = (p_t \times C_t \times \delta_t) \times \gamma_t \tag{4-2}$$

$$F_t = I_{t-1} \times \sigma_t \tag{4-3}$$

$$I\mu_t = \sum_{2020}^{t-1} (I_{t-1} - S_{t-1}) \times \mu_t \tag{4-4}$$

式（4-1）至式（4-4）中，I_t 为 t 期的基金收入，由征缴收入、财政补贴及投资收益三部分构成；τ_t 为 t 期缴费率；N_{t_x} 为 t 期 x 岁参保缴费人数；w_t 为 t 期职工平均工资。p_t 为劳动适龄人口；C_t 为城镇化率；δ_t 为在职率；γ_t 为覆盖率。F_t 为财政补贴；σ_t 为财政补贴占当期基金征缴收入的比率。$I\mu_t$ 为 t 期基金投资收益，它是由上一期基金收入 I_{t-1} 与基金支出 S_{t-1} 的剩余进行投资所得；μ_t 为投资收益率。

$$G_t = \begin{cases} \sum_{2020}^{t} \left[(H_t \times v_t) \times r \right] & B_t \geqslant 0 \\ \sum_{2020}^{t} (H_t \times v_t) & B_t < 0 \end{cases} \tag{4-5}$$

式中，G_t 为 t 期国有资本划转社保基金带来的收益；H_t 为国有资本总规模；v_t 为划转比例；r 为国有资本划转社保基金收益专户的利润率。B_t 为基金累计结余，当 $B_t \geqslant 0$ 时，国有资本以利润形式补充社保基金；当 $B_t < 0$ 时，表明基金结余出现缺口，需要适当对国有资本进行变现，来弥补缺口。

$$S_t = r_t \times \sum_{x=r}^{R-1} n_{t_x} \times w_{t-1} \tag{4-6}$$

$$n_{t_x} = \left[q_{t-1} + (a_t - N_{t-1_x} \times \vartheta_t) \right]_x \tag{4-7}$$

式（4-6）和式（4-7）中，r_t 表示养老金替代率；n_{t_x} 表示 t 期 x 岁参保领取人数；w_{t-1} 为 t-1 期的职工平均工资；R 为预期寿命；q_{t-1} 为 t-1 期的参保领取待遇人数；a_t 为 t 期新增参保退休职工人数；$N_{t-1_x} \times \vartheta_t$ 表示新增参保退休职工死亡人数即 t-1 期的参保在职职工人数 N_{t-1_x} 与人口死亡率 ϑ_t 的乘积。最终，我们可以构建出基本养老保险财务均衡公式：

$$B_t = G_t + I_t - S_t \tag{4-8}$$

式（4-8）表明，基本养老保险基金累计结余 B_t 最终由国有资本划转、基金收入、基金支出三部分构成。

2. 个人养老金制度的替代率模型

本章中，个人养老金账户现金流平衡关系采用替代率模型，函数关系构造如下：

$$A_t = \sum_{2020}^{t} \left[\tau_t' \times w_t + s_t + Iu_t' \right] \tag{4-9}$$

$$s_t = w_t \times x_t \tag{4-10}$$

$$I\mu_t' = \sum_{2020}^{t-1} A_{t-1} \times \mu_t \tag{4-11}$$

式（4-9）至式（4-11）中，A_t 为个人养老金账户养老金财富积累总额；τ_t' 为 t 期个人养老金账户缴费率；w_t 为 t 期职工平均工资；s_t 为 t 期税收优惠，且假设职工节约的税收优惠会继续储存到账户中去；$I\mu_t'$ 为 t 期个人养老金账户的投资收益；μ_t 为投资收益率；x_t 为税收优惠比率；A_{t-1} 为个人养老金账户上一期积累总额。

$$L_{\varepsilon+n} = \sum_{\varepsilon}^{\vartheta} \frac{A_t}{n_{\vartheta-\varepsilon}} \qquad (4\text{-}12)$$

式中，$L_{\varepsilon+n}$ 为 $\varepsilon+n$ 期的个人养老金账户的支出，$n \in (1, \vartheta-\varepsilon)$。假设职工从 ε 岁开始领取个人养老金，且将个人账户累计的养老金在整个退休生命期内均匀领取，到 ϑ 岁领取完毕。那么，每个账户的养老金替代率为：

$$p_{\varepsilon+n} = \frac{L_{\varepsilon+n}}{w_{\varepsilon+n}} \qquad (4\text{-}13)$$

式中，$p_{\varepsilon+n}$ 为 $\varepsilon+n$ 期的个人养老金账户的社会平均工资替代率，$w_{\varepsilon+n}$ 为 $\varepsilon+n$ 期的城镇在岗职工平均工资水平。

（二）政策仿真模型

1. 政策仿真积流图

积流图进一步反映各变量的性质，并通过写入公式来进行运算的最终模型载体（见图 4-2）。各变量的性质：库存变量（又称盒变量），用于描述系统中积累效应的变量，这些变量有养老保险基金结余、参保退休人数和城镇化率；速率变量，用于描述系统变化速度的变量，包括养老金替代率、养老金调整系数、死亡率、投资收益率和参保率等；辅助变量，是在系统中连接库存变量和速率变量的中间变量，包括参保缴费职工、劳动适龄人口和工资增长率等；隐藏变量（<Time>），用于描述基期的设定初值。

政策仿真模型由两个系统构成，即基本养老保险基金财务可持续系统与个人养老金制度的养老金账户财富积累系统。其中，基金财务可持续系统的收入端考察了养老保险征缴收入、国有资本划转、基金投资收益、财政补贴四个方面的共同作用，支出端则考察参保退休职工人数增长的影响，并且随着延迟退休、目标替代率、缴费率及城镇化率、死亡率等制度内外的参数变化，考察未来一段时期内的基金收支平衡趋势。另外，个人养老金财务积累系统也包括账户收入和支出两个方面。就前者来说，主要考察缴费率、税优率、制度覆盖率及财政补贴等要素的共同作用；就后者来说，主要以替代率为基准，考察退休年龄、财富积累规模、预期寿命等要素的共同作用，最终以基本养老保险制度的目标替代率和个人

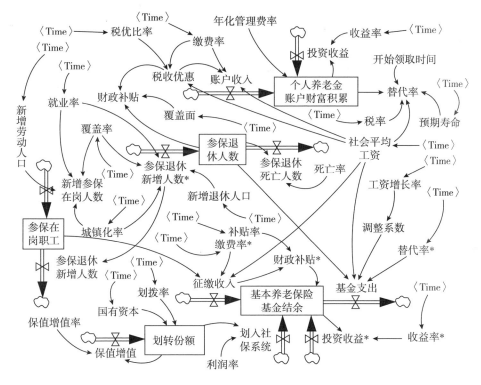

图 4-2　基本养老保险与个人养老金账户的相互作用模型

资料来源：笔者自制。

养老金账户财富积累而实现的替代率来测算出退休职工的综合替代率，以此反映未来职工的养老金待遇充足性趋势。

2. 相关参数设置

本章中，模型测算所需参数包括人口参数、经济参数、制度参数、国有资本划转及财政补贴参数。各项参数的具体设置如表 4-2 所示，而详细的描述与论证参见文后附录。

表 4-2　各项参数设置

参数类型	参数设置
人口参数	• 劳动力人口与退休人口 • 预期寿命。设置测算期内，我国男性和女性预期寿命每 5 年增长 1 岁，截至 2070 年则分别为 84 岁和 90 岁 • 测算期内的死亡率设置为 0.08

参数类型	参数设置
经济参数	• 名义工资增长率。在 2021~2050 年下降至 2%，随后保持不变 • 通货膨胀率。在测算期内我国的通货膨胀率水平保持在每年 3% • 城镇在职率。预测期间我国城镇失业率为 5%，则在职率为 95% • 城镇化水平。2021~2030 年匀速上升至 70%，在 2031~2040 年匀速上升至 80%，在 2040 年后长期保持在 80% • 基金投资收益率。在测算期内保持年均为 7%
制度参数	• 养老金调整系数。与职工名义工资增长率调整路径保持一致 • 覆盖率。基本养老保险制度，2021~2035 年覆盖率匀速地从 80% 提升至 90%，随后保持不变 • 法定退休年龄。2025 年启动延迟退休：女职工每 3 年延迟 1 岁（或每年延迟 4 个月），取消"干部"和"普通职工"的身份差别，到 2050 年退休年龄增加 8.3 岁；男职工每 5 年延迟 1 岁，到 2050 年退休年龄增加 5 岁 • 缴费率。根据基本养老保险制度与个人养老金制度综合考量 • 替代率。未来基本养老金目标替代率为 40%，个人养老金账户替代率由账户积累水平决定
国有资本划转	• 2025 年底完成 10% 的国有资本划转任务；国有资本收益率在测算期内稳定保持 4.5%
财政补贴率	• 基本养老保险制度财政补贴。财政补贴基本养老保险基金的补贴率为年度基金收入的 15% • 个人养老金账户税收优惠。税收优惠比例在 2025 年提升至社会平均工资的 2%，此后保持不变

资料来源：笔者自制。

三、实证测算：相互作用与风险缓解

（一）多措并举对基金财务可持续的保障效应

国际经验表明，不合理的强制性公共养老金计划对市场或私人计划会产生挤出效应。因此，合理推进我国基本养老保险制度改革是促进公共与私人养老保险相互作用效能发挥的重要举措。在我国，基本养老保险制度的财务可持续性决定了多层次养老保险制度运行的稳健性，而对于基本养老保险制度来说，无论是宏观层面的财政压力，还是微观层面个人养老金财富积累或充足性问题，归根结底都是对财务可持续的挑战。当前，在我国"统账结合"模式已然定型的情况下，基本养老保险制度的结构改革空间已然不大。因此，参量式改革成为未来改革治理的重要着力点。同时，伴随着机关事业单位的"并轨"改革完成及延迟退休方案的基本定调，覆盖面和退休年龄两个制度参数的调整路径已经明确。未来，缴费率和替代率将成为影响我国基本养老保险制度财务可持续的重要参数，是促进各项养老金计划相互作用的关键纽带。

1. 目标替代率调整的财务可持续性效应

在 OECD 成员国中，公共养老保险提供的社会平均工资（SW）替代率在 2020 年的均值为 39%（中位数为 38%）①。相较来说，我国当前 55% 左右的基本养老保险的替代率水平还有很大的下调空间。但是，国际经验也表明，个人养老金制度的发展也是一个漫长的过程，如德国、日本、美国、法国等老牌发达国家在经历几十年的发展后，市场主导的商业养老保险提供的替代率也只在 10%~30%（OECD，2021）。因此，我国在当前私人养老金替代率水平不高的情况下，不宜激进式下调。表 4-3 展示了若是将 2040 年基本养老保险目标替代率水平设置为 40%~50% 时的基金累计结余状况。

表 4-3　各种目标替代率方案下的基本养老保险基金累计结余　单位：亿元

目标替代率	50%	48%	46%	44%	42%	40%
2030 年*	−8065	−5389	−2714	−38	2637	5312
2035 年	−50021	−35495	−20968	−6441	8086	22613
2050 年	−24978	49297	123572	197847	272123	346398
累计缺口**	64812	30948	21127	12148	—	—
缺口年份	2029~2040	2029~2038	2030~2035	2030~2033	—	—
调整周期	至 2035 年	至 2037 年	至 2039 年	至 2041 年	至 2043 年	至 2045 年
2030 年	22049	14034	7799	2812	−1269	−4669
2035 年	54780	32600	15350	1549	−9742	−19152
2050 年	384211	337958	293598	25119	210515	171743

注：所有数值均按照 3% 的通胀率贴现到 2021 年（本章汇报的测算表格数据均进行了贴现处理，后文不再赘述）；* 表示汇报的是当年的基金累计结余。** 表示汇报的是整个测算期内基金缺口规模。

资料来源：笔者测算。

---

① 通常，OECD 成员国第一层次养老金体系包括四部分：基于居住权的养老金、目标替代率（Target）养老金、固定缴费（CD 模式）养老金与最低养老金，其中，有 22 个国家提供了两种养老金，只有 3 个国家提供了三种养老金。替代率水平最高的是卢森堡（82.2%），且主要是由目标替代率养老金和最低养老金构成。典型发达国家德国、法国、意大利、日本、英国、美国的替代率水平分别为 19.3%、48.6%、42.6%、33.1%、38.3%、15.6%。

首先，从目标替代率调整的边际效率来看，替代率水平每提高 1 个百分点，在 2030 年的基金累计结余将减少 1338 亿元、2035 年减少 7263 亿元、2050 年减少 37138 亿元。其次，从基金累计结余的缺口规模来看，目标替代率水平设置在 42% 及以下，可以保证测算期内基金累计结余不出现缺口。再次，从缺口周期来看，最极端的 50% 的目标替代率情况下，缺口将持续 12 年，并且目标替代率水平每提高 1 个百分点，缺口年份会增加 1.5 年左右。最后，表 4-3 中还展示了当未来目标替代率水平设置为 42% 时，不同调整周期的基金累计结余情况。总体可以判断，当目标替代率调整周期延迟到 2042 年时，便会出现基金累计结余缺口，大致为 9000 亿元。综上可知，未来基本养老保险制度的目标替代率水平保持在 42% 左右，且最晚在 2041 年完成调整，可以保障基本养老保险制度的财务可持续。

2. 实际缴费率调整的财务可持续性效应

从缴费率角度来看，在当前征缴率大致只有 60% 的情况下，实际缴费仅为 19%（法定缴费率为 24%）。未来，随着税收机构统一征收体制的成熟，征缴率将提升至 80%（Gillion et al.，2000）。根据 OECD 国家经验，33 个国家的强制性养老金缴费率平均为 18.4%（OECD，2020），这一缴费率水平与我国当前的基本养老保险实际缴费率差异不大。但如前文所述，我国缴费率调整可能面临着比 OECD 成员国更大的约束，所以未来缴费率极有可能还有下调趋势。并且，在我国多层次养老保险制度中，只有基本养老保险是强制性的，私人养老保险没有强制性养老金计划。因此，我国基本养老保险缴费率还有下调的必要。本章研究在目标替代率设置为 42% 且 2041 年完成调整任务的情境下，未来实际缴费的不同下调水平的基金累计结余效应。

表 4-4 汇报了模拟测算结果。首先，从边际效率来看。实际缴费率每下调 1 个百分点，2030 年的基金累计结余会减少 6800 亿元、2035 年减少 19500 亿元、2050 年会减少 112000 亿元。其次，从基金累计结余及缺口规模来看。17% 及以上的实际缴费率才能够保障基本养老保险基金的财务平衡。最后，从调整周期来看，2041 年可能是一个重要节点，提前完成实际缴费率的下调任务会带来财务的可持续风险。总体来看，在保障基本养老保险制度财务可持续性的前提下，目标替代率和实际缴费率之间的边际替代效应大致为 3：1，即目标替代率每下调 3 个百分点，可以为实际缴费率创造约 1 个百分点的下调空间，对应的法定缴费率为 1.25 个百分点。

表 4-4　各种实际缴费率方案下的基本养老保险基金累计结余　　单位：亿元

实际缴费率	19%	18%	17%	16%	15%	14%
2030 年	23250	16437	9625	2812	−4001	−10813
2035 年	60147	40615	21082	1549	−17984	−37517
2050 年	587153	475144	363131	251119	139107	27095
累计缺口	—	—	—	8850	19233	44108
缺口年份	—	—	—	2030～2033	2031～2035	2030～2040
调整周期	至 2035 年	至 2037 年	至 2039 年	至 2041 年	至 2043 年	至 2045 年
2030 年	−4487	−1020	−1677	6366	4758	2812
2035 年	−10379	−9438	−1706	11740	7130	1549
2050 年	201111	222083	242518	291389	272218	252544

资料来源：笔者测算。

（二）不同缴费与税优方案的综合替代率效应

通过上述分析可知，在合理的制度参数调整路径下，我国基本养老保险制度的财务可持续性风险可以得到有效缓解和克服，但这需要在目标替代率和实际缴费率之间找到一个稳健且富有弹性的政策组合。但是，强制性的基本养老保险制度的参数安排，必然会影响到基于自愿性（Voluntary）原则建立的个人养老金制度的发展，而后者将会对养老金充足性发挥着越来越重要的作用。从公共与私人养老保险相互作用的角度来看，不同养老金计划的替代率问题本质上是公共与私人之间的责任分工，以及通过互动来减轻整个养老保险系统风险的问题（Sørensen et al.，2016）。在我国，个人养老金制度刚起步，不同缴费方案和税收激励方案设计都将是影响该制度对退休职工养老金充足性风险缓解效能发挥的关键性因素。

1. 不同年龄建立个人养老金账户的替代率差异

为了本章测算需要，我们需要确定一个与职工的工资收入挂钩的个人养老金缴费率水平。根据美国投资公司协会（ICI）关于 2016 年个人退休账户（IRA）运营的调查报告，参加传统 IRA 的人均供款为 4000 美元、罗斯 IRA 供款为 4500 美元（中国证券投资基金业协会，2019），占当时社会平均工资水平的比重在

6%~8%。基于此，我们初步设定我国个人养老金制度的账户（以下简称个人养老金账户）缴费率为6%，即职工将年均支付工资收入的6%用于购买商业养老保险。另外，与基本养老保险部分的测算不同，此处并不设定个人养老金账户的目标替代率，而是根据个人养老金账户资产积累及职工退休后的余命来测算其年均替代率。图4-3分别展示了男职工与女职工在不同年龄建立个人养老金账户，其综合养老金替代率水平。

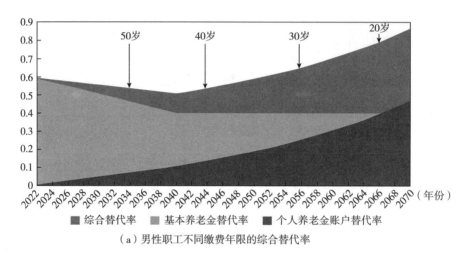

（a）男性职工不同缴费年限的综合替代率

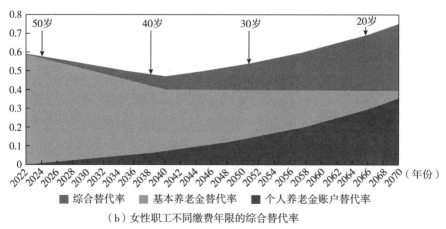

（b）女性职工不同缴费年限的综合替代率

图4-3 男职工和女职工不同缴费年限的综合替代率

注：按照2021年为起始年份；综合替代率（Gross Replacement Rates）是个人养老金账户替代率和基本养老金目标替代率之和；标注的年龄是指当前开始建立个人养老金账户的年龄。

资料来源：笔者测算。

结果表明：第一，与经验判断一致，随着缴费年限的延长，职工个人账户养老金财富积累及最终的替代率水平将随之增加；并且，在给定未来基本养老金42%的目标替代率水平后，个人养老金账户将逐步成为保障职工养老金待遇充足性的重要工具。第二，未来男女职工之间的养老金待遇公平性将成为一项重要挑战，这主要是受到预期寿命、通货膨胀及工资水平等综合因素的影响。例如，20岁建立个人养老金账户的男性职工和女性职工，最终他们退休后的养老金替代率将平均相差近10个百分点[①]。第三，在未来基本养老金目标替代率下调的周期内，职工的综合养老金替代率还将面临一个持续下滑的趋势，应该特别注意应对当前男性55岁左右、女性40岁左右职工的养老金充足性风险。

2. 个人养老金账户不同缴费率的综合替代率差异

如果缴费年限是决定个人养老金账户积累的一个重要因素，那么职工的缴费率则是另一个不容忽视的参数。当前，我国基本养老保险作为唯一的强制性养老金计划，其实际缴费率约为19%，未来可以进一步下调至17%左右。那么，假若一位典型职工的个人养老金账户缴费率为6%，那么他将承担的基本养老保险和个人养老金账户缴费率之和为23%[②]。但是，作为建立在自愿性基础上的个人养老金制度，不同职工愿意支付的缴费率可能是存在差异的，这将会给他们的养老金替代率带来影响。因此，本书进一步测算个人养老金账户缴费率在4%~7%时，职工未来的综合养老金替代率水平。

表4-5展示了测算结果。随着个人养老金账户缴费率的提高，职工未来的综合替代率水平也会增加。例如，平均而言缴费率7%的综合替代率（0.635）将高出4%（0.548）的情况下0.087个百分点。同时，性别之间的差异、积累时间的长短差异也会随着缴费率的增加而更加明显。从边际效应来看，个人养老金账户积累时间越长，其创造的边际养老金财富水平会越高。例如，男性职工20岁建立个人养老金账户，则缴费率每增加1个百分点，其综合替代率水平会增加6.7个百分点。总体来看，个人养老金账户需要在一个较长时间内才能凸显出其良好的养老金财富积累效应。

表4-5　个人养老金账户不同缴费率的综合替代率水平

缴费率	20 岁		30 岁		40 岁		50 岁		均值
	男	女	男	女	男	女	男	女	
4%	0.669	0.594	0.573	0.497	0.493	0.465	0.512	0.584	0.548
5%	0.737	0.643	0.616	0.522	0.516	0.476	0.524	0.585	0.577
6%	0.804	0.692	0.660	0.546	0.540	0.487	0.537	0.586	0.607
7%	0.871	0.740	0.703	0.571	0.563	0.498	0.549	0.588	0.635
边际效应	0.067	0.049	0.043	0.024	0.023	0.011	0.012	0.001	0.028

资料来源：笔者测算。

3. 不同税优模式下的个人养老金账户替代率效应

接下来，我们将比较 EET 模式、TEE 模式及混合模式（缴费阶段和领取阶段各按应税收入的50%扣除）下，典型职工未来的综合替代率水平。当然，此处还有两个条件需要说明：第一，我们假设职工把税优节约下来的那部分资金继续投入个人养老金账户之中（理论 EET），但需要提醒的是，根据美国 IRA 的调研发现，绝大多数职工并没有把从传统 IRA 账户中节约下来的资金投入其他账户之中（实际 EET），而是选择了增加当期消费（Adelman and Cross，2010）。第二，我们假设当前的税率与未来税率是一致的，但从国际经验来看，一国的平均税率是随着经济增长态势而波动的，并且，职工对税率的预期又是影响他们抉择的重要依据。

表4-6 展示了估计结果。总体来看，在假设税收优惠水平设置为职工平均工资的 2%时，无论男性职工还是女性职工，对其综合替代率的影响效应都不大。以 30 岁建立个人养老金账户的职工来说，在 EET 和 TEE 模式下，男性职工的综合替代率差异水平仅小于 0.1%，女性职工也是如此。比较实际 EET 和理论 EET 模式发现，这种差异相对明显；而混合模式与 EET、TEE 模式的差异并不大。总结原因，一方面，可能是由于模型设置，因为我们假设了当期和未来的税率一致。另一方面，2%的税优水平可能并不能体现差异，从而对职工建立个人养老金账户的激励效应并不明显。这可能是当前我国个税递延型商业养老保险试点扩面较慢的一个重要原因。

表4-6　个人养老金账户不同缴费率的综合替代率水平

年龄	实际 EET 模式		理论 EET 模式		TEE 模式		混合模式	
	男	女	男	女	男	女	男	女
20 岁	0.787	0.679	0.794	0.684	0.795	0.685	0.795	0.685
30 岁	0.650	0.541	0.654	0.544	0.655	0.544	0.655	0.544
40 岁	0.535	0.485	0.537	0.486	0.538	0.486	0.538	0.486
50 岁	0.534	0.586	0.536	0.586	0.536	0.586	0.536	0.586

注：实际 EET 是指职工把税优节约下来的部分用于增加当期消费，而没有继续投入个人养老金账户；理论 EET 是指职工把税优节约下来的部分继续投入个人养老金账户。

资料来源：笔者测算。

图 4-4 展示了不同税收优惠水平之下，不同税优模式下综合替代率之间的差异。不出我们所料，随着个人账户税收优惠水平的提高，各种税优模式下的综合替代率差距将更加突出。以 30 岁女性职工为例，当税优率达到 6% 时，理论 EET 模式比 TEE 模式下的综合替代率会高出 2 个百分点；理论 EET 模式比实际 EET 模式会高出 1.3 个百分点。总体上得到两点启示：第一，EET 模式比 TEE 模式对职工个人养老金财富积累更具有优势，但假若职工并没有将税优节约下来的资金继续投入个人养老金账户，那么它所带来的财富积累效应反而不如 TEE 模式。

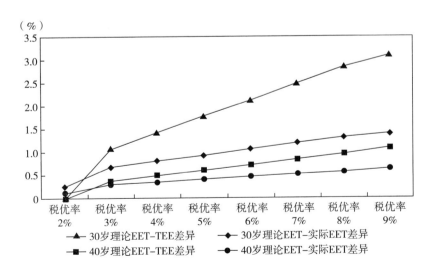

图 4-4　女性职工个人养老金账户不同税优模式的比较

资料来源：笔者测算。

这一测算结论和美国 IRA 的经验相似。第二，必须提高税收优惠的激励水平，否则不同税优政策之间的差异比较和激励效应将无法得到体现，从而对整个制度政策的设计会产生不良影响。

（三）劳动力市场不确定性的综合替代率效应

前文分析表明，在一个确定的劳动力市场环境下，基本养老保险制度财务可持续可以得到有效保障，并且不同缴费和税优方案会对退休职工养老金充足性产生深刻影响。但是，劳动力市场是一个充满不确定性的市场，特别是当前我国工资增长压力加剧、收入不平等现象（如性别之间）突出，仍然会对退休职工养老金充足性带来不确定性影响。因此，开展对不确定的劳动力市场分析，是理解我国公共与私人养老保险相互作用及其风险缓解效能的重要方面。当然毋庸讳言，揭示劳动力市场的不确定性因素有很多，在本章中，笔者考察工资增长趋势、不同工资收入水平、偏离全职就业等三大现实挑战，这些因素不仅会影响到个人养老金替代率充足性，还会对整个基本养老保险制度财务可持续性产生影响，从而对多层次养老保险制度的运行稳健性产生"双重风险"的冲击。

1. 工资增长率加速下滑的风险效应

工资增长效率的变动是影响任何 DC 模式养老保障体系的关键因素之一。从公共与私人养老保险互动来看，一方面，工资增长趋势的变化会影响到基本养老保险制度财务可持续性，如这种不可预测的风险会影响到基金征缴的工资基数，那么将会加剧基本养老保险制度财务可持续风险。另一方面，如果工资增长压力影响到职工购买商业养老保险行为，一旦工资增长率下滑趋势明显，那么职工将更加青睐于保障当期消费和削减储蓄的增长，也会影响未来养老金充足性。因此，面对劳动力市场的不确定性风险，需要发挥各层次养老金体系的相互作用以共同应对。

在前文中，我们假设"未来我国名义工资增长率在 2021~2050 年下降至 2%，随后保持不变"，但这种预期可能过于乐观，也可能过于苛刻。虽然，根据《中华人民共和国国民经济和社会发展第十四个五年规划和 2035 年远景目标纲要》，经济增长需要完成 2035 年人均 GDP 水平比 2020 年翻一番的任务，那么期间 GDP 年均增速要达到 4.8%（刘伟和陈彦斌，2020）。通常，经济增长率和劳动力市场工资增长率具有一致性趋势（见图 4-5）。根据我们初始设置的工资增长率变化速度，2035 年的增长率水平大致在 4.6%，总体上与经济增长率是接近的。但是，一旦未来经济增长压力更加严峻或明朗，那么劳动力市场的工资增长趋势也会发生变化。

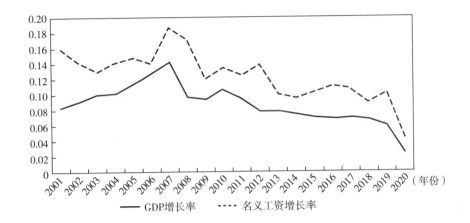

图 4-5　2001~2020 年我国 GDP 增长率与名义工资增长率趋势

注：此处名义工资使用的是城镇非私营单位平均工资。

资料来源：笔者整理。

　　表 4-7 汇报了未来我国工资增长率不同变迁情景下多层次养老保险制度稳健性。第一，工资增长率在 2047 年及之前下降到 2% 的水平，则可以保障基本养老保险制度财务可持续，否则基金累计结余会出现缺口。平均而言，工资增长率每提前 1 年下降到 2%，基金累计结余会增加 700 亿元。第二，从这种变化规律可以得出，工资增长率快速下滑反而会减少支出端的压力，从而缓解财务可持续风险；相反，工资增长率下降缓慢，加之后期人口老龄化的加剧，支出端规模扩张会大于收入端，从而加剧财务可持续压力。第三，随着工资增长率下降速度缓和，替代率水平会有所下滑，其主要原因是虽然随着工资增长率下降压力缓和，职工个人养老金账户积累会有所增加，但由于替代率测算的基数也会增加，导致个人养老金账户提供的替代率水平会相对下降。

　　表 4-7　不同工资增长率方案下的基本养老保险财务可持续与个人养老金综合替代率

年份	2040	2045	2050	2055	2060
基金累计结余	11395	8999	2373	−1113	−4184
基金缺口规模	—	—	3046	5511	7725

年份	2040	2045	2050	2055	2060
缺口年份	—	—	2031~2034	2031~2035	2031~2035
年份	2040	2045	2050	2055	2060
50 岁	0.587	0.586	0.586	0.586	0.586
40 岁	0.495	0.491	0.488	0.487	0.486
30 岁	0.563	0.557	0.546	0.542	0.536
20 岁	0.734	0.719	0.690	0.681	0.672

注:"年份"是指工资增长率下滑到 2% 的时间。基金累计结余汇报的是 2035 年的数据;基金缺口规模汇报的是整个测算期的数据;综合替代率汇报的是女性职工的情况。

资料来源:笔者测算。

2. 女性职工偏离全职就业的风险效应

性别平等是全球养老保险制度建设面临的挑战之一(Arza,2015)。受到更早的退休年龄、更长的预期寿命及平均工资相对男性较低等多方面因素的影响,女性职工养老金的综合替代率低于男性职工。在我国,随着国家生育政策的改革,女性职工可能还面临着全职就业周期方面的挑战——生育及照顾子女将花费女性更多的精力和时间,从而减少她们的养老金缴款①。与国际经验一致,我国女性职工的养老金收入在公共养老保险方面不会受到影响,但与生育、孩子抚养等相关的养老金福利差异会在私人养老保险得到体现。对于个人养老金账户来说,由职工自己全额缴款,所以理论上一旦面临产假或失业状态,在不影响当期消费的情况下,供款额会减少。

本书假设,女性职工因生育少缴纳的个人养老金账户时期为 1 年、2 年……依次类推到 10 年。表 4-8 汇报了各年龄段女性职工偏离全职就业的综合替代率水平。总体来看,对于 20 岁、30 岁和 40 岁建立个人养老金账户的女性职工来说,她们每少缴费 1 年,其综合替代率水平将会分别减少 1 个、0.6 个和 0.4 个百分点。当然,该结论也适用于其他原因而导致的女性职工少缴纳个人养老金的情况。无论如何,劳动力市场面临的非全职就业导致女性职工养老金缴费的减少,会对退休后的养老金待遇充足性带来压力。

---

① 女性职工生育产假期间,企业或单位将为职工缴纳社保,平均单胎产假时间在三个月到四个月。如果女性职工生育二孩或三孩,则不仅面临着生育假期的倍数增长,而且还面临着更多的精力和时间投入,甚至会面临摩擦性失业风险。

表 4-8　女性职工偏离全职就业的综合替代率

少缴年份	1 年	2 年	3 年	4 年	5 年	6 年	7 年	8 年	9 年	10 年
20 岁	0.685	0.674	0.663	0.652	0.641	0.631	0.620	0.610	0.600	0.590
30 岁	0.544	0.537	0.531	0.524	0.518	0.511	0.505	0.499	0.492	0.486
40 岁	0.474	0.469	0.465	0.461	0.456	0.452	0.448	0.444	0.440	0.436

资料来源：笔者测算。

3. 不同工资收入水平的综合替代率差异

劳动力市场的不确定性风险还在于不同收入群体之间的替代率差异，以及这种差异的趋势难以收敛，这就涉及多层次养老保险制度效能的公平性挑战。通常，按照惯例将职工类型分为低收入、中收入和高收入群体，其中低收入职工收入水平设置为中收入的 1/2、高收入设置为中收入的 2 倍。表 4-9 汇报了不同收入群体的综合替代率表现。总体来看，随着个人养老金账户的积累时间增加，不同收入群体的综合替代率水平差异会逐步凸显，但值得关注的是，中收入群体的综合替代率水平相较于低收入、高收入群体更低，而后两者大致相当。

表 4-9　不同收入水平的女性职工综合替代率

年龄	低收入		中收入		高收入	
	综合替代率	比例	综合替代率	比例	综合替代率	比例
20 岁	0.735	1.2：1	0.695	1.4：1	0.735	1.2：1
30 岁	0.552	2.6：1	0.551	2.7：1	0.552	2.6：1
40 岁	0.489	6.2：1	0.487	6.3：1	0.489	6.2：1
50 岁	0.586	158：1	0.586	158：1	0.586	158：1

注："比例"是指基本养老金替代率与个人账户养老金替代率的比值。

资料来源：笔者测算。

四、本章小结

推进我国多层次养老保险制度协同治理，就是在政府主导之下，企业、个人、家庭等多元主体参与，共同致力于全社会老年收入保障风险分担的公共治理问题。这就要求在改革实践中把国家养老保险制度嵌入它所处的社会经济环境之中，强调养老保险制度改革与经济增长、财政支出、人口治理等多方面改革的协同推进。在我国，各层次养老保险的相互作用关系缺失不仅是整个国家的多层次养老保险制度建设滞后的结果，还是其原因的重要组成部分，其制度性根源在于国家、企业与个人等主体之间的养老保险责任失衡。当前我国面临着严峻的老龄化趋势和经济增长放缓，迅速壮大补充养老金计划的覆盖面压力巨大，这种系统性的阻力至少来自于与养老保险制度休戚相关的劳动力市场和税收制度领域。一方面，养老保险制度改革长期关注内部结构调整，忽视了与劳动力市场和税收制度改革的联动。另一方面，近年来频繁的税制改革和劳动力市场要素变迁，如个税调整、工资增长压力等因素悄然加剧了多层次养老保险制度的协同治理问题的复杂性。

本章测算结果表明，从基本养老保险制度财务可持续角度来看，目标替代率调整最晚不能超过 2042 年，大致水平设置在 42%；实际缴费率不应低于 17%，且调整周期不能早于 2041 年；两者之间的边际替代效应大致为 3∶1，即目标替代率每下调 3 个百分点，可以为实际缴费率创造约 1 个百分点的下调空间。从综合替代率角度来看，以下人群需要特别关注，以保障他们未来的养老金充足性：一是要加大对女性职工的税优激励和养老金账户补贴；二是加大对中低收入群体的税收优惠力度；三是当前男性 55 岁左右、女性 40 岁左右职工的养老金充足性风险。随着我国多层次养老保险制度的改革重心扩张到补充养老保险，特别是个人养老金制度，政府面临的挑战至少包括两个方面：一方面是如何通过税收优惠的制度安排来塑造私有化养老金计划的公共责任，从而保障政府在整个养老保障体系治理中的核心主导地位；另一方面是如何通过税收优惠政策设计，特别是合理的税收激励模式刺激个人增加养老金储蓄，从而缓解未来的养老金充足性风险。

第五章　居民收入增长紧缩抑制商业养老保险发展

在当前经济增长放缓、人口加速老龄化带来的系统性冲击面前，各国的政策改革调整变得日益"非标准化"，养老保险制度发展需求与持续产生的风险之间的分裂不断增加，这就要求在认识和推动我国多层次养老保险制度建设时，要从一个整合的系统性视域切入。一方面，从多层次养老保险制度的内部各层次协同联动发展来说，当前推动我国多层次养老保险制度高质量、可持续发展的重要任务就是要促进补充养老保险的发展，而商业养老保险扩面又是决定补充养老保险发展的关键，特别是在我国大力发展个人养老金制度的现实背景下，必须把有效扩张商业养老保险覆盖面作为一个重要问题进行审慎考察。另一方面，从多层次养老保险制度与外部要素的协同治理来说，商业养老保险的扩面将涉及劳动力工资调控、税优机制设计等一系列公共政策的协同建设，即它关系到国家政府在促进多层次养老保险制度改革进程中如何协同优化规制策略和税收政策问题。鉴于此，本章基于中国劳动力动态调查（CLDS）和全国 76 个城市经验数据，实证估计我国居民收入增长压力、就业结构及其两者共时性效应对购买商业养老保险行为的影响，希望为优化政府规制策略、税收优惠机制及个人养老金制度发展提供一定启示，从而推动多层次养老保险制度高质量发展。

一、商业养老保险制度演进过程与改革动力

一方面，任何制度的改革很大程度上是为了适应不同时代的经济和社会系统

性转型，以及一些关键性要素的变迁。只有推进我国商业养老保险制度朝向国家治理的社会政策体系发展，才能超越市场经济要素与复杂的技术层面，从一个国家和社会治理的系统性视域来认识和推动商业养老保险的高质量发展。另一方面，商业养老保险作为居民积累养老金财富的重要工具，受到政府的大力支持，以引导居民合理平滑工作和退休两个阶段的消费。基于商业养老保险的筹资特征，我国居民当期的收入及未来收入预期，无疑是决定他们购买商业养老保险行为的重要因素。那么，综合上述两方面可知，过去几十年我国居民收入变迁趋势将是影响国家养老保险制度改革的重要动力，特别是在当前我国经济增长放缓的大背景下，居民收入增长率及其预期都有所下滑，将会给商业养老保险扩面带来一定程度的压力。

（一）我国商业养老保险制度演进的阶段性特征

1. 第一阶段：市场化养老保险逐步嵌入多层次养老保障体系

1984 年前后，国家先后批准开办团体和个人养老金业务，掀开了我国市场化养老保险发展序幕。1991 年，《国务院关于企业职工养老保险制度改革的决定》提出，逐步建立基本养老保险、企业补充养老保险和职工个人储蓄性养老保险相结合的制度，被视为我国多层次养老保险制度体系的雏形。随后，《财政部 国家税务总局关于对若干项目免征营业税的通知》《中华人民共和国保险法》等重要法律政策的出台，对规范市场化养老保险法治环境和税费政策体系进行了逐步完善和架构，推动保险公司不断丰富养老保险产品种类及创新产品经营模式。进入 21 世纪，特别是 2003 年党的十六届三中全会提出"鼓励有条件的企业建立补充保险，积极发展商业养老、医疗保险"，在党中央的顶层统筹下，商业养老保险发展被上升到完善社会主义市场经济体制改革重要内容的高度。2004 年，保监会《加快发展养老保险的若干指导意见》提出："要充分发挥保险业在养老保险体系第三支柱建设中的作用"，这是市场化养老保险首次被明确地嵌入在国家多层次养老保障体系之中的实践性指导文件，补充养老保险的市场空间进一步细化，推动了市场化养老保险更好地与国家多层次养老保障体系耦合。2006 年，国务院出台《关于保险业改革发展的若干意见》，要求鼓励企业加大力度建立员工养老保障计划，完善多层次养老保险体系。

2. 第二阶段：税优政策探索推动商业养老保险取得阶段性成果

国际经验表明，商业养老保险的发展必然离不开政府的税优政策支持。在中央政府的统筹指导下，2008 年保监会出台《关于在天津滨海新区试点补充养老保险的通知》，围绕险种、税优、形式等方面开展试点。同年，《国务院办公厅关于当前金融促进经济发展的若干意见》明确提出，鼓励和支持有条件的企业通过商业养老保险为员工建立多层次养老保障计划，研究对养老保险投保人基于延迟纳税等税收优惠。2009 年，《国务院关于推进上海加快发展现代服务业和先进制造业建设国际金融中心和国际航运中心的意见》，提出率先开展个人税收递延型养老保险产品试点。随后，相关部委相继出台《企业年金基金管理办法》（2011 年）、《关于扩大企业年金基金投资范围的通知》（2013 年）、《关于企业年金职业年金个人所得税有关问题的通知》（2013 年），规范了企业年金资金管理及运营，且将企业年金税优政策由 TEE 模式转化为 EET 模式。特别是 2013 年党的十八届三中全会提出："制定实施免税、延期征税等优惠政策，加快发展企业年金、职业年金、商业保险，构建多层次社会保障体系"，明确了设计科学合理的税优激励政策作为加快商业养老保险发展的重要政策方向。2014 年，国务院《关于加快发展现代保险服务业的若干意见》，提出推动个人储蓄性养老保险发展。

3. 第三阶段：税延型商业养老保险试点推动个人养老金制度建设

税优政策出台可以一蹴而就，制度模式选择和设计则需要不断地打磨。由于企业年金在我国制度土壤中面临着深层次挑战，使得制度发展或扩面工作举步维艰，鉴于此，国家加大了个人养老金制度建设力度。2017 年国务院颁发《关于加快发展商业养老保险的若干意见》，2018 年五部委联合出台《关于开展个人税收递延型商业养老保险试点的通知》，标志着我国以个税递延型商业养老保险为主体的第三层次建设进入实质化阶段。2019 年党的十九届四中全会重申，发展商业保险是完善国家多层次社会保障体系的重要内容，表明推动商业养老保险发展的使命感升华到国家治理的战略层面。但是，由于不同国家的个税递延型商业养老保险深刻地受到各国的税收体制影响，特别是我国近年来减税降费、提高个税起征点等税制改革对商业养老保险需求产生了显著影响（谢博峰和常嘉路，2021），使得试点改革的政策设计错综复杂。2022 年，国务院《关于推动个人养老金发展的意见》，明确了制度模式、缴费方式、税优政策衔接、投资渠道等多方面内容。至此，我国以基本养老金制度、企业/职业年金制度、个人养老金制度为核心支撑的多层次养老保险制度的顶层架构正式形成，开启了我国个人养老金制度发展新时代。

（二）收入增长压力是养老保险制度改革的动力

1. 收入增长压力是影响养老保险制度改革的重要因素

任何国家的养老保险制度都是老年群体及其家庭收入支持系统的一部分。考斯塔·艾斯平－安德森教授（2003）提出的《福利资本主义的三个世界》中，充分就业被视为福利国家保障居民收入的重要政策工具。在我国，"就业乃民生之本"被长期贯彻。过去几十年里，国家通过对外贸易政策（廉价劳动力比较优势）、再分配政策（税收和公共转移支付）、货币政策（控制通货膨胀）及收入政策（最低工资标准）等因素的混合效应，推动了经济的持续高速增长，并创造了较高的就业和居民收入增长率，使居民在工业化进程中所面临的绝大多数矛盾被持续增长的收入补偿。所以，归根结底，一旦居民收入增长下降或面临增长压力，所有矛盾就需要进行重新调和。从比较历史的视角来看，我国当前所面临的经济社会转型与 OECD 国家在 20 世纪七八十年代所面临的境况有很多相似之处。当时，充分就业政策对第二次世界大战后重构西方福利国家体系发挥了重要作用，在繁荣的经济增长土壤中，就业增长与工资收入增长相得益彰。然而，随后的石油危机冲击、"去工业化"及对外贸易扩张矛盾加剧，导致了长期的通货膨胀、生产率增长下降、国际贸易收支平衡恶化等后果，各国经济增长随之下滑，社会矛盾层出不穷。此时，传统的就业政策变得黔驴技穷。

充分就业的目的是保障居民收入，所以，国家面临的根本问题不只是就业政策问题，更是收入保障和分配问题。OECD 国家的历史经验表明，经济增长下滑和充分就业伴随着的是工资收入增长压力[①]。假若我们将工资收入划分为"未来收入"和"现时收入"两部分的话，那么，理解它们围绕收入保障所进行的一系列福利和社会保障政策调整的思路就变得容易多了。其中，养老保险制度作为最为关键的一项社会政策，政府通过提供慷慨的社会转移支付以换取居民对收入

---

① 在经济增长低迷、社会工资总额保持不变的情况下，持续增长的就业规模必然会导致平均到每个居民头上的工资收入份额不断下降。对于劳动力市场的"内部人"来说，他们会通过工会、行业组织的力量来阻止"外部人"进入而稀释他们的工资收入。对于政府当局来说，经济增长低迷使得财政收入陷入窘境，要么通过扩大政府购买（如国防采购）来增加内需以刺激经济增长；要么开源节流，缩减公共支出，并将责任"转嫁"到私人部门（如养老金私有化）。对于政党来说，各种利益集团的代表将提出不同的改革方案进入新一轮的政治博弈，所有的方案都将会围绕解决失业、促进经济增长、转嫁国内矛盾等内容进行。总之，无论是什么角色的群体，都会在缓解工资收入的增长压力方面大做文章。在我国，虽然改革治理模式与西方国家存在本质区别，但调和居民的工资收入增长压力所导致的各种矛盾问题，也无疑会成为推动社会政策改革的重要原因和目的。

和消费的节制，同时对养老保险制度进行改革以承诺居民的未来收益补偿（Lazear, 2010）。这通常被誉为"延迟社会工资"策略，而且成为各国应对工资收入增长压力最主要的方式。Weisskopf（1987）将居民工资划分为社会工资和个人工资两部分。其中，社会工资指社会转移支付，强调在经济增长下行或通货膨胀等情况下，居民收入增长压力将会从国家提供的社会转移支付中得到补偿。当然，一旦国家选择延迟社会工资策略，也意味着依靠大量财政补贴的社会转移支付会减少，养老保险制度也面临着调整。

2. 从收入增长压力视角理解我国商业养老保险发展困境

2005 年前后，我国经济增长率、居民可支配收入增长率、社会转移支付增长率等指标相继回落，老龄化增长率迅速上升（见表 5-1），这给传统就业路径下的收入保障政策带来了巨大冲击。在"稳就业"不动摇的基本国策之下，政府的应对策略大体上无外乎两个：一是增加社会转移支付，补偿居民收入增长紧缩；二是承诺未来支付，通过养老保险制度的调整来稳定居民未来收入的预期。然而，过去我国社会转移支付规模迅速扩张，占 GDP 和公共财政支出的比重持续增大，分别从 2000 年的 2.9% 和 18.6%，上升至 2020 年的 9.4% 和 38.8%，给整个公共财政带来了巨大负担。所以，通过继续扩张社会转移支付的策略已然难以为继，承诺未来支付成为政府的必然选择。

表 5-1　我国 GDP、社会转移支付及个人工资的增长率

指标增长率	1981~ 1985 年	1986~ 1990 年	1991~ 1995 年	1996~ 2000 年	2001~ 2005 年	2006~ 2010 年	2011~ 2015 年	2016~ 2020 年
GDP	0.096	0.099	0.109	0.091	0.092	0.115	0.086	0.067
社会转移支付	0.098	0.035	0.062	0.095	0.149	0.230	0.171	0.071
可支配收入	0.142	0.136	0.212	0.095	0.114	0.145	0.119	0.079
工资收入	0.045	0.022	0.070	0.090	0.118	0.139	0.082	0.071
老龄化	0.025	0.022	0.020	0.020	0.020	0.030	0.034	0.05

注：此处社会转移支付[①]主要包括教育支出、社会保障和就业支出、文化旅游体育与传媒支出、卫生健康支出、住房保障支出，这些项目所涉及的内容构成了居民消费支出的绝大部分；工资收入是职工平均工资。

资料来源：笔者根据历年《中国统计年鉴》数据计算整理。

————————————

① 由于统计口径上的差别，我们无法完全测度"社会工资"指标，但毋庸置疑的是，公共财政的社会转移支付是社会工资的重要组成部分，这一点在国内外均是如此。所以，本书测算了社会转移支付的增长率来代表社会工资演进的趋势。

近年来，随着我国收入增长率与老龄化增长率的结构性变化加剧，两者之间的差距快速缩小，加之就业结构持续向"去工业化"转向（见表5-2），预示着社会生产率的增长能力在下降。实际上，20世纪90年代我国就建立了职工养老保险的个人账户，这为积累型个人养老保险的发展建立了承载体。特别是在经历亚洲金融危机及国企改革后，国家认识到加快发展商业养老保险的重要性。21世纪初，我国商业养老保险经历了短暂的"破冰"繁荣期。然而，由于国家金融或保险市场发展还不成熟，对商业养老保险的大规模建设的承载能力还很有限，税收激励不足，社会大众保险文化涵养不高，以及政府改革本身面临的"路径依赖"[①]等多方面的因素，使其随后发展比较缓慢。现阶段，壮大覆盖面仍然是我国商业养老保险发展的关键（郑秉文，2017）。从发展境况来看，寿险保费收入增长率在2008年前大幅下滑后，至2016年前后波动上升至20%左右，随后大幅下滑（见图5-1）；另外，团体寿险业务波动也下滑明显。无论是总量还是结构来看，个人寿险业务的增长率也在持续下滑。显然，这方面的主要挑战与持续加剧的收入增长紧缩有关。

表5-2　制造业与服务业就业占比及工资收入增长率情况

年份	1995~1999	2000~2004	2005~2009	2010~2014	2015~2019
就业占比（%）					
制造业	29.7	28.6	27.9	25.9	20.6
公共服务部门	15.6	17.4	15.1	12.8	10.3
生产生活服务部门	6.3	8.8	9.8	10.9	13.3
流通服务部门	24.0	27.1	31.7	32.9	37.2
工资增长率（%）					
制造业	11.0	12.6	13.5	13.9	8.3
公共服务部门	13.0	14.0	15.6	10.1	11.3
生产生活服务部门	12.5	13.6	16.5	11.4	6.4

---

① 工资增长压力也使得政府处于两难境地：既要就保障退休者养老金的支付与在职者工资增长压力进行协调，又要缓解年青一代的工资增长压力与承诺未来的收入预期。另外，在前期经济增长率依然维持在较高增长区间和就业增长形势良好等外部环境下，也在很大程度上缓解了工资增长压力。这与OECD国家的历史经验是一致的，传统就业政策刺激下的劳动力市场仍然调和了居民收入保障的绝大多数矛盾。此时，为了控制转型成本而沿袭传统方案的调整路径，政府实施了继续坚持基本养老保险制度改革路径的方略。

续表

年份	1995~1999	2000~2004	2005~2009	2010~2014	2015~2019
工资增长率（%）					
流通服务部门	12.6	14.1	15.2	13.1	8.8

注：由于我国多次对就业（或从业）统计指标进行调整，所以难以获取连续的就业统计数据。本表的就业总规模为城镇非私营单位就业人数与私营和个体就业人数之和；各部门工资是根据行业就业人数进行了加权平均，其中，公共服务部门包括卫生、体育和社会福利业，教育、文化艺术和广播电视业，科学研究和综合技术服务业，地质勘察和水利管理业，国家机关政党和社团组织；生产生活服务部门包括金融保险业、房地产业、水利环境公共设施管理业、居民服务修理和其他服务；流通服务部门包括交通运输、仓储及邮政电信业、批发零售贸易及餐饮、信息传输、计算机软件服务业、租赁和商务服务业。

资料来源：笔者根据历年《中国统计年鉴》《中国劳动统计年鉴》数据整理和计算。

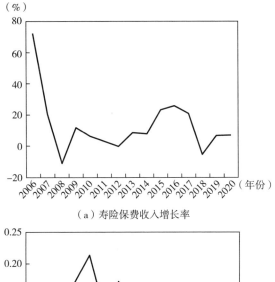

（a）寿险保费收入增长率

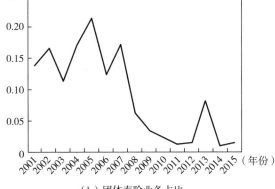

（b）团体寿险业务占比

图 5-1 寿险保费收入增长率与团体寿险业务占比

资料来源：根据历年《中国统计年鉴》《中国劳动统计年鉴》数据整理和计算。

自 2010 年以来，基本养老保险实际缴费增长率与居民收入增长率均呈下滑趋势，但前者年度增长率明显高于后者（见图 5-2），平均而言，"十二五"时期和"十三五"时期，两者增长率分别相差 3.5 个和 2.9 个百分点。虽然近年来国家正在逐步下调基本养老保险制度的法定缴费率，但毋庸讳言，与国际上其他国家相比，我国养老金缴费率仍然居于前列，这一事实使得居民对购买商业养老保险的费用支出变得非常敏感。我国劳动力市场就业结构持续向服务业转向，加剧了工资增长压力的结构性因素。第一，从微观调查数据来看，对商业养老保险"购买意愿"排名靠前的行业为金融、房地产、教育、信息服务、交通运输、邮政服务等服务业领域（郭瑜和田墨，2016）。第二，从就业结构来看，表 5-2 统计数据显示，我国制造业部门的就业占比持续下滑，而生产生活服务部门和流通服务部门的就业占比持续上升，且服务业部门就业比重已然远远超过了制造业部门。第三，从行业工资增长趋势来看，虽然制造业和服务业各部门的工资增长率均呈下滑趋势，但相较而言，"十一五"时期以来服务业部门的工资增长率降幅远大于制造业部门，特别是 2010～2019 年对整个社会工资产生了明显的下拉作用。

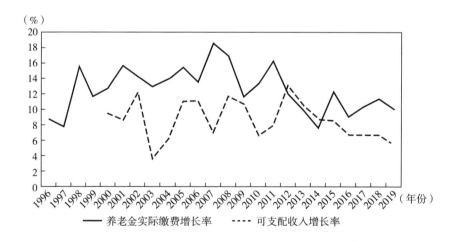

图 5-2　职工养老金实际缴费增长率与居民可支配收入增长率

注：年度养老金实际缴费＝基金征缴/参保职工人数。

资料来源：笔者根据历年《中国劳动统计年鉴》《中国统计年鉴》数据整理和计算。

二、计量检验：工资收入增长紧缩对商业养老保险的影响

（一）计量检验估计方程、变量与数据说明

本章采用的是 2014 年、2016 年、2018 年三期中国劳动力动态调查（CLDS），并匹配全国 76 个城市数据。一方面，2017 年 CLDS 数据库中可用于分析商业养老保险的样本量有 16222 个（剔除空白值、异常值，如 9999），其中：购买商业养老保险的被访者数量为 481 人，占比为 3%。同理，2015 年占比为 3.2%；2013 年为 1.4%。这些数据表明，我国商业养老保险的覆盖面还非常低。另一方面，根据全国 76 个样本城市的居民平均收入增长率来看，对应年份分别为 7.2%、8.7% 和 7.9%。图 5-3 显示，样本城市的可支配收入增长率和商业养老保险的被访者占比在不同年份的关系，总体上两者具有统计上的一致性趋势。

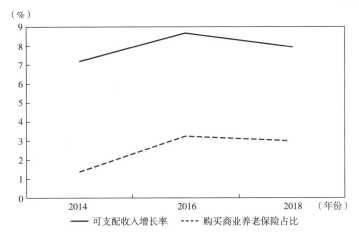

图 5-3 居民平均收入增长率和被访问者购买商业养老保险居民占比

资料来源：笔者根据 CLDS 数据库整理。①

---

① CLDS 数据库的居民购买商业养老保险的比率会变化，是因为该数据库中每一期都会新增加一些调查者，或追踪调查的被访问者退出访问。

根据 CLDS 数据库中关于被"追访"调查者是否参与商业养老保险行为的调查设计，本书将回归估计方程设定为基于个体层面的 Probit 模型，即居民是否购买商业养老保险的决定方程为：

$$\text{Pr}（\text{cinsurance}_{ij}=1）=\Phi（\beta\text{twage}_i+\delta X_{ij}+\gamma Z_i） \tag{5-1}$$

公式（5-1）中，i 和 j 分别表示第 i 个被访者与第 j 个城市，β 表示工资增长压力的估计系数，δ 和 γ 分别表示个体特征和城市特征的控制变量的估计系数矩阵。被解释变量为 cinsurance，若被访者购买了商业养老保险，赋值为 1；反之赋值为 0。根据被访问者对"目前，您有没有参加商业养老保险？"的回答来整理。核心解释变量为 tincome，主要基于如下公式测算：

$$\text{wage}'_{it}=［\text{wage}_{it}×（1-\varphi_{j,t-1}）（1-\varphi_{j,t-2}）-\text{wage}_{i,t-2}］ \tag{5-2}$$

$$\text{wage}''_{it}=［\text{wage}_{i,t-2}×（1+\tau_{j,t-1}）（1+\tau_{j,t-2}）-\text{wage}_{it}］ \tag{5-3}$$

$$\text{twage}_{it}=\text{wage}'_{it}-\text{wage}''_{it} \tag{5-4}$$

其中，wage'_{it} 与 wage''_{it} 分别表示 i 个被访问者在 t 年的实际工资增幅和预期工资增幅。其中，工资收入主要根据被访问者关于"不扣除个人所得税、社会保险和住房公积金，您某年的工资收入总计多少？"的回答数值来测算。$\varphi_{j,t-1}$ 和 $\varphi_{j,t-2}$ 分别表示 j 城市在过去第 1 年和第 2 年的 CPI 增长率；wage_{it-2} 表示被访问者在上一轮调查的工资水平。$\tau_{j,t-2}$ 和 $\tau_{j,t-1}$ 分别表示 j 城市在过去第 2 年和第 1 年的工资收入增长率水平，此处我们假设，理性居民是根据过去的收入增长来预测未来的增长水平，据此可以测算出预期收入增幅。最终，通过公式（5-4）测算居民所面临的工资收入增长压力。

X 为可能影响居民购买商业养老保险行为的个体特征向量。性别（male），男性赋值为 1，女性赋值为 0。学历（education），未上过学、小学、初中、高中、（职业）技校、中专学历赋值为 0，大专、本科赋值为 1，硕士、博士学历赋值为 2。单位/企业性质（unittype），本书主要根据"体制内""体制外"两个维度赋值，其中，体制内包括党政军、国有/集体事业单位、国营/集体企业、村居委会等自治组织，赋值为 1；体制外为民营/私营/外资/合资企业、民办非企业/社团等社会组织、个体工商户及自由职业者，赋值为 0。基本养老保险（oinsurance）购买情况，根据居民参与单位退休养老、职工养老金、城乡/城镇居民养老金计划的情况，假若该居民只参加了其中之一，则赋值为 1；参加了两类赋值为 2，以此类推。

Z 为可能影响居民购买商业养老保险行为的城市特征向量。本书主要纳入了如下一些变量：一是制造业从业者规模，如前所述，就业结构与工资收入增长压力的共时性效应，极有可能是掣肘商业养老保险制度发展的重要结构性因素，本书采用制造业从业者人数的对数（lnmanu）来测度该变量。二是经济发展水平，纳入该变量是控制那些宏观经济因素对居民商业养老保险购买行为的影响，取样本城市人均地区生产总值的对数（lnpgdp）。三是城镇化率（city），在我国城镇化进程中的资源配置问题日益突出，所以本书纳入该变量以控制其对商业养老保险发展的可能影响。这些城市特征变量的测度数据分别摘自中国宏观经济数据库。表5-3汇报了各变量数据的描述性统计结果。

表5-3　变量数据的描述性统计

变量	符号	观测值	均值	标准差	最小值	最大值
是否购买商业养老保险	cinsurance	4921	0.0400	0.1960	0	1
工资收入增长压力（万元）	twage	4921	-0.2190	6.8020	-60.7600	56.6400
个人特征变量						
名义工资收入（万元）	lnwage	4921	3.4417	4.6237	-15.5000	62.5000
性别	male	4921	0.5600	0.4960	0	1
学历	education	4921	0.1160	0.3200	0	2
单位/企业性质	unittype	4921	0.1640	0.3710	0	1
基本养老保险	oinsurance	4921	0.8280	0.7370	0	5
城市特征变量						
人均地区生产总值	lnpgdp	4921	10.8410	0.5480	8.9830	11.7640
城镇化率（%）	city	4921	66.4950	14.0680	42.0000	99.5000
制造业从业者规模	lnmanu	4921	5.4410	1.0040	2.5070	8.1370
第二产业从业规模	lnsecond	4921	6.2770	1.0280	3.3360	8.4080

资料来源：笔者自制。

（二）工资收入增长压力抑制商业养老保险扩面

接下来，使用Probit估计方法检验了工资收入的增长压力对居民商业养老保险购买的影响效应。估计结果如表5-4所示。与我们所预料的一样，无论居民的名义工资收入（lnwage）水平在多大程度上与其购买商业养老保险的行为正相关，实际工资收入增长压力（twage）的估计系数均显著为负，表明当前我国收入增长紧缩确实抑制了居民购买商业养老保险的行为。具体来说，工资增长压力每增加 1 个标准差，平均会降低居民购买商业养老保险的概率大致为 10%。并且，当纳入居民参与基本养老保险控制变量后，这种情况也没有发生改变。恰好相反，我们看到的结果是，基本养老保险项目越多，其购买商业养老保险的概率也会提高。

表 5-4　工资收入增长紧缩对居民购买商业养老保险的影响

变量	cinsurance			
	（1）	（2）	（3）	（4）
lnwage	0.1399 *** （0.0463）	0.0948 ** （0.0473）	—	—
twage	—	—	-0.0287 *** （0.0041）	-0.0207 *** （0.0039）
male	-0.2018 ** （0.0906）	-0.2126 ** （0.0943）	-0.1503 * （0.0906）	-0.1696 * （0.0916）
education	0.2466 ** （0.1237）	0.2072 （0.1303）	0.3121 ** （0.1251）	0.2754 ** （0.1265）
unittype	0.0356 （0.1158）	-0.1817 （0.1278）	-0.1122 （0.1267）	-0.1587 （0.1281）
lnpgdp	-0.2115 *** （0.0751）	0.2127 *** （0.0803）	-0.1983 ** （0.0782）	0.2107 *** （0.0804）
city	0.0079 * （0.0047）	0.0102 ** （0.0049）	0.0129 *** （0.0047）	0.0122 ** （0.0048）
lnmanu	0.0756 * （0.0623）	0.0222 （0.0657）	0.0336 （0.0641）	0.223 （0.0656）
oinsurance	—	0.1750 *** （0.0564）	—	0.1839 *** （0.0562）
常数项	-1.7887 ** （0.8827）	-0.6775 （1.1043）	-0.7255 （0.8228）	0.0525 （0.0363）
调整后的 R^2	0.0676	0.1355	0.1189	0.1315
观测值	4921	4921	4921	4921

注：* 表示 p<10，** 表示 p<5%，*** 表示 p<1%；括号内汇报的是稳健性标准误。

资料来源：笔者整理。

从微观个体层面来说：第一，性别（male）估计系数显著为负，表明女性职工购买商业养老保险的需求大于男性职工。在我国，女性职工确实比男性职工面临着更加严峻的养老金充足性挑战（曹信邦和张静，2022），所以她们为尽可能多地为养老储蓄做准备，从而更大概率地购买商业养老保险。第二，学历（education）的估计系数显著为正，这与理论预期是一致的，即居民接受教育水平越高，其风险意识会越强，从而增加了购买商业养老保险的可能性。第三，企业性质（unittype）的估计系数为负，表明体制内就业居民购买商业养老保险的概率会小于体制外，这主要是因为体制内居民享有的基本养老金平均替代率远高于体制外，所以他们对商业养老保险的需求相对较小，这一估计结果符合我国的具体实际情况。

关于基本养老保险（oinsurance）的估计系数均显著为正，表明居民参与基本养老保险与其购买商业养老保险是正相关的。虽然，从缴费负担来看，有学者认为我国基本养老金缴费负担过重挤出了居民对私人养老保险的需求。但从替代率的角度来看，基本养老金提供的55%左右的替代率难以满足退休职工的基本生活保障，而企业年金约5%的替代率（郑功成，2019）和几乎可以忽略不计的商业养老保险替代率，也反映了居民对购买私人养老保险的迫切需求。特别是，样本统计表明购买了商业养老保险的居民的平均工资收入为56258元，属于中等收入水平（见图5-5）。因为，中等收入群体相对于高收入和低收入群体，在经济风险冲击下表现得更加脆弱，所以他们往往对保险的需求更高（Shaji and Neelamegam，2016），当然养老保险也不例外。因此，基本养老保险参与项目越多的居民，对商业养老保险需求也会更高。

从城市宏观层面来看：第一，经济发展水平（lnpgdp）的估计系数显著，表明一个城市的经济发展水平越好，其居民对商业养老保险的需求也会更高，该结论符合理论预期。第二，城镇化率（city）的估计系数显著为正，表明城镇化水平越高的城市，其居民购买商业养老保险的需求也会越高。在我国，老龄化将通过城镇劳动力供给和产业结构两条路径作用于城镇职工养老保险支付（李小林等，2020），城镇化是决定城镇劳动力供给和产业结构的先决条件。通常，城镇化越高表明城镇劳动力供给和产业结构越充沛和良好，对职工养老金支付能力起着促进作用，该效应也将推动对商业养老保险的购买需求。第三，制造业从业规模（lnmanu）的估计系数均为正，具体讨论将在后文进行。

（三）工资收入增长压力与就业结构共时性效应

表5-4的制造业从业者规模（lnmanu）的估计系数为正，却没有通过显著性检验，说明我国制造业就业规模可能并不会对商业养老保险的扩面产生影响。但对于这一结果，我们不能武断定论。第一，从我国各经济部门的工资收入水平来看，制造业部门的平均工资低于服务业部门，工资收入是决定居民消费的最直接因素。所以，制造业部门就业规模的扩张一定程度上可能并不利于商业养老保险扩面。

第二，从各经济部门的工资增长率来看，表5-1的统计结果显示，"十一五"时期以来各经济部门的工资增长率虽然都呈下滑趋势，但制造业的降幅整体上小于服务业，所以制造业从业者所面临的工资增长压力相对小于服务业。从这一点来看，制造业部门从业规模扩张也有可能促进商业养老保险扩面。

第三，未来制造业部门会持续壮大，这对整个经济社会的生产率提升具有重大推动作用，从而保障了国民经济的增长动能。制造业的扩张反映到劳动力市场上，将会带动部门就业规模的增长，以及相对于服务业部门更加稳定的工资收入增长。所以，从长远来看制造业就业规模的扩张也有可能促进商业养老保险的扩面。综上所述，从不同的视角来看，我国制造业从业规模与居民购买商业养老保险可能存在非线性关系。

为此，本章在方程（5-1）基础上纳入了制造业从业规模变量（lnmanu）的平方项。总体来说，当前我国居民的工资收入增长压力与就业结构转向的共时性效应抑制了商业养老保险的扩面。具体来说，表5-5第（1）列显示，此时平方项系数显著为正，表明制造业从业规模与居民商业养老保险购买行为的关系呈"U"形关系，拐点值为6.401[①]。当前，制造业从业规模的对数均值为5.441，处于"U"形曲线的左半部分，即当前制造业从业者规模与商业养老保险购买需求呈负相关关系。进一步地，制造业作为第二产业的核心经济部门，也是国家实体经济的重要支柱，所以笔者以第二产业从业者规模为代理变量重新进行了估计，第（3）列结果依然稳健地显示平方项的估计系数显著为正[②]。在第（2）列

---

① 根据第（1）列估计结果有：$y = 0.0463x^2 - 0.5927x$，由此可以计算出对称轴为6.401。

② 制造业属于第二产业，且从一般意义上来说，第二产业多属于实体经济产业。第（2）列列出了第二产业从业规模效应，其结果与制造业从业规模的结果一致，且对称轴的值为6.442，而描述性统计中，变量 lnsecond 的均值为6.277，此时仍然处于"U"形曲线的左半部分。

和第（4）列，我们分别采用制造业和第二产业从业规模与居民工资收入增长压力的交叉项，来检验两者对居民购买商业养老保险的共时性效应。此处，交叉项系数显著为负，表明当前我国制造业从业规模的扩张在边际上增强了工资增长压力对居民购买商业养老保险的抑制效应。

表 5-5　工资增长压力与就业结构的共时性效应

变量	cinsurance			
	（1）	（2）	（3）	（4）
twage	-0.0147^{***}	-0.0130^{***}	-0.0257^{***}	0.0230^{***}
	(0.0004)	(0.0028)	(0.0029)	(0.0021)
lnmanu	-0.5927	0.0129^{***}	—	0.0009^{***}
	(0.3251)	(0.0037)		(0.0003)
lnmanu^2	0.0463^{**}	—	—	—
	(0.0285)			
tincome×lnmanu	—	-0.0015^{***}	—	—
		(0.0006)		
lnsecond	—	—	-0.8478^{**}	—
			(0.4101)	
lnsecond^2	—	—	0.0658^{**}	—
			(0.0326)	
tincome×lnsecond	—	—	—	-0.0015^{***}
				(0.0002)
交叉项	—	—	—	—
常数项	1.9046	0.1753^{**}	2.9472^{*}	0.2279^{***}
	(1.4559)	(0.0845)	(1.7534)	(0.0848)
控制变量	是	是	是	是
调整后的 R^2	0.1288	0.1879	0.1356	0.1824
观测值	4291	4921	4291	4921

注：* 表示 p<10，** 表示 p<5%，*** 表示 p<1%；括号内汇报的是稳健性标准误。

资料来源：笔者整理。

（四）异质性检验：基于性别与工资收入维度

首先，从性别维度来看。从图5-4中可以看出，根据 CLDS 数据库，男性居民所面临的工资收入增长压力明显大于女性居民，而女性居民购买商业养老保险的占比却高于男性。一方面，从平均意义上来说，劳动力市场上的男性工资收入高于女性，所以在相同的工资收入增长紧缩情况下，男性所面临的增长压力是大于女性的。另一方面，根据表5-3的估计结果，由于女性居民未来面临着更加严峻的养老金充足性挑战，所以她们对养老储蓄的需求更高，从而推动了她们对商业养老保险的购买，因而她们购买商业养老保险的比例也就高于男性居民。那么，面对工资收入增长压力时，男性和女性居民究竟谁更愿意购买商业养老保险呢？表5-6中，第（1）列和第（2）列分别汇报了男性和女性的估计结果，可知收入增长压力对女性购买商业养老保险的抑制效应更强烈，即收入增长压力每增长1个标准差，女性购买商业养老保险的概率会降低约13%，是男性的约1.5倍。

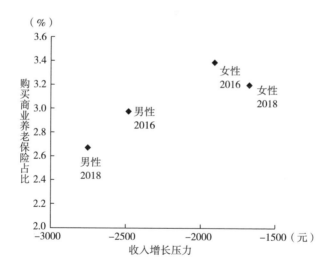

图5-4　居民购买商业养老保险与收入增长压力的性别差异

注："购买商业养老保险占比"是指购买了商业养老保险的男性（女性）居民人数占男性（女性）被访问者人数的比重。

资料来源：笔者整理。

表5-6　收入增长压力对购买商业养老保险的异质性检验

变量	性别维度的异质性		收入水平维度的异质性		
	男性	女性	低收入	中收入	高收入
	（1）	（2）	（3）	（4）	（5）
twage	−0.0191**	−0.0291***	−0.0202**	−0.0369***	−0.0120***
	（0.0099）	（0.0139）	（0.0109）	（0.0122）	（0.0097）
常数项	0.9873***	0.0893***	0.1976***	1.009***	0.2354***
	（0.0392）	（0.0222）	（0.0542）	（0.0442）	（0.1001）
控制变量	是	是	是	是	是
调整后的 R^2	0.1988	0.2398	0.2349	0.1021	0.1999
观测值	1928	2363	1451	1421	1429

注：* 表示 p<10，** 表示 p<5%，*** 表示 p<1%；括号内汇报的是稳健性标准误。

资料来源：笔者整理。

其次，从收入维度来看。我国当前的居民收入差距比较大。基于 CLDS 数据库的测算结果，高收入群体的中位数为 90000 元，而低收入群体的中位数为 15000 元，并且均值测算的差异更大，这凸显出了我国劳动力市场工资收入的巨大差距（见图5-5）。为此，本章按照惯例将收入群体划分为低收入、中收入和高收入三大群体，分别采用方程（1）进行了回归。表5-5 中第（3）列到第（5）列汇报了估计结果。总体上，工资收入增长压力对购买商业养老保险的抑制效应从中收入、低收入、高收入依次递减。具体来说，中收入群体的抑制效应最大，平均而言社会平均工资增长压力每提升 1 个标准差，其购买商业养老保险的概率会降低约 17%。相反，高收入群体由于其储蓄渠道更加丰富，所以工资增长压力对商业养老保险购买的约束会降低；对低收入群体来说，由于他们收入水平较低，收入增长压力的绝对影响较低，且低收入群体可以通过获得更多的公共转移支付（如税收减免）来补偿工资增长压力，所以对其购买商业养老保险的影响也会更低。

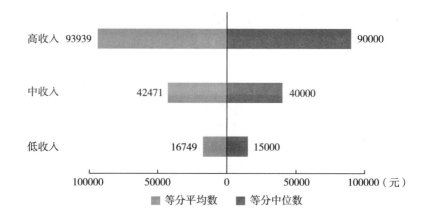

图 5-5　我国居民年度工资收入三等分均值与中位数

注：摘取 CLDS 数据库的指标数据，剔除空白值和异常值，并对首尾 1% 进行了平滑处理。

资料来源：笔者整理。

（五）稳健性检验：基于 OLS 与 Logit 方法

接下来，本章将通过调整估计方法来重新估计居民是否购买商业养老保险的决定方程。具体来讲，由于本书的被解释变量为二值变量，所以在基准估计中我们采用 Probit 估计方法，在表 5-7 中，汇报了分别采用 OLS 和 Logit 方法对方程（5-1）的重新估计结果。首先，从 OLS 估计结果来看，虽然在第（2）列的收入增长压力（tincome）的估计系数绝对值小于前文估计结果，但系数符号和显著性均与前文一致。其次，从 Logit 估计结果来看，收入增长压力变量的估计系数此时大于表 5-4 中的 Probit 估计水平，但仍然保持一致的显著性和系数符号。进一步地，准 R^2 为 0.1323，Wald 统计量为 144.85，对应的 p 值为 0.0000，故整个方程所有系数（除常数项）的联合显著性很高。最后，从其他控制变量来看，

表 5-7　稳健性检验估计：基于 OLS 与 Logit 方法

变量	OLS 估计		Logit 估计	
	（1）	（2）	（3）	（4）
wage	0.0058* (0.0034)	—	0.2059* (0.1079)	

续表

变量	OLS 估计		Logit 估计	
	（1）	（2）	（3）	（4）
twage	—	−0.0188*** （0.0007）	—	−0.0309** （0.0054）
male	−0.0147** （0.0072）	−0.0118* （0.0070）	−0.4568** （0.2057）	−0.3769* （0.2017）
education	0.0277** （0.0123）	0.0320*** （0.0120）	0.4278*** （0.1636）	0.5743** （0.2558）
unittype	−0.0217** （0.0107）	−0.0194* （0.0106）	−0.3587 （0.2669）	−0.3162* （0.1693）
oinsurance	0.0211*** （0.0052）	0.0214*** （0.0052）	0.3809*** （0.1155）	0.3957*** （0.1154）
lnpgdp	0.0192*** （0.0067）	0.0194** （0.0056）	0.4289*** （0.1634）	0.4347*** （0.1647）
city	0.0008** （0.0004）	0.0009*** （0.0004）	0.0221** （0.0107）	0.0260** （0.0105）
lnmanu	0.0037 （0.0051）	0.0038 （0.0051）	0.0391 （0.1445）	0.0517 （0.1455）
常数项	0.1567* （0.0907）	0.2043** （0.0851）	−1.1801*** （0.2395）	0.4966* （0.2246）
调整后的 R^2	0.0854	0.1845	0.1359	0.1323
观测值	4921	4921	4921	4921

注：*表示 p<10，**表示 p<5%，***表示 p<1%；括号内汇报的是稳健性标准误。

资料来源：笔者整理。

除了估计系数值的大小有所变化外，在系数符号和显著性方面均与前文一致。综上所述，基于 OLS 和 Logit 方法对方程（5-1）的估计结果与前文的结果一致，说明表 5-4 的实证结果是稳健的。

三、本章小结

推动我国商业养老保险扩面的根本目的是对居民及其家庭养老金财富积累的保障，无论什么时候都不能放弃这个核心目标①。近年来，在供给侧结构性改革进程中，政府大力推动商业养老保险制度改革，实现了国家养老保障体系从依靠基本养老保险拓展到多层次养老金计划协同发展的"国家—市场—家庭"的共同保障体系。过去几十年，我国商业养老保险制度的内涵发展从市场化养老保险升华至国家治理的社会政策范畴，从配套基本养老保险制度建设到支撑个人养老金制度的独立建制，商业养老保险的社会政策功能或属性得到确立。改革开放以来，我国为了迎合工业化主导的经济社会变革，长期贯彻"稳增长、稳就业"的基本国策，在经济高速增长创造的收入效应下，绝大多数老年群体的收入可以由个人储蓄和家庭提供。但时至今日，经济增长放缓、人口加速老龄化带来的冲击，使得未来国家政策改革调整变得日益"非标准化"，养老保险制度与持续产生的需求和风险之间的分裂不断增加。当前，我国商业养老保险扩面的最大挑战之一，毋庸讳言是居民日益增长的工资收入增长压力持续增加，这极有可能会抑制居民对商业养老保险的购买。

为了验证上述观点，本章基于中国劳动力动态调查（CLDS）的经验分析，得出了如下几点经验性结论：第一，我国当前职工和居民所面临的工资收入增长压力是抑制我国商业养老保险扩面的重要因素，平均而言压力每提升 1 个标准差，职工和居民购买商业养老保险的概率会降低 10% 左右。第二，制造业就业规模与商业养老保险扩面呈显著的"U"形关系，且当前制造业就业规模尚处于曲线左半部分，说明当前的就业结构阶段也不利于商业养老保险的扩面，未来，需要适当引导劳动力向制造业流动，推动制造业就业规模尽快突破拐点。第三，从

---

① 从国际趋势来看，过去很长一段时间内，由于受到世界银行政策框架影响，或者大多数国家与世界银行、亚洲开发银行等国际组织的密切合作，从而实施了以支持经济增长和缓解财政压力为目标的养老保障体系改革，把重点放在了改革的技术要素和未来养老保障体系的财务可持续上，弱化了对老年收入保障这个核心目标的关切。但是，2008 年全球经济危机之后，国际劳工组织所倡导的社会保护最低标准、防止老年贫困等理念再一次被重视，各国开始重新审视养老保障体系改革的成效，并逐步渗透到全国范围特别是广大发展中国家的改革进程之中。

居民个体和收入异质性来看，女性购买商业养老保险受到收入增长压力的抑制效应强于男性约 1.5 倍；且中收入、低收入、高收入居民受到的抑制效应依次递减。综上所述，推进我国商业养老保险扩面的政策路径至少包括两个方面：一方面是通过税收优惠和财政补贴以补偿居民所面临的工资收入增长压力；另一方面是通过规制策略的调整，适当放松对劳动力市场价格的调控。

第六章　养老金基金化改革模式与阶段性进程

　　应对人口老龄化的养老保险制度改革，本质上也是应对经济增长放缓压力，这就需要协同推动国家社会与经济系统中诸多要素的重新整合。面向未来，推进我国金融体系结构调整与养老保险制度的协同治理，把日益增长的养老金储蓄从消费领域转向生产领域，缓解未来可能出现的生产资本①紧缺和资本生产率下滑压力，这无疑是一项促进国家经济可持续增长的重要制度创新。一方面，随着我国持续滑向一个老龄社会"双重人口重心"的保守时代，将会使越来越多的物质资本作为养老金储蓄，并转化为支付给退休老年人的养老金消费，这极有可能导致再生投资领域的资本紧缺。另一方面，虽然我国多层次养老保险制度框架出台较早，但由于缺乏基金化改革的根本动力，时至今日我国补充养老金计划发展极其有限，基金化改革进程十分缓慢。本章中，笔者深入解析了我国人口老龄化、资本紧缺压力及养老金储蓄的现实境况与挑战，并梳理了 OECD 成员国的养老金基金化改革的阶段性进程，并归纳出改革治理的"三种模式"，希望为我国老龄金融创新与多层次养老保险制度协同治理提供一定启示。

一、发展背景：资本紧缺压力与养老金储蓄规模

（一）人口结构演进与资本紧缺压力

　　工业化进程是国家干预人口增长的重要动因，后者将会对后来的人口结构变

---

　　①　通常，资本包括物质资本和人力资本，本章中所强调的是物质资本。

迁产生深远的影响。所以，我国过去半个多世纪的工业化进程也是解释人口变迁的重要原因。政府通过公共干预控制了人口增量，提高人均资本积累水平，促进资本应用密度大幅提升，从而推动经济从马尔萨斯古典增长转向索罗新古典增长，最终实现经济部门的工业化和现代化。但是，随着人口结构逐渐老龄化，保持资本应用密度的增长导致资本系数继续上升，对简单更新的投资越来越多，最终带来经济增长效率的逐步下降。从这个逻辑来看，人口老龄化不会自动产生危机，其代价在某种程度上取决于长期的生产或经济增长。因此，很大程度上来说，未来我国应对人口老龄化本质上也是应对经济增长放缓的压力，这就需要推动国家社会经济系统之中的诸多要素进行重新整合。

1. 人口老龄化与经济增长的趋势

毋庸讳言，当前我国已经步入了史无前例的"双重人口重心"的保守时代。老龄化的不可逆趋势导致社会人口重心的转变，必将带来社会心理、社会价值取向、社会情绪及社会机构等一系列变化（林义，2016）。20世纪70年代前后生育高峰出生的人即将面临退休或者刚退休不久，根据第七次全国人口普查数据，当前我国50~60岁的人口规模有2.2亿，未来10年内他们将陆续步入退休生活，转入一个"保守"的人生阶段。但是，问题远非如此简单。20世纪90年代前后的第三次生育高峰出生的人，如今已是劳动力市场的中流砥柱，大多数在30~40岁。这个群体大致有2.1亿，他们将同样转入了人生的"保守"阶段，更加关心薪水、福利、房产住宅贷款、子女教育支出及其他方面的平衡，对于增加"当期"收入增长的信念变得更加坚定。

通常，人们常常提及一个国家的人口老龄化与两个因素息息相关，即生育率与预期寿命，却往往忽视这样一个事实，当前的人口结构与过去的人口因素也密切相关，并且会在经济社会变迁趋势下持续地影响着未来人口结构。在我国，从20世纪50年代以来，先后经历了20世纪50年代、70年代、90年代前后的三次生育高峰后，至今生育率持续下滑，使得人口增量不断下降，2030年前后的人口总规模将达到峰值，届时人口增长也将跨入"负增长"时代。在劳动力市场上，这种前景同样不容乐观。1950~2010年前后，随着劳动力人口规模的持续增长，总抚养比水平也持续下滑。但在2005年左右，两者相继出现了"拐点"（见图6-1）。直到21世纪50年代，总抚养比保持了明显的上升趋势，哪怕随后在21世纪30年代后半期出现短暂趋缓，但这种趋势几乎不可逆。抚养比将继续在高位运行，这主要归因于2050年前老年人口规模的持续攀升（见图6-2）。

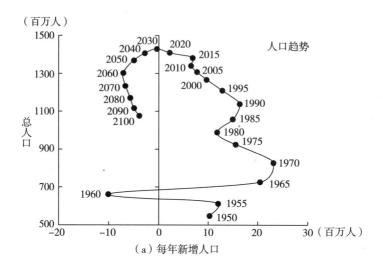

（a）每年新增人口

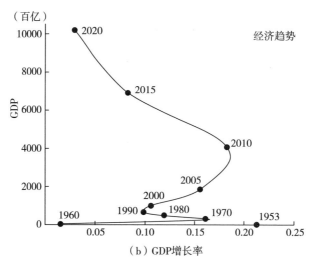

（b）GDP增长率

图6-1 我国人口与经济增长趋势

资料来源：笔者根据历年《中国统计年鉴》整理。

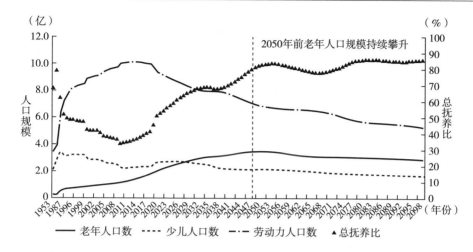

图 6-2　我国与典型 OECD 成员国的人口演进趋势

资料来源：2020 年前的数据根据《中国统计年鉴》计算，2020 年后的数据为笔者预测。

我国人口与经济增长趋势具有高度一致性。20 世纪 70 年代前后的经济增长高峰，主要受益于 50 年代前后的第一次人口增长和生育高峰①，为 20 年后的国家经济建设提供了充足的劳动力供给。虽然，我们看到在 70 年代前后也出现了人口增长高峰，但我们更多地将这次人口增长或生育高峰视为一次"补偿性"回升，因而并没有直接带来 90 年代前后的经济增长高峰；另外，从经济环境来看，80 年代末期的高通货膨胀也遏制了 1990 年前后的经济增长。2010 年前后的第二次经济增长高峰，主要得益于 90 年代前后的第三次人口增长和生育率高峰。依此规律，我们可以预见，由于 2015 年前后的小幅人口增长高峰，也可能带来 2035 年左右的一次经济增长拉升，当然这次增长可能并不会多么突出，甚至会淹没在日益复杂的经济运营机制的作用之下。

国际经验表明，工业化进程是国家企图干预人口增长的重要动因，而后者将会对后来的人口结构变迁产生深远的影响。所以，我国工业化进程也是解释过去半个多世纪人口变迁的重要原因——人口因素作为促进经济发展的核心变量（Galor and Weil，2000；蔡昉，2015），政府通过公共干预控制了人口增量，提高

---

①　随着经济和社会的发展，人口增长的动因也包括日益延长的寿命。但是，在过去几十年里，特别是改革开放之前，我国长期处于发展的初级阶段，这一时期的人口增长动因更多的是生育率的提高，或者说是出生人口的增加。

人均资本积累水平，促进资本应用密度大幅提升，从而推动经济从马尔萨斯古典增长转向索罗新古典增长（郭剑雄，2019），最终实现经济部门的工业化和现代化。但是，随着人口结构逐渐老龄化，保持资本应用密度的增长导致资本系数继续上升，对简单更新的投资越来越多，最终带来经济增长效率的逐步下降（维吉妮·库代尔和晓愚，1993）。从这个逻辑来看，人口老龄化不会自动产生危机，其代价在某种程度上取决于长期的生产或经济增长，这就需要推动社会、经济与金融市场诸多要素的重新整合。

2. 面向老龄社会的资本紧缺压力

对过去养老保险制度的改革调整，以应对未来出现的养老金储蓄的新的需求，是对我国人口结构转变的必然反应。但是，从主要依靠现收现付的基本养老保险模式，转向以积累制为主的多层次养老金储蓄模式，它不仅是政府正在努力改革的方向，就连企业和个人对这种模式也缺乏心理准备和知识储备：未来养老金储蓄对金融规则的依赖性越来越强，提高居民金融素养任重道远；企业是否已经意识到为员工提供大规模的年金储蓄对传统会计准则的挑战；国家金融体系和市场结构是否能够满足未来大规模的养老金资产的管理和经营。这些问题都要求政府、企业与个人仔细考虑并认真地理解，然后在观念和态度上做出改变。至少，新的需求包括：如何在一个"双重人口重心"的保守时代，通过对大规模的养老金储蓄金融化，促进经济产量和生产效率的提升，而不是通货膨胀或滞胀。

未来，越来越多的资产作为养老金储蓄，并转化为支付给退休老年人的养老金[1]，极有可能导致再生产投资的资本紧缺。2020年，我国多层次养老保险的基金、年金及商业养老保险累计权益占到GDP的14%，规模为11.8万亿元，并且随着老龄化加剧，这个规模还会继续增大[2]。另外，商品和服务总量的生产必须增加，以保障居民实际生活不受到经济增长放缓的影响。如此一来，必然要求提高关键性资源——资本、劳动力、技术、物质资源（如能源）的生产率。20世纪七八十年代，美国的经验启示我们，资本供应短缺的情况可能比劳动力短缺更加严重，所以，资本生产率的增长速度必须高于劳动力生产率的增长速度。但遗

---

① 从整个经济系统来说，养老金储蓄仅仅是一项转移支付：一方面，年轻人群通过养老金账户积累大量资金来支付当期的老年群体，他们仅仅获得了养老保险账户上的名义"记账"储蓄，所以它并不能用于再生产投资；另一方面，老年群体将获得的养老金直接用于消费，所以也很难形成资本积累。

② 根据第四章的预测，2050年养老金储蓄规模将累计占到GDP的50%。

憾的是，当前我国事实恰好相反，资本生产率提升压力与日俱增。表6-1展示了我国1978年以来资本生产率及其增长率趋势。一方面，根据单豪杰（2008）的方法测算，当年我国固定资本存量大致为518249亿元，其增长率近5年平均为8%，已经连续10余年下滑。另一方面，资本生产率水平为1.810，虽然处于高位，但是其增长压力日益凸显，长期波动在零增长区间。

表6-1 我国资本市场的相关指标趋势

年份 指标	1978~ 1989	1990~ 1999	2000~ 2004	2005~ 2009	2010~ 2014	2015~ 2019
固定资本存量（亿）	12870	43764	80831	175002	349519	518249
固定资本存量增长率	0.120	0.130	0.130	0.170	0.150	0.080
资本生产率	1.060	1.970	1.990	2.030	1.970	1.810
资本生产率增长率	0.030	0.050	−0.010	0.000	−0.020	0.010
储蓄增长率	0.165	0.083	0.025	0.009	−0.001	—

注：固定资本存量根据单豪杰的方法测算得出；资本生产率＝国内生产总值/固定资本存量；储蓄增长率＝城乡居民储蓄存款余额/国内生产总值；固定资本存量为时间区间的期末数据，其他数据为区间平均值。

资料来源：笔者根据历年《中国统计年鉴》计算。

通常，决定资本生产率的一个关键指标是流动性。在过去10余年里，我们已经看到资本流动性降低的趋势，但人们更多地归咎于经济增速衰减、资本使用成本高、市场有效需求不足等原因，忽视了日益扩张的养老金支付规模，正在将大量的生产资本转化为养老金"转移支付"。以下事实正在反映出我国资本供给短缺的压力：第一，我国M2/GDP指标常年处于高位水平，社会公众对未来养老金、就业、医疗保障等方面存在支出扩张的预期，从而增加养老金和医疗保险储蓄推动了M2上升（钟伟和黄涛，2002）。第二，CEIC数据库显示，近10年来虽然我国总储蓄率水平仍然较高，但已经出现了下滑趋势。这一事实说明，未来通过传统储蓄转化为投资的资本会减少①。第三，过去20年平均实际外资利用额占GDP的比重平均仅为0.3%，近年来其增长率也大不如前。总体来说，我国老

---

① 例如，对于在20世纪90年代前后的生育潮出生的劳动者来说，他们正值青壮年，却面临着越来越沉重的生活成本，特别是在房产住宅上的支出，几乎占据了他们绝大多数的开支——这些收入是他们在整个职业生涯中的收入，但是，这些支出只是对耐用品的消费，很难转化为经济系统中的生产资本。

龄化社会的真正挑战不仅是庞大的养老金支出，还是如何对养老金储蓄进行有效使用，以缓解资本紧缺及资本生产率压力。

我国资本紧缺压力具体可以从图 6-3 看出。

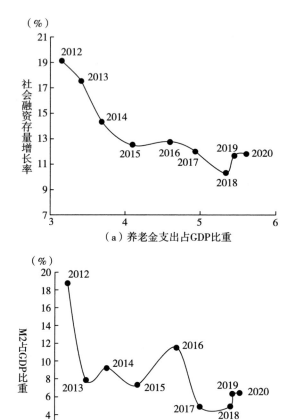

图 6-3　我国资本紧缺压力的一些基本事实

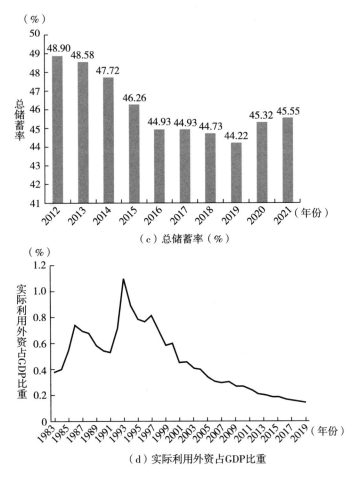

（c）总储蓄率（%）

（d）实际利用外资占GDP比重

图 6-3　我国资本紧缺压力的一些基本事实（续）

注：养老金支出为基本养老金（包括城镇职工和城乡居民）与企业年金支出之和。

资料来源：CEIC 数据库和历年《中国统计年鉴》。

3. 推动养老金储蓄的基金化转向

　　未来，把国家养老金储蓄真正地转化为资本，以帮助克服资本短缺问题，是我国老龄化社会时代金融创新的一项关键任务。但是，推动我国养老金储蓄的资本化还面临着诸多挑战。至少在接下来的 10 年里，基本养老保险仍然是居民养老金储蓄的主要工具[1]，但它的本质是"保险"，而非储蓄——德鲁克（2009）

---

　　① 根据表 6-2 统计数据可知，2020 年这部分资金规模有 5.8 亿元之多——主要是第一层次基本养老保险基金的累计结余。

将其视为"伪储蓄"。根据本书的预测，随着人口老龄化的加剧，基本养老保险的基金累计结余将会日益减少，未来大量财政补贴和国有资本划转也主要是用于支付当期退休职工的养老金，所以很难形成有效的资本积累。从国际经验来看，养老金储蓄的资本化运作主要在年金和个人养老金领域（董克用等，2021），所以，扩大私人养老保险的企业/职业年金和个人养老金计划势在必行。然而，当前的改革成效远未达到预期，其原因不仅是我国金融市场准备不足（党俊武，2013），还受到我国基本国情之上的资本市场与养老保险制度文化的深层次制度性约束（林义，2005）。

因此，当前及未来一段时期我国养老金储蓄的一个重要挑战是，在国家多层次养老保险制度改革进程中，如何审慎地把握人口老龄化趋势，推动金融体系结构调整与养老保险制度的协同治理，把日益增长的养老金储蓄从消费领域转向生产领域，缓解未来可能出现的资本紧缺和资本生产率压力，从而促进经济增长。这里需要说明两点：第一，养老金储蓄的资本化转向的目标是保障养老保险制度可持续与促进经济增长的协同，而不是仅仅关注于养老保险制度应对老龄化所带来的财务压力本身。换句话说，为经济增长而改革是未来我国养老保险制度改革必须协同的目标。任何脱离了经济增长的社会政策将是无源之水、无本之木。第二，人口老龄化将导致未来资本紧缺，并且养老金基金化对缓解这种资本紧缺压力具有重要意义。一方面，人口老龄化带来储蓄的减少，从而导致生产投资的资本减少，已经被大量研究证实（Hassan et al.，2010）；另一方面，美国、加拿大等国家在过去半个世纪的实践经验证实，养老金基金化不仅能够增加养老金财富积累，还能够为经济系统提供大量生产资本（Disney and Emmerson，2010）。

（二）养老金储蓄规模、结构与收益

未来，越来越多的资产作为养老金储蓄，并转化为支付给退休老年人的养老金消费，这极有可能导致再生投资领域的资本紧缺。2020年，我国多层次养老保险的基金、年金及商业养老保险累计权益规模为11.8万亿元，占到GDP的比重为13.9%，并且随着老龄化加剧，这个规模还会继续增大。但与此同时，老龄化也加剧了养老金支付压力，仅仅依靠现收现付的基本养老保险制度在一定程度上很难应对这种挑战。对过去养老保险制度的改革调整，以应对未来出现的养老金储蓄的新的需求，是对我国人口结构转变的必然反应。从国际比较来看，近年来我国养老金基金积累水平持续增长，但其规模与结构效率并非达到合理水平，

国民养老金储蓄仍然以基本养老保险为主体，私人养老金计划发展极其有限，基金化改革进程十分缓慢。

1. 公共与私人养老金储蓄规模

2020年，我国各层次养老金计划的新增储蓄大致为77470亿元，占GDP的比值约为7.6%。基本养老金计划48135亿元左右，其中保险费征缴、财政补贴、利息收益、委托投资收益、集体补助分别占比62.8%、30.9%、2.8%、3.5%、0.02%（见表6-2）。企业年金和职业年金储蓄规模大致为8612亿元，其中保险费收入和委托投资收益分别占比66%和34%。我国自愿性个人养老金计划于2022年正式实施。商业养老保险作为个人养老金计划的核心，按照寿险保费收入测量，规模为20722亿元（2018年数据）。截至2020年底，各层次养老金储蓄累计结余118064亿元。其中，城镇职工基本养老保险48317亿元、城乡居民基本养老保险累计9759亿元、企业年金22497亿元、职业年金12900亿元；另外，保险行业寿险权益规模累计约22754亿元，全国社保基金战略储备金24591亿元。总体上，与典型OECD成员国相比，我国当前的养老金储蓄水平还不高，占GDP比重大致为13.9%，并且公共与私人养老金计划占比大致相当，这与OECD成员国存在显著差异（见图6-4）。

表6-2　2020年我国多层次养老保险制度的养老金储蓄　　单位：亿元

层次	储蓄分类	金额	养老金计划		
			城镇职工	城乡居民	机关单位
第一层次	保险费收入	30229.95	20886.65	1262.12	8081.18
	财政补贴	14854.25	6271.31	3134.59	5448.35
	利息	1371.62	1128.66	182.23	60.73
	委托投资收益	1668.63	1486.40	182.23	—
	集体补助	10.77	—	10.77	
第二层次	储蓄分类	金额	企业年金	职业年金	
	保险费收入	5670.13	2670.13	1600.00	
	委托投资收益	2941.95	1931.48	1010.47	
第三层次	商业养老保险保费收入	20722*	—	—	

注：*表示2018年数据值。

资料来源：财政部中央预决算公开平台、《全国企业年金基金业务数据摘要》与《中国金融年鉴》。

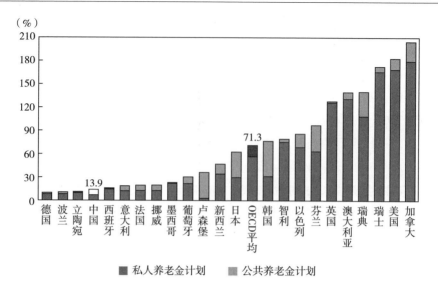

图 6-4　2020 年我国与典型 OECD 成员国养老金储蓄占 GDP 比重

注：OECD 成员国"公共养老金计划"包括公共养老金及储备金，"私人养老金计划"包含私人养老金计划及积累制的公共养老金；我国"公共养老金计划"包括城镇职工基本养老保险统筹账户、城乡居民养老保险、机关单位基本养老保险，"私人养老金计划"包括基本养老保险个人账户、企业年金、职业年金、商业保险寿险业务权益。

资料来源：我国数据摘自财政部中央预决算公开平台、《全国企业年金基金业务数据摘要》与《中国金融年鉴》；OECD 成员国数据摘自 OECD（2021）。

2. 公共养老金资产结构与收益

在我国，基本养老保险制度逐步实现全国统筹，社保基金投资运营目前还处于地方统筹阶段。此外，对全国社会保障基金理事会管理运营的社保基金资产总额 29226.61 亿元进行分析，包括全国社保基金、做实个人账户的中央补助资金、部分企业职工基本养老保险金、基本养老金基金及划转的部分国有资本资金。根据历年《全国社会保障基金理事会社保基金年度报告》，近年来我国社保基金资产结构基本稳定，主要构成为股票和债券类权益资产，包括交易类金融资产、可供出售金融资产、持有至到期投资，占比基本稳定在 89% 左右；现金和储蓄份额为 2% 左右；长期股权投资 7% 左右；其他资产①约占 2%。另外，投资收益也基本稳定，近 5 年投资收益率为 7.8%，与典型 OECD 成员相比，该收益率居于中上

---

① 其他资产包括结算备付金、存出保证金、融券回购、应收利息、应收股利等。

水平（见表6-3）；但值得注意的是，随着 GDP 增长率的逐步回落，这种强劲的投资收益率增长压力也逐步凸显，这一点 OECD 成员国已经给我们提供了大量事实。

表6-3　我国与典型 OECD 成员国养老金计划投资收益率

国家	项目	近5年（%）	近10年（%）	2004年以来（%）
中国	公共养老金	7.8	7.7	9.0
	私营养老金	5.9	6.5	—
美国	公共养老金	3.0	3.6	4.1
	私营养老金	0.8	3.0	0.5
加拿大	公共养老金	10.5	10.5	8.4
	私营养老金	4.7	5.7	4.8
日本	公共养老金	0.9	3.7	3.0
	私营养老金	—	—	—
韩国	公共养老金	0.9	3.7	3.0
	私营养老金	2.3	2.2	1.7
德国	公共养老金	—	—	—
	私营养老金	3.4	3.7	3.8
挪威	公共养老金	7.7	8.7	7.7
	私营养老金	6.0	5.9	5.7

注：我国公共养老投资收益率为全国社会保障基金理事会管理运营的社保基金投资收益率，私营养老金为企业年金投资收益率；韩国公共养老金为国民养老金，加拿大为 CPP 养老金；我国职业年金自2018年全面启动投资运营，其收益率大致在5%左右。

资料来源：OECD 数据库；我国历年《全国社会保障基金理事会社保基金年度报告》。

3. 私人养老金资产结构与收益

当前，我国私人养老金计划覆盖面极其有限。2020年，全国建立企业年金计划的企业覆盖面只有0.4%，参与人数也只占参加职工基本养老保险的职工人数的5.9%。职业年金计划也是对机关事业单位职工提供的一种补充福利制度。个人养老金制度于2022年正式试点，目前购买商业养老保险的人数也极其有限，根据中国劳动力动态调查（CLDS）测算，购买人数也只占被访问人数的3%~4%。一方面，从资产规模来看，受到参与条件的约束，或者说覆盖面的影响，商业养老保险权益的规模占比最高，达到了51%左右；DC 型职业养老金计划占比次之，占比为39%左右；最少的是 DB 型职业养老年金计划，占比只有10%左右（见图 6-5）。另一方面，从投资收益率来看，根据历年《全国企业年金基金业务数据摘要》数据，近 5 年来投资收益率平均为 5.9%，自 2011 年以来为 6.5%。与 OECD 成员国经验一致，近年来投资收益率有所下降，但整体平稳。

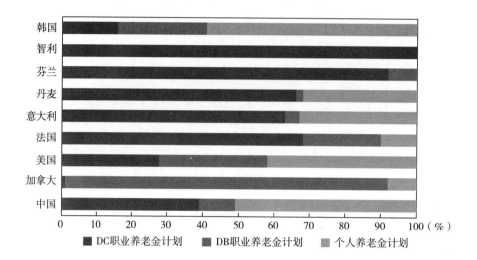

图 6-5　2020 年我国与典型 OECD 成员国私营养老金储蓄结构

注：本书将企业年金和职业年金统称为职业养老金计划，由于数据可得性约束，此处仅纳入了企业年金数据；根据《全国企业年金基金业务数据摘要》，本图中的 DC 型职业养老金计划为"含权益类"计划，DB 型职业养老金计划为"固定收益类"计划。

资料来源：2020 年《全国企业年金基金业务数据摘要》《中国金融年鉴》。

二、养老金基金化改革的模式与阶段性过程

通过对过去半个世纪以来，典型 OECD 成员国养老金基金化改革的阶段性过程分析，厘清了决定不同国家所处不同阶段推进养老金基金化改革的一般性规律。一方面，几乎所有国家的养老保险制度改革，在过去几十年都沿着各国传统的福利模式路径推进，这是因为其本身作为一项公共政策，与各国就业和工资政策、通货膨胀管理、经济增长需求，乃至社会意识形态等多方面经济和社会治理相互协同、配合。所以，任何国家的养老保险制度改革，必然是一个系统的、整

合的制度创新过程。另一方面，影响养老金基金化改革必然性的要素又在某种程度上被关于一个国家的经济、社会、政治等方面所面对的选择支配，越是"后来"的国家，决定它们养老金基金化进程的因素越是复杂多元。

（一）养老金基金化改革的经济社会背景

1. 人口老龄化与经济增长的趋势

当前，全球人口金字塔正在经历向上膨胀，并且这种趋势在未来二三十年会更加明显（ISSA，2019）。从比较历史的角度来看，我国改革开放以来的人口结构与经济增长趋势，与典型 OECD 成员国（德国、美国、日本、英国）在过去半个多世纪的人口结构变迁规律与经济增长复苏历程具有一致性趋势。

首先，从人口结构来看。它们的人口老龄化问题在更早的时间引起了重视，平均而言我国提前了至少 20 年。例如，日本 2010 年前后就进入人口负增长时代，主要归因于 20 世纪六七十年代出现的人口增长拐点。德国在 21 世纪前 10 年出现了阶段性人口负增长现象，这是受到 20 世纪 50 年代和 80 年代的两次人口增长"塌陷"的叠加效应影响。英国未来的老龄化压力可能相对宽松一些，虽然在 1980~2000 年前后持续了长达 20 余年的人口增长递增趋势，但在 20 世纪 80 年代之前的近 30 年里，其人口增长持续下降。美国由于积极的移民政策，其人口增量的势头相对良好，但自 2000 年后，仍然呈现出难以逆转的递减趋势（见图 6-6）。

其次，从经济增长趋势来看。图 6-7 展示了英国、美国、日本、德国 1960~2020 年的经济增长率演进趋势。总体上，在过去半个多世纪的工业化进程中，各国演进规律表现出了极强的一致性趋势，并且我国改革开放经济增长率规律与它们的历史轨迹也非常相似。各国在经历 20 世纪 60 年代经济高速增长之后，70 年代后的增长势头有所回落，这在很大程度上得益于它们二战后婴儿潮一代相继进入劳动力市场所带来的充足劳动力供给，但进入 70 年代，公共服务部门的扩张对资本生产率的稀释，片面强调经济生产而忽视对环境、能源领域的投资，以及资本供给充裕导致企业对资本生产率的重视不够，这些多方面的因素共同促成了经济增长的迅速回落，加之 70 年代末的石油危机，最终酿成了一次大衰退。20 世纪 90 年代前后，它们的经济增长趋势相继抬头，但 70 年代的人口增长或生育衰减，在持续形成的人口老龄化进程中，新生的劳动力供给逐步减缓，使得增长率长期保持波动。此时，由于受到经济增长放缓和人口老龄化的双重压力，典型 OECD 成员国普遍推行了养老保险制度改革。

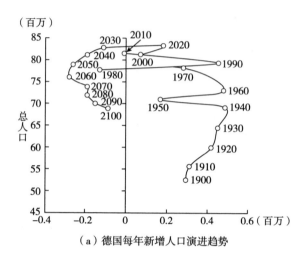

（a）德国每年新增人口演进趋势

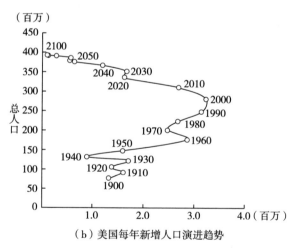

（b）美国每年新增人口演进趋势

图 6-6　典型 OECD 成员国的人口演进趋势

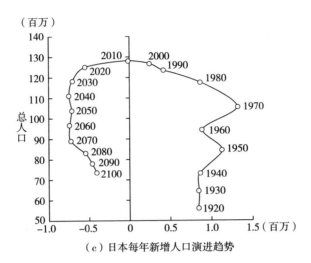

（c）日本每年新增人口演进趋势

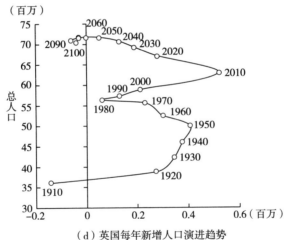

（d）英国每年新增人口演进趋势

图 6-6 典型 OECD 成员国的人口演进趋势（续）

资料来源：联合国人口司。

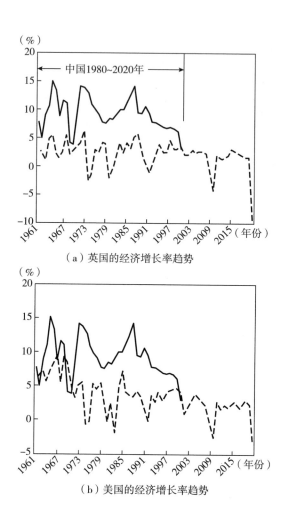

（a）英国的经济增长率趋势

（b）美国的经济增长率趋势

图 6-7　我国与典型 OECD 成员国的经济增长率趋势

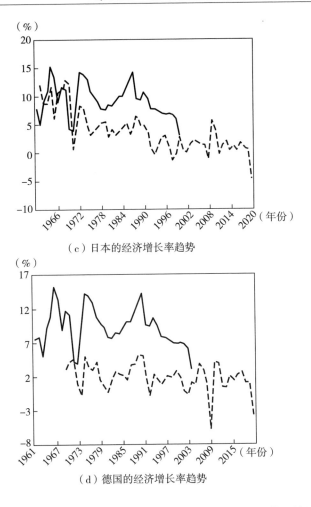

（c）日本的经济增长率趋势

（d）德国的经济增长率趋势

图 6-7　我国与典型 OECD 成员国的经济增长率趋势（续）

注：各子图中实线为中国 1980~2020 年数据；德国数据从 1970 年起，此前数据在数据库未公布。本图展示的是中国 1980~2020 年的经济增长率趋势与英国、美国、日本、德国四个国家从 1961~2020 年的经济增长率趋势的跨时比较。如图所示，在（a）英国的经济增长率趋势图的图例上进行了标识。

资料来源：OECD 数据库。

　　在各国人口结构变化与经济增长演进历程的背后，还潜藏着经济全球化、新自由主义思潮渗透、世界金融格局重塑，以及各地区的经济波动（如亚洲金融危机），这些因素在不同程度上影响了各国人口与经济增长的紧密关系，但从长达半个多世纪的历程来看，两者在统计上的趋势相关性几乎是不容置疑的。在我国，随着改革开放特别是 21 世纪初加入世界贸易组织后，我国的经济增长深刻地受到国际因素和趋势的渗透和影响，其增长趋势几乎和典型 OECD 成员国保持了一致性规律。特别是，日本作为后起的发达国家，在人口和经济两个方面的进程可谓是我国的一面"镜子"——无论是从人口老龄化趋势，还是过去经济增长规律，几乎与我国改革开放以来的变迁轨迹如出一辙。所以，虽然我们承认对于先进国家经验的借鉴和学习都伴随着不同的、本土的决定因素，但从比较历史的视角来看，宏观层面所体现出的一致性规律背后，仍然是一些重要的一般性要素和关系发挥着作用，这又提醒我们对国际经验规律的审慎把握，对我国的改革实践具有重要价值。

2. 现代国际金融体系三种模式

国际经验表明，各国养老金储蓄模式与国家金融体系结构休戚相关，决定了不同国家在 20 世纪下半叶养老保险制度模式的选择。当前，以美国和英国为代表，包括后来的加拿大、澳大利亚等国家的金融体系以资本市场为主体，以欧洲大陆、斯堪的纳维亚半岛、日本等地区和国家的金融体系则以银行系统为主体。这些模式的形成，离不开它们的现代化进程及其传统因素的决定性影响，特别是，在 20 世纪七八十年代，随着经济增长放缓、人口老龄化、"去工业化"、贸易全球化竞争等挑战，西方国家普遍进入了经济社会的大转型时代。在金融领域，一方面，美国、英国等国家的资本市场迅速发展，在金融体系中的地位不断提升，进一步强化了它们的资本市场主导型金融体系特征；另一方面，在一些以银行为主导的国家，它们也降低了金融系统中的银行份额，适度扩大了资本市场规模（宋清华，2001）。

首先，在以资本市场为主体的英美国家，它们的现代化孕育于工厂和企业创新之中，这种创新精神离不开传统普通法体系所体现的分权、制衡与自由文化的积淀（吴晓求等，2022）。在美国，对自由资本的追求使它们在 20 世纪 30 年代大萧条之后，社会大众对大型垄断资本的"厌恶和恐惧"，使得大银行穷途末路，取而代之的是资本市场规模的日益扩大，并对一整套制度体系进行了不断完善。到 20 世纪 70 年代，一方面，掀起了以企业管理创新（如劳资关系、财务制度、人力资源）为核心的市场创新，以应对经济增长放缓时期企业所面临的竞争力下降危机。另一方面，信息技术革命的兴起，产业结构的转型（如信息、生物、电子等产业蓬勃发展），中小企业对资本的需求，使得任何间接融资模式都在损失资本效率（Coffee，1991）。总体上，基于企业治理和竞争的创新需求，推动和强化了 20 世纪 70 年代至今的资本市场主体地位，很好地使企业治理与资本市场有机结合，奠定了英美金融体系的微观基础。

其次，在以银行为主体的欧洲大陆国家，它们的银行（特别是商业银行）对资本控制和对外扩张发挥了举足轻重的作用。这些国家多属于大陆法系，崇尚规制和权威的制度文化（马勇，2012），偏好公共利益精神，强调对私人缔约的限制，导致金融创新活力不足（黄宪等，2019）。在工业化和现代化进程中，相对于英国和美国，德国、法国等国家均是历次工业革命的"后来者"——第一次工业革命发端于英国，第二次工业革命几乎同时诞生在英国和德国，第三次科技革命则由美国掀起并向全球蔓延。所以，后来的国家需要通过商业银行的控制力，集中可利用的形式去积累和调动资本，对国内外工业化项目和产业进行融资（Brophy，1992），以迅速提升本国的工业化和现代化竞争力。甚至，欧洲大陆的银行业壮大及其对产业的支持曾一度被视为后来者国家工业化的特殊手段（格申克龙，2009）①，因为银行确实在资本短缺的工业化进程特别是初期发挥了至关重要的作用。

最后，是第三种模式。第一，在过去几十年里，随着国际条件、经济条件及政治条件等方面的环境变化，一些欧洲大陆国家扩大了它们的资本市场份额，资本市场的迅猛发展对传统的银行主导型金融体系带来了巨大冲击，在一定程度上流行于欧洲大陆的关系型融资模式有被美英的保持距离型融资模式取代的趋势（应展宇，2005）。从当前来看，这种变革趋势还没有一个明确的结束信号，我们不妨大胆界定，这种游走在银行和资本市场主体模式之间的现象，本身就是一种模式。不过，这类模式不可推广，因为它们存在一些其他区域国家不可比的地缘优势和产业发展特征。第二，另一类新兴的发展国家，由于工业化和现代化进程更加落后的事实，需要一种更权威的力量，来推动金融体系建立，以及金融支撑工业化和产业壮大的目标。在这类模式中，国家的主导作用将是金融系统的关键要素。

中国可以被视为接近于第三种模式的国家例子。从过去几十年的发展历程来看，在改革开放之前，我国金融底子非常薄，国家通过计划经济体制干预市场并集中资金，投入工业化建设之中，整个金融体系只是计划经济的一个环节。改革开放后，多层次商业银行体系和中央银行制度相继建成，在国家政策的顶层设计

---

① 英国早期的现代化农业和贸易，已经为工业革命积累了丰富的资本，从而排除工业化和现代化初期对提供长期的、大规模资本而发展起来的商业银行的制度安排需求。在德国这样的国家，早期资本短缺并处于分散状态，人们在相当大程度上对产业活动产生不信任。随着工业化演进，日益扩张的生产规模导致了更大的工厂规模，以及工业化过程向资本与产出比率更高的部门集中（格申克龙，2009）。

下，政府对金融体系的监管从设计者、规制者转向了市场秩序维护者。随着市场改革不断深化，单一银行主导型金融体系的弊端日益暴露，"金融脱媒"趋势越发明显。至今，我国的金融深化改革，一是持续优化商业银行体系，确保银行主体对国家金融安全的稳定器作用；二是适应市场催生出的多样化融资需求和投资需求，建立健全一套适应中国国情的资本市场。总体来看，我国金融体系结构的调整过程，也是商业银行和资本市场的协同发展进程。其中，注重国家的顶层设计无疑是我国金融建设的典型特征之一（吴晓求等，2022）。

3. 养老保险制度演进路径及动因

自 20 世纪七八十年代以来，OECD 成员国持续的经济增长放缓、人口老龄化、"去工业化"，以及生命周期、家庭结构变化的影响，几乎所有国家的经济社会秩序都进入了一个转型时期，这引起了它们对本国福利制度的普遍调整。在养老保险制度领域，各国改革至少包括了以下三个方面的共同性趋势：一是从待遇确定（DB）型转向缴费确定（DC）型；二是实施公共养老保险制度的参量式改革；三是努力扩大私人养老金计划的覆盖面。当然，这些变革都体现了一个共同目标——确保可持续的养老保险制度财务可持续。图 6-8 展示了过去三十年的OECD 成员国养老金支出结构及其演进趋势。总体上，可以大致划分为三种"组团"：第一种是以英美为代表的新自由主义福利模式国家与瑞典、丹麦等社会民主主义福利模式国家；第二种是德国、奥地利等保守主义福利模式的欧洲大陆国家；第三种是智利、韩国等新兴国家，这些国家属于一种混合的由社会保险与社会救助构成的福利模式（安德森，2010）。虽然，结构功能主义认为，工业化和经济增长导致各国在福利模式方面的趋同化（Wilensky，1974），但从过去几十年的经验事实来看，至少到目前为止，各国的养老保险制度演进路径仍然是沿着既往的结构模式前进。

毋庸置疑，养老保险制度的融资需求差异最终都会反映在支出结构上，所以各国养老金支出结构很大程度上就反映了它们的公共与私人养老金的融资结构关系。在德国、法国、意大利等欧洲大陆国家，公共养老金融资需求迅速扩张，使得它们进一步朝向公共养老金主体模式迈进；相反，在美国、英国等国家及北欧地区，它们的养老金结构模式更加凸显了私人养老金主体特征①。从传统观点来

---

① 当然，还有第三类新兴国家，它们在保障公共和私人养老金计划融资需求均有提升的情况下，正在朝着公共或私人养老金模式方向做着抉择，且至少到目前为止，更多偏向于公共养老金模式。

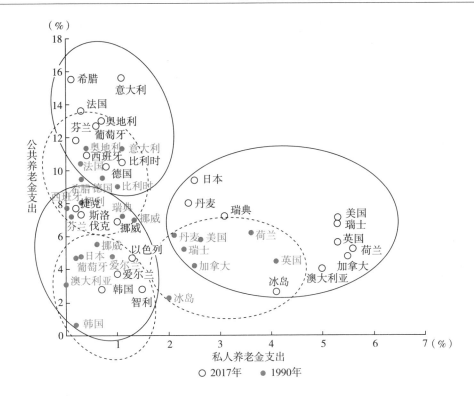

图 6-8　OECD 成员国公共与私人养老金支出占 GDP 比重

资料来源：笔者根据 OECD 公布的数据整理。

看，资本市场发达国家，其养老保险制度模式更偏好于私人养老金计划，因为资本市场广泛的储蓄、投资和支付产品手段能够满足家庭养老金储蓄和投资需求，并使家庭能够分散和管理风险（Groome et al.，2006）。在资本市场相对不发达国家，由于缺乏资本市场对养老基金投资和收益的有效支撑，使得无论在投资规模，还是资产配置结构方面，养老金基金的市场化都很保守；加之，这些国家往往对银行金融体系的依赖更高，长期形成的银行和企业之间的关系，使得中小企业、创新企业等获得信贷支持不够，在一定程度上也抑制了这些企业的就业岗位供给与员工福利支出，从而强化了对公共养老金的依赖。

但是，资本市场作为各国养老金融资的重要条件，绝非是解释各国养老保险制度演进路径的全部理由。因为，养老金融资背后实质是金融体系阶段性过程与养老保险制度改革的历史性耦合，并嵌入在一个国家的经济社会变迁之中。本书认为，在人口老龄化与经济增长放缓时代，越来越多的资产作为养老金储蓄，并转化为支付给退休老年人的养老金，从而加剧了再生产投资的资本紧缺，由此，各国如何应对这种资本紧缺挑战的方式，是决定各国养老保险制度演进路径的一个重要制度性因素。一方面，典型 OECD 成员国的固定资本形成水平在过去几十年相继出现下滑趋势，且至少到目前为止，这种趋势仍未出现任何扭转迹象，表明各国资本供给增量在持续地减少（见表 6-4）。另一方面，几乎所有国家的老龄化趋势无一例外地呈现出日益加剧态势，导致养老金支出规模日益扩张（见表 6-5）。由此，推动养老金基金的资本化运作，成为各国在人口老龄化和经济增长放缓时代缓解资本紧缺的重要工具，这也就构成了不同国家推动养老保险制度改革的重要动因之一。

表 6-4 典型 OECD 成员国资本增量趋势   单位:%

年份 / 国家	1970~1979	1980~1989	1990~1999	2000~2009	2010~2019
美国	2.3	1.4	1.3	0.45	0.93
英国	—	1.3	1.1	1.03	1.2
加拿大	27.8	28.8	24.2	25.1	24.3
澳大利亚	18.3	25.4	17.4	18.4	18.8
德国	19.5	23.0	29.0	25.0	17.2
法国	19.7	22.2	20.4	19.7	17.6
瑞典	—		16.3	15.6	12.8
日本	38.6	36.1	46.3	30.6	24.7
韩国	5.3	11.2	18.5	18.9	18.8
以色列	—	—	21.6*	20.9	23.0

注：资本增量为固定资本形成额占 GDP 比重；* 表示数据的起始年份为 1995 年。

资料来源：OECD 数据库。

表 6-5 典型 OECD 成员国养老金支出占 GDP 的比重   单位:%

年份 / 国家	1990	2000	2015	2017	1990~2017 增幅
美国	8.4	9.4	11.0	12.4	47.6
英国	8.5	10.6	11.0	10.9	29.7
加拿大	6.7	8.1	8.0	9.8	46.3

年份 国家	1990	2000	2015	2017	1990~2017 增幅
澳大利亚	3.1	7.6	7.2	9	190.3
德国	10.2	11.6	11.5	11.0	7.8
法国	10.7	11.8	13.5	13.9	30.8
瑞典	8.3	8.5	9.7	10.3	24.1
日本	4.9	10.2	12.8	11.9	144.9
韩国	0.9	1.8	2.4	3.5	322.2
以色列	5.5	6.8	8	7.7	40

注：表中养老金包括公共养老金和私人养老金。

资料来源：同表6-4。

（二）养老金基金化改革三类模式

如前所述，人口老龄化可能给一个国家带来资本紧缺压力，从而导致经济增长放缓，所以应对人口老龄化本质上也是应对经济增长放缓。从国际经验来看，一个有效方法是构建丰富多元的养老金基金，这不仅能保障养老金的可持续融资，还能将越来越多的养老金储蓄转化为再生产资本。当然，这里潜藏着一个非常重要的条件，即养老金基金化的融资效率是高于传统社会保险的，这种效率与各国的金融体系休戚相关，这也就解释了为什么一些国家在朝向基金化的进程中举步维艰，另一些国家则取得了显著的成功。究竟是什么原因导致了这种迥然不同的结果呢？显然，对于那些失败的国家来说，问题不应该被简单地归咎于对金融风险的管理（Ebbinghaus，2012），抑或是政府养老保险制度改革的政策失灵。特别是，作为"后来者"国家，盲目地追求与领先国家一致的制度方案，而忽视对制度演进路径的客观遵循，最终必然会带来不良的后果。在这方面，智利（Borzutzky，2012）、塞尔维亚（Vujačić and Petrovic - Vujacic，2012）、俄罗斯（Pochinok et al.，2015）等国家的改革已经提供足够多的经验启示。

对于过去几十年的养老保险私有化改革来说，各国最大的问题就是在老龄化背景下，金融系统调整如何与养老金基金化相协同，从而将大量养老金储蓄转化为再生产资本以缓解本国资本紧缺压力，稳定经济增长。其中，这里隐含着两个递进关系：一是各国经济系统的资本供给水平，这决定了各国资本需求被满足的压力；二是各国金融系统在多大程度上能够将养老金基金化，从而推动养老保险制度改革——对于任何经济体来说，只要没有触及根本的利益关系，任何制度调整都会面临"路径依赖"的制度性因素挑战。表 6-4 的数据已经明显告诉我们，典型 OECD 成员国的资本供给都在迅速下滑，且反映出了两个基本经验特征：第一，英国和美国作为资本市场主导型国家，它们的资本增量水平普遍低于德国、法国这类银行主导型国家；第二，英国和美国相继在 20 世纪七八十年代出现了资本增长的"拐点"，对于德国、法国及日本来说，它们的拐点则是在 90 年代出现，比英美两国普遍晚十多年。

正是因为这样两个现象，决定了各国养老金基金化改革进程。实际上，养老金基金化的改革本质上就是养老金私有化。虽然，图 6-8 展示了 OECD 成员国当前的养老保险制度结构模式的三种"组团"，但从历史角度来说，在过去几十年里，扩大私人养老金的覆盖面几乎是所有国家养老保险制度改革的共同性趋势。按照传统观点，美国、英国的发达资本市场为其私人养老金计划扩展提供了充足的市场条件，而德国、法国等欧洲大陆国家由于资本市场发展相对保守，迫使它们进一步扩大公共养老金计划以满足日益增长的养老金融资需求。但是，为什么同样作为"后来者"国家，加拿大、澳大利亚、瑞士等国家也朝向私人养老金方向迈出了"一大步"，瑞典、丹麦这些国家却仍然比较保守？为什么韩国、以色列等新兴国家却仍然朝向了扩大公共养老金计划方向前进，智利却大幅度地转向了私人养老金方向？显然，这些问题并不能简单地归结于各类福利模式决定下的养老保险制度改革路径依赖，相反，找到养老金可持续融资的各种方法将是理解各国养老保险制度改革进程差异的关键。

1. "领先者"国家模式

对于美国和英国来说，养老金私有化改革促进国民储蓄水平提高早已被大量研究证实（Schieber and Shoven，1997；Disney et al.，2001；Bosworth and Burtless，2004；郑秉文和胡云超，2004），但它们的改革方案并非普遍适用于其他国家，因为对养老保险制度改革经验的借鉴必须重视国别之间初始条件和转轨选择的差异。两个国家之所以在养老金私有化改革方面起步领先于其他国家，其中的重要原因是：一方面，在于经济系统的资本增量更早出现拐点，持续下滑的资本增长让它们意识到老龄化导致越来越多的资本作为养老金支付，将影响到宏观经济的健康运行。表 6-4 的经验数据表明，20 世纪七八十年代，美国、英国已经相继出现了资本增量的下滑，而这比欧洲大陆国家要提前至少十几年的时间。另一方面，私人非政府机构对两国的养老金私有化改革与实现社会目标发挥了重要作用（德鲁克，2009），这种逐步形成的制度文化在家庭和公司选择养老金福利关系方面扮演着重要角色（William et al.，2007）。

前文已经提到，英国、美国作为工业化进程中的领先者，它们的工业资本积累是来自于贸易和公司治理的创新，而非银行①和政府（及其管理的银行），所以，当它们在工业化进程中面临着由于人口老龄化带来的资本紧缺压力时，首选方案便是依靠非政府机构途径来应对。当然，这也与两个国家贯彻的福利思想有关。在美国，二战后持续的经济增长繁荣所创造的财富积累和经济福利（如工资水平）远高于欧洲，使得美国居民甚至是劳工组织领袖抗拒欧洲模式的社会保险方案（Goldin and Margo，1992）。特别是六七十年代政府机构在卫生保健领域的低效率表现，使得人们更加坚定地相信非政府机构或市场作用。同样，英国的公共卫生保健治理在当时也相当混乱。这种社会态度几乎决定了居民和企业普遍选择非政府机构而非政府垄断机构的养老金储蓄和投资方案。当然，这种非政府机构并非意味着养老金基金是无限分散的，恰好相反，随着两个国家的改革，越来越多的养老金基金需要更多的大型机构作为金融中心来从事相关工作。

2. "后来者" 国家模式

对于德国、法国等欧洲国家及日本、加拿大等国家来说，它们作为工业化进程中的"后来者"，银行在它们的金融系统中发挥主导作用已经根深蒂固，这就决定了它们的金融系统在应对老龄化所带来的资本紧缺挑战与协同养老保险制度改革方面，与美国和英国有着显著区别。八九十年代，养老保险制度改革的次要目标是谋求资本市场的发展。从比较历史的视角来看，80 年代之前，伴随着"去工业化"、对外贸易扩张、商业国际化，各国资本与原材料基础相分离，不受本国劳动组织约束的银行资本力量在资本、政府和工会的谈判中日益强大（安德森，2010），从国际市场获得源源不断的经济福利，保障了各国传统的社会转移支付和养老金支付，从而巩固了社会保险模式下的公共养老金支柱。然而，这种繁荣在 20 世纪 80 年代中期就开始发生了变化。经济增长的放缓和劳动力市场工资谈判约束放松，高成本使得这些国家对外贸易失去了部分竞争力，加之金融市场的放松管制冲击了资产价值的稳定性，大量银行破产，银行资本力量的削弱

---

① 例如，英国彼时的银行功能并不像欧洲大陆国家，或者说当前的银行因为当时主要聚焦在短期资本融通服务方面，这就导致银行和为长期投资的融资需求之间产生了鸿沟，所以，在那个时候的银行并不能在解决生产资本紧缺方面带来多大的帮助；同样，它也难以满足作为长期储蓄的养老金需求。

为资本市场扩张提供了空间。

虽然，资本紧缺是解释英国、美国、德国、法国等"后来者"国家养老金基金化改革进程的重要制度性因素，但关于"后来者"各国进程的差异，还需要进一步引入另外的因素帮助理解。本书认为，至少有以下两个方面值得重视，且在很大程度上决定了后来的欧洲大陆国家、斯堪的纳维亚及加拿大、澳大利亚等国家之间在养老金基金化进程中的分化。

第一，欧洲福利制度传统所贯彻的"收入保护"和"劳动力供给减少"策略（安德森，2010），一旦经济增长下滑，公共预算将极大膨胀，要求扩大财政融资规模和渠道。对于经济体量较小的斯堪的纳维亚国家来说，寻求资本市场的融资成为必然选择①；另外，放松金融市场管制进一步地削弱了银行资本力量。相反，对于德国、法国、意大利这类规模体量较大的欧洲大陆国家来说，实力雄厚的银行资本力量对本国金融市场的影响更深，20世纪最后20年，其银行资本力量的扩张幅度远大于资本市场，且从国别比较来看，也明显大于瑞典和丹麦（见表6-6）。

表6-6　典型欧洲大陆国家银行与市场金融结构变化

1980 年	德国	法国	意大利	瑞典	丹麦
私人部门银行贷款/GDP	0.864	0.731	0.555	0.415	0.244
存款/GDP	0.564	0.679	0.676	0.510	0.276
股票市值/GDP	0.090	0.090	0.070	0.110	0.090
股票发行/固定资本	0.010	0.060	0.040	0.000	0.010
银行资产/GDP	1.03	0.76	1.16	1.84	1.76
2000 年	德国	法国	意大利	瑞典	丹麦
私人部门银行贷款/GDP	1.207	0.864	0.770	0.457	——
存款/GDP	0.925	0.636	0.514	0.391	——

---

① 对于欧洲国家来说，它们所贯彻的收入保护的传统福利思想要求它们对通货膨胀的管理是非常审慎的，所以通过增加货币发行来应对政府日益扩张的社会转移支付压力是不可行的。那么，在经济增长放缓和人口老龄化压力背景下，缓解资本紧张的重要措施就是要增加资本的流动性。对于德国、法国等银行资本力量强势的国家来说，开发证券化等银行业务成为重要手段，且进一步强化了银行在金融体系的主导力量；对于瑞典、丹麦等斯堪的纳维亚国家来说，20世纪七八十年代商业国际化转型使它们在国际上受到资本市场的影响更深，所以扩张资本市场成为它们同时保障海外商业资产与缓解本国资本紧缩压力双重目标的重要手段。

续表

2000 年	德国	法国	意大利	瑞典	丹麦
股票市值/GDP	0.668	1.087	0.703	1.476	0.686
股票发行/固定资本	0.065	0.145	0.041	0.289	0.192
银行资产/GDP	3.94	7.32	3.11	—	—

资料来源：笔者根据相关资料整理。

第二，如果说瑞典、丹麦等国家相较于德国、法国等国家，伴随着资本市场的发展，其养老金基金化进一步推动了它们的私人养老金计划扩张，那么，对于同样是"后来者"的澳大利亚、加拿大等国家，它们在私有化方向上迈出了更大的步伐，一个显著的差异是，它们在工业化进程中同样是以银行主导的金融体系为支撑，但在国家福利思想上却在 20 世纪七八十年代转向了盎格鲁-美国自由主义模式（安德森，2010）。例如，在加拿大对金融市场或银行财务的稳健性监管明显比美国严格（杨令侠，2009），但同时由于地缘因素，受美国金融市场和模式的影响，证券化改革起步较早，释放了银行的资产负债表，让它们能够更好地管理风险并进一步扩大放贷（Bebczu R. and Musalem，2009），这为养老金基金化的改革创造了更加优渥的条件。当然，资本市场的发展绝不仅仅取决于养老金基金化的改革，并且指望养老金迅速改变以银行为中心的经济体的资本市场是一厢情愿的想法。表6-4 中的经验数据表明，在经历了 20 世纪八九十年代的养老金基金化改革后，加拿大、澳大利亚的资本增量在 21 世纪确实有所改善。

3. 新兴国家模式

从现代金融体系演进过程来看，越是"后来"的国家，影响它们的金融体系结构模式的核心要素就越多元化，这对与金融市场密切关联的养老金基金化改革产生了深刻影响。让我们再回到图 6-8 中，由于受到经济发展水平和人口老龄化程度的影响，这些国家的养老金支出规模总体上还不大，但从过去 30 年的演进路径来看，它们绝大多数朝向了扩张公共养老金计划的方向发展。显然，这些国家来自中欧、东欧、东亚及拉丁美洲，试图在这些复杂国情背景下找到一些关于这些国家养老金基金化改革的共同性规律是非常困难的。但是，对于这些新兴国家来说，它们的金融系统以银行为主导是其共同特征，加之对外开放程度不及发达国家，所以养老金基金化对金融工具的需求，特别是公司股票和债券的供应，是否会存在过度性？至少到目前为止，这些仍然是难以回避的潜在问题，从表6-4 中可以看到，韩国、以色列等新兴国家的资本增量"拐点"在进入 21 世纪后才陆续出现。

自 20 世纪 90 年代开始，在新兴国家福利制度的结构性调整进程中，社会和政治力量之间的平衡已经明显地转移到资本方面（安德森，2010），但在此之前，它们可能存在一些共同性趋势。第一，深刻地受到新自由主义思潮的渗透，特别是在拉丁美洲，多数国家的转型都伴随着政治改革的震荡。第二，在不断融入世界资本主义阵营之中，受益于发达国家产业转移，各国经济增长迅速腾飞，如韩国在 20 世纪 60 年代中期至 80 年代末，GDP 增长了 100 多倍；智利经济在经历财政、汇率、贸易及企业改革后，其增长从 80 年代后半期迅速回升。第三，福利制度改革不再是纯粹地为"福利"而改革，而是与资本市场、劳动力市场、非正规经济等多方改革一起，确立了为经济增长和经济激励而改革的目标。总体上，这些方面越来越强调国家或政府的作用。虽然，新自由主义强调市场决定的、私人的、个人主义的治理模式，但是没有任何一个国家的转型离开了政府的主导性作用，特别是面对财政严重失衡（智利）、产业转型需求（韩国），其改革本身也是政府的自我拯救和发展。

当然，新兴国家在养老保险制度改革路径上的分化也是显而易见的。例如，智利在 20 世纪 80 年代初陷入金融体系的破产危机，一方面，政府迅速接管了银行和其他金融机构，并在危机化解之后，大量地推进了银行和企业的私有化改制，以迎合国家自由市场经济的"标榜"；另一方面，放松金融管制和接受国际货币基金组织帮助，对养老保险制度实行资本化，虽然减轻了政府养老金支出责任，但昂贵的管理费用和高度集中化的基金管理模式①（Bosworth and Burtless, 1994），也潜藏着智利养老金私有化改革的风险。在韩国，养老金基金化的改革环境则要宽松许多。包括韩国在内的东亚发展型国家，其金融制度是一个严格规制的、非自由的金融部分，是根据政府选定的战略产业发放优惠贷款。虽然，韩国和智利一样选择自由市场经济道路，但不同的是，在"儒家文化"的国家制度集权文化背景下，东亚国家和地区的政府对资本价格、资本流向，甚至金融机构的信贷决策，都有很大程度的干预。实际上，韩国的养老金基金化改革经验并不如上述其他国家那么丰富，但可以肯定的是，它作为"后来"的新兴国家的经验表明，国家意志对养老金基金化的改革也可以发挥着主导作用。

---

① 比如 1991 年智利三家养老基金管理公司控制了所有养老资金存量的 68%，且管理成本达到 GDP 的 4%~5%。

（三）养老金基金化改革的阶段性过程

笔者对 OECD 国家的养老金基金化改革模式进行审慎分析后认为，在过去半个多世纪里，各国养老金基金化改革无一例外地嵌入在经济社会的改革变迁之中，共同塑造了一个特色鲜明的养老金基金化演进的阶段性过程。根据前文分析可知，越是"后来"的国家，影响它们改革的核心要素将更加多元。对于领先国家来说，它们是基金化改革的创新者，但这并不意味着它们的经验普遍适用于后来者国家，良好的资本市场环境是它们最先通过养老金基金化促进私有化改革的先决条件。对于"后来者"国家来说，在确定基金化改革目标后，金融体系调整与福利思想转轨的协同，成为决定它们改革成败的重要因素。对于新兴国家来说，事情可能就要复杂得多。国家经济增长、社会态度乃至政治稳定等因素，在一些国家甚至已经超过了金融体系的先决性作用。本章试图将养老金基金化的过程视为一个图解式的阶段性过程的做法，本质上与各种"制定阶段"的做法是不同的，但它们的共同特征是假定所有的养老金改革都是沿着基金化的道路前进，并规则地通过同样的单个阶段。图 6-9 中展示了这种阶段性过程关系。

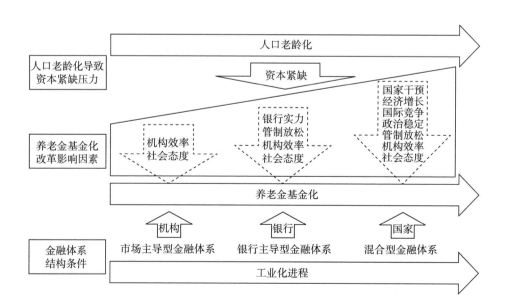

图 6-9　养老金基金化改革阶段性过程

资料来源：笔者整理。

此处，我们并非刻意地将各国养老金基金化进程按照时间顺序进行排序，而是希望从这种历史进程在国别之间发生的时序中，找到关于朝向基金化方向改革时，一些核心要素在不同阶段所发挥的重要作用。首先，老龄化带来的资本紧缺压力是决定基金化改革的根本动因。这一点本书在前文中已经讨论过，此处不作赘述。其次，养老金基金化与现代金融体系的演进过程休戚相关。表6-7中展示了不同国家在工业化初始阶段，由资本供给来源方面决定的现存金融体系关系。总体上，自20世纪四五十年代资本市场在美国蓬勃发展以来，它所创造的资本效率和对经济增长的促进作用，以及过于单一的银行主导型金融体系所暴露的一些缺陷，使得努力建成良好的资本市场成为现代全球金融发展的一致性趋势[①]。最后，影响养老金基金化改革必然性的要素又在某种程度上被关于一个国家的经济、社会、政治等方面所面对的选择所支配，最终发现越是"后来"的国家，决定它们养老金基金化进程的因素越是复杂多元。

表6-7　现代金融体系演进的阶段性过程

阶段	领先国家	"后来者"国家	新兴国家
第一阶段	公司	银行	国家
第二阶段	—	公司	银行
第三阶段	—	—	公司

资料来源：笔者整理。

当然，一个国家在它们推进养老金基金化改革之前越是"落后"，那么它的改革进程就越有可能呈现出一种复杂的图景，从而提供了一种与之前时期相比，令人好奇的反差。相反，在那些"领先"国家，它们在养老金基金化改革之前，其极为丰富的经济社会条件和历史进程，又使得它们的改革表现为一种相对简单和直接的过程。事实上，本书将英国和美国摆在养老金基金化改革的最前端，或者说把它们所具备的经济金融条件和社会条件视为先决条件的中心位置，不免有一些人为的决定性。然而，这种认识过程的人为性，在本章的论述中逐步地被证实是合理的。这些经验事实给我国的启示是非常重要的。至少，当我们将所有焦

---

① 当然，资本市场规模扩张并不意味着商业银行规模的绝对紧缩，两者应该是在金融体系之中的一种相对变化。宋清华（2001）等学者均一致认为，资本市场和商业银行是互为"后备"，是在适应各国重大战略和经济社会发展进程中的一种持续的结构调整和关系优化。

点聚焦在那些遥不可及的领先国家时，似乎也应该把注意力适当转移到随着"落后"程度增加而积累的困难和障碍上面，这些经验往往是由那些"后来者"国家提供①。这种研究将特别涉及关于不同国家在经济、社会、文化、技术进步的创新步伐，以及与养老金基金化或私有化改革之间所产生的关系。

三、本章小结

当前，我国养老金基金化水平并不高，这不仅是受限于国家金融体系结构模式，特别是资本市场发展水平不高的约束，更重要的是，由于过去几十年我国良好的资本供给趋势，使得养老金基金化缺乏改革的根本性动力。2010 年以来，我国资本增量趋势迅速下滑，持续增强的资本紧缺压力使得推进养老金基金化改革迫在眉睫。一方面，养老金基金化与各国金融体系结构模式休戚相关，良好的资本市场是养老金基金化改革的重要条件，养老金基金化必须与资本供给模式相适应，如果缺乏对金融融资模式的审慎研究，而试图推进养老金基金化的改革，无疑都是一厢情愿。另一方面，经济建设的资本供需矛盾是决定养老金基金化改革进程的先决条件，而人口老龄化所导致的资本供给紧缺压力极有可能带来再生产资本的减少，这就要求我国养老金基金化改革必须推进养老金储蓄保值增值与缓解资本紧缺压力的政策目标协同。

先行国家的实践经验值得总结。第一，在人口老龄化与经济增长放缓时代，越来越多的资产作为养老金储蓄，并转化为支付给退休老年人的养老金消费，从而加剧了再生产投资的资本紧缺。由此，各国如何应对这种资本紧缺挑战的方式，是决定它们养老保险制度演进路径的一个重要的制度性因素。在具体的进程中，所依托的各国不同的金融体系结构，以及金融体系演进的阶段性过程与养老保险制度改革的历史性耦合，嵌入了各个国家经济社会变迁进程。第二，对于

---

① 梳理那些"后来者"或者是新兴国家的经验，对于推动我国养老保险制度协同治理是非常重要的，因为越是后来的国家，它们的养老保险制度改革所面临的内外部因素更加复杂，正是在这种复杂的体系之中，更能够把握一些重要因素之间的关系，从而为我国养老保险制度的改革治理路径提供启发。然而，当前的事实可能恰好相反，绝大多数学者将目标聚焦在领先的国家经验上，却忽视了很多因素实际上是在"过程"之中形成的，甚至是以一些根本无法预测的东西为前提，但谁又能保证我国的改革进程中不会面临那些"后来者"国家的挑战呢？

"领先者"国家来说,它们是基金化改革的创新者,但这并不意味着它们的经验普遍适合于"后来者"国家,良好的资本市场环境是它们最先通过养老金基金化促进私有化改革的先决条件。对于"后来者"国家来说,在确定基金化改革目标后,金融体系调整与福利思想转轨的协同,成为决定它们改革成败的重要因素。对于新兴国家来说,事情可能就要复杂得多,国家经济增长、社会态度乃至政治稳定等因素,在一些国家甚至已经超过了金融体系的先决性作用。

第七章　多层次养老保险制度协同治理的国际经验

当前，随着我国养老保险制度的发展深化，深层次的本土"社会-文化"系统与制度性因素对改革起着越来越重要的作用，但对国际经验的借鉴吸收仍然是理论和实践创新的重要方法论基础。从第六章的经验分析中可知，在任何制度演进的趋势中，领先者国家的经验固然值得学习借鉴，但同时越是后来的国家，决定它们制度转型和改革的因素也更加复杂多元。所以，对国际经验的梳理和对这些侧面的一些关键因素进行考察和甄别，无疑是促进我国多层次养老保险制度协同治理路径优化的重要研究工作。鉴于此，本章的主要任务就是围绕前文三个典型的经验问题——如何通过基本养老保险与个人养老金制度的相互作用以提高风险缓解效率、如何推动商业养老保险扩面、如何促进养老金基金化发展，选取典型 OECD 国家的改革治理经验进行比较研究。

一、风险缓解的经验：加拿大、丹麦、荷兰与瑞典

当前，各国的养老保险制度结构及特征虽然存在差异，但力图使公共与私人养老保险层次的相互关系变得更加密切，以提高缓解基金财务可持续压力和老年人的养老金待遇充足性风险的效率，是各国政府改革治理的共同政策取向。在这方面，加拿大、丹麦、荷兰与瑞典的经验值得借鉴。它们以指数化、边际税率、收入审查、效率与公平的权衡等几个关键要素，架构起了多层次体系的养老金计划的相互作用机制。这些经验表明，在提升整个养老保险制度的风险缓解效率与

激励方面，需要立足各国劳动力市场环境、经济发展水平及养老保障体系的整体制度安排。面向未来，促进我国多层次养老保险制度协同治理，要权衡好风险缓解目标和激励效能的关系，要通过构建合理的各个层次之间的转续衔接通道，而不是以牺牲制度的激励效能为代价。

（一）四个国家多层次养老金体系结构

1. 第一层次

加拿大、丹麦、荷兰[①]与瑞典的第一层次都侧重于基本保护和提供由其他养老金补充的最低养老金收入（见表7-1）。其中，加拿大对低收入者会提供基于收入审查的补充养老金；丹麦的做法类似，但所提供的补充养老金覆盖率更高，即90%的养老金领取者享受此待遇（OECD，2018）。另外，加拿大和丹麦两个国家对获得补充养老金的职工提供了税收方面的优惠，且随着收入水平的提高，享受税收优惠的程度会减少，这充分体现了该层次的再分配调节功能。在荷兰，虽然没有采取基于收入审查的补充养老金，但也在固定缴费过程中提供了税收优惠。瑞典实施的是固定名义缴款（NDC）模式，并设置了一个法定个人账户计划作为补充。同时，和其他三国一样，瑞典也设置了针对低收入养老金领取者的大规模福利计划（Sørensen et al.，2016）。

表7-1 加拿大、丹麦、荷兰与瑞典的多层次养老保险制度结构

层次及特殊税收规定	加拿大	丹麦	荷兰	瑞典
第一层次	老年保障养老金（OAS）：现收现付制，一般税收资助。 保证收入补充养老金（GIS）：家计调查的补充养老金	国家资助的基本养老金：现收现付制；税收资助；家计调查的补充养老金；经济状况调查的补充养老金。 终身养老金（ATP）：固定缴款的资助法定、集体的DC计划	国家养老金（AOW）：通用统一养老金福利；现收现付制；一般税收资助。 终身养老金（AIO）：保障低收入养老金领取者的最低收入的补充	收入养老金：法定、缴费与收入相关的养老金；PAYG在NDC基础上融资。 高级养老金：法定、个人供资养老金设置缴款上限

---

① 荷兰基本养老金提供了特定缴款，但缴费与资格之间没有联系，因为供款是一种专项税款。

续表

层次及特殊税收规定	加拿大	丹麦	荷兰	瑞典
第二层次	加拿大养老金计划（CPP）/魁北克养老金（QPP）：法定、公共、强制性DB养老金设置缴款和养老金待遇	劳动者养老金：集体协议设置；强制性集体DC计划；低收入职工缴费率为12%，高收入职工缴费率为18%~20%	职业养老金：设立集体协议；强制性集体DB计划；一些雇主提供DC计划	职业养老金：设立集体协议；强制性集体DB计划和DC计划
第三层次	注册养老金计划：雇主提供集体DB计划或DC计划。 注册退休激励计划：自愿的个人DC计划	自愿DC计划	自愿DC计划	自愿DC计划
养老金领取者的特殊税收规定	养老金领取者的特殊税收抵免随着收入超过某个阈值而减少；GIS养老金免税；对高收入人员收回税收抵免	需缴纳所得税但免征劳动力市场税（工资所得税）	降低养老金领取者第一和第二收入等级的税率；抵免低收入养老金领取者的额外税收	增加养老金领取者的个人津贴；税收抵免应随收入增加而减少；为低收入养老金领取者提供特殊收入相关的津贴

资料来源：笔者整理。

2. 第二层次

在第二层次，丹麦、瑞典与荷兰都通过集体协议模式，建立了广覆盖的强制性职业养老金计划。但是，这种模式很难在其他国家得到推广，这主要是因为这些国家特殊的劳动力市场环境。例如，加拿大的职业年金尽管在公共部门实现广覆盖，但在私营部门非常有限（Muscat，2013）。从替代率来看，这三个国家的第二层次承担了整个养老金体系的主要替代率目标，并且和第一层次之间通过集体协议中规定的关于两个层次的替代率关系，实现了两者的互补。从供款来看，丹麦低收入职工的缴费率为12%，高收入职工的缴费率为18%~20%。荷兰的缴费率类似，但在DB计划中，缴费和养老金收入之间的关联性较弱。值得注意的是，加拿大的职业养老金计划是公共缴费，CPP和QPP在部分资助的DB基础上提供与收入相关的养老金。

3. 第三层次

在第三层次，四个国家都实行了自愿 DC 计划。加拿大、丹麦、荷兰的多层次养老保险制度不仅结合了公共和私人养老金体系的不同融资模式，还结合了权责发生制的原则，使得各层次形成了风险分担和相互支持的关系，在第二、第三层次没有积累起足够养老金的职工，会在第一层次的补充养老金或税收优惠中得到补偿。作为两个极端之一，瑞典旨在强化所有层次的缴费与养老金待遇之间的关联性，即通过现收现付的融资模式与 DC 计划的权责发生制相融合（Barr, 2013）；也正因为如此，瑞典的养老金体系再分配功能相对较弱。相反，丹麦为那些没有积累足够私人养老金的职工，提供了慷慨的非缴费型公共福利。加拿大和荷兰居于中间，它们在第一层次中的 GIS 和 AIO 中结合了瑞典和丹麦的方法。

（二）风险缓解、层次互动与激励制度

通过上述分析可知，各国养老保险制度改革的一个重要目的是加强各层次之间的互补性。过去 10 多年里，加拿大、丹麦、荷兰与瑞典的保险制度逐步转向基于市场利率的保险和没有担保的储蓄制度，这对提供更富有弹性和稳定性的替代策略（即充足性、可预测性和长期收入稳定性）的需求变得更加密切。实际上，鉴于各国多层次养老保险制度设计的目标复杂性，几乎很难建成一个没有任何扭曲的制度体系。面对各国风险，任何缓解机制都有可能牺牲激励效能，反之亦然。例如，一旦向职工提供了最低养老金保障，他们可能就不需要在整个工作周期参与到劳动力市场中，从而减弱了就业激励。因此，如何通过各层次之间的相互作用来协调好激励与风险缓解的关系变得非常重要。

1. 指数化

第一个核心要素是指数化。就四个国家来说，如果目标是减少风险对职工养老金财富的影响，则丹麦的方法更加有效，因为其第一层次公共养老金的慷慨程度最大；如果是强调激励，则瑞典的方法可能会更好，更加强调与缴费关联。不过，这些国家的多层次养老保险制度绩效还取决于一个重要方面——指数化[1]。

---

[1]　加拿大追踪通货膨胀，丹麦追踪工资，荷兰追踪最低工资，瑞典则将福利与预期寿命相联系，并追踪整体经济发展（主要是价格和就业）（Settergren, 2007）。

例如，加拿大和荷兰的 DB 计划，指数化越来越得到严格保证或软约束，并且涉及代际分配的要素。其中，追踪价格或通货膨胀的方法，往往会导致低收入职工越来越难以分享社会发展的总福利，随着时间的推移，这种做法会导致更大的相对收入差异；当然，这种方法的实施必然会与其他保护低收入者的方法相关联（Whitehouse et al. , 2009）。追踪工资的方法，则可能会增加私人养老金财富积累的不确定性。总之，各层次之间的指数化实践，对收入分配、制度整体弹性等产生着越来越重要的作用。

2. 边际税率

第二个核心要素是对养老金征收及减免的隐含边际税率（Implicit Marginal Tax Rates），即养老金收入需要缴纳的所得税。通常，边际税率不同于一般平均税率：前者侧重于激励，后者侧重于分配调节。高边际税率意味着较高的养老金总收入对净收入的影响会降低，但职工参加工作的动力会减弱。根据 Sørensen 等（2016）的比较研究可知，四个国家的隐含边际税率存在较大差异。例如，荷兰隐含边际税是通过对低收入养老金领取者的特殊税收抵免产生的，在收入水平略低于平均工资的情况下，这种税收抵免可以产生超过 100% 的隐含边际税率。同样，这类隐含边际税率在加拿大和瑞典都非常高，但是，在丹麦这个税率相对较低，且所影响的收入弹性更大。各个国家的风险和激励差异的根源在于各国多层次养老保险制度的整体设计。

3. 收入审查

第三个核心要素是收入审查（Income Test）。这个要素在丹麦的养老保险制度体系中尤为重要。特别地，丹麦的基本养老金供款与职工收入的关系薄弱，主要是基于收入审查，所以它们的养老金收入主要来自于 DC 模式的私人养老金计划。这种模式一定程度上压缩了养老保险制度的再分配功能，但在缓解金融风险或商业周期方面表现更好，对个人养老金替代率起着稳定器作用——较高的私人养老金替代率将导致较低的公共养老金替代率。这种模式的目标是帮助当前劳动力市场活跃的一代人进行风险分担，放弃了代际转移——私人养老金计划倾向于在参保者的个人缴款和权责之间建立明确关系，所以，更加强调各层次养老金体系之间的互补作用。相比较而言，荷兰的 DB 模式①的私人养老金计划，是通过

---

① 在荷兰的多层次养老保险制度中，优先考虑的是替代率，而减弱了个人缴款和养老金福利权利之间的明确关系。

时间推移来分散各类风险冲击，并通过代际转移来缓解，即代际公平会随着时间推移而逐步恢复。

4. 效率与公平

第四个核心要素是效率与公平之间的权衡，这一点对低收入养老金领取者尤为重要。在丹麦，通过收入审查的养老金补助、不同津贴和累进税进行再分配，一定程度上提高了收入分配的公平性，但同时削弱了对劳动者参与第二、第三层次养老金计划的激励。虽然，四个国家的第二层次养老金计划都是强制性或准强制性的，但如果激励措施受到质疑，职工仍然会存在退出的风险。对于自愿 DC 计划的第三层次来说，高隐含边际税率可能会进一步削弱职工工作动机（French and Jones，2012）。在加拿大，由于收入审查和税收抵免并不大，强制性养老金收入使得职工的收入超出了收入审查范围，所以强制参与第二层次可能会减少参加第三层次的阻力（Wilson，2010），因为职工需要积累更多的养老金财富。总之，为了确保养老保险制度的稳定性和富有弹性，需要将风险缓解和互补功能作为养老金系统的一个重要组成部分。

（三）通过层次互动提升风险缓解效率

通过对加拿大、丹麦、荷兰及瑞典多层次养老保险制度的分析，可以得出如下规律：第一，层次之间的互助作用的最大受益者是广大中低收入职工，否则他们的养老金财富将会大大缩水。第二，各层次的养老金计划，包括基本养老金制度、DB 或 DC 模式的设计，都有其特定的好处和挑战。第三，风险缓解是以激励为代价，各国的风险缓解措施可能会带来更高的隐含边际税率，从而对就业产生不良影响，这就需要各国根据具体国情进行权衡。第四，强制性或准强制性的第二层次养老金计划限制了高隐含边际税率对职工养老金储蓄的影响；当然，这很大程度上也取决于激励举措。第五，过度强调激励可能会导致严重后果（Barr and Diamond，2008），缓解风险对于退休时的收入安全和稳定以及退休后的收入分配很重要。

当前，国际改革趋势是壮大私人养老金计划的覆盖面，并逐步减小公共养老金的慷慨，因此，与私人养老金相关的风险和不确定性变得更加值得关注，从而引发了关于公共与私人养老金之间的责任划分，以及通过它们的相互作用来降低此类风险的挑战。劳动力市场变化更加强调短期就业和其他形式的非标准就业，进一步加剧了这些担忧。如何设计缓解风险的措施，以及如何在缓解风险与激励措施之间取得平衡，会因为各国劳动力市场环境、经济发展水平、养老保障体系整体设计等差异而非常丰富多样，从而也会影响到多层次养老金体系之间的互动关系的实现路径。如果将多层次养老保险制度改革目标划分为两个维度——激励与风险缓解，那么，促成这两个目标的方略是提高缓解风险的效率，而不是牺牲制度安排的激励效能——提高层次之间相互作用效率是关键之一。

二、税收优惠的经验：德国、美国与日本

第五章的经验研究结论证实，当前我国劳动力市场的工资增长压力是抑制我国商业养老保险扩面的重要因素，这并不利于国家个人养老金制度的建设。本部分中，通过对德国里斯特计划、美国个人养老金账户（IRA）、日本个人定额供款养老金计划（iDeCo）和个人储蓄账户计划（NISA）的成功经验分析表明，它们的税收优惠的激励强度基本上都是高于劳动力市场的工资收入增长压力，相反，我国的激励强度却尚不能补偿这些压力。当然，丰富多元的养老金账户和转续衔接通道，以满足不同层次、不同群体及不同需求的居民需求，也是他们成功的经验。总体上，典型 OECD 成员国对商业养老保险扩面的支持措施，包括税优安排、财政补贴、灵活账户设计等，这些经验值得我们借鉴。

（一）德国：慷慨的财政补贴补偿了收入增长压力

德国里斯特计划自 2002 年正式实施，其发展经验值得我们总结。虽然，该计划出于对财政成本的考虑，至今没有引入强制性资助，并且也存在很多不足之处，时至今日其改革进程仍未停止（Börsch-Supan et al., 2016；Geyer et al., 2021）。但是，该计划提供的财政补贴是慷慨的，这对其扩面产生了积极影响。一方面，财政补贴由基础补贴和子女补贴构成，表 7-2 展示了各年度补贴增长情况：2008 年之后基础补贴为每人 154 欧元，2018 年提升至 175 欧元；子女补贴为每人 185 欧元（不超过 300 欧元）。以 2018 年为例，国家为参与里斯特计划的 1100 万人提供了近 40 亿欧元的资助（Polakowski, 2018），平均每人享有补贴金

额大致为 364 欧元①；按照 4% 的缴费率，该补贴金额占居民养老金缴费的比重为 28.1%②，占居民工资总额为 0.9%。另一方面，2002~2020 年，德国年度工资增长率维持在 2% 左右，工资增长压力相对缓和，表 7-2 展示了各阶段的工资增长压力水平。总体来看，里斯特计划的财政补贴远超不同时期劳动力市场的工资增长压力，在很大程度上调动了居民参与该计划的积极性。

表 7-2 德国里斯特养老金计划及劳动力市场相关参数

年份	2002~2005	2006~2010	2011~2015	2016~2020
里斯特合同增长率	0.32	0.21	0.032	—
工资增长率	0.016	0.016	0.029	0.022
工资增长压力（欧元）	-99	-32	23	-50
年份	2002~2004	2004~2005	2006~2007	2008 年之后
基础补贴（欧元）	38	76	114	154/175*
子女补贴（欧元）	46	92	138	185**

注：*指基础补贴自 2018 年起提升至 175 欧元/人；**指子女补贴最高为 300 欧元。工资收入增长压力计算公式参见第五章的方程变量设置。

资料来源：里斯特合同增长率来自郑秉文《中国养老金发展报告 2015："第三支柱"商业养老保险顶层设计》；工资增长率及其压力根据 OECD 数据库计算。

在我国，2018 年国家出台《关于开展个人税收递延型商业养老保险试点的通知》，试点税优政策遵循 EET 模式，而直接财政补贴尚为空白。以 2018 年为例，在岗职工平均工资为 8.48 万元，每月大致为 7066 元。按照工资薪金 6% 进行抵扣③，每月免税额为 424 元，可以少缴纳的税费大致为 40 元，全年减税总额

---

① 虽然里斯特计划的补贴公平性一直受到挑战，如 2017 年的评估显示，大约 52% 的接受资助的人获得了全额津贴，大约 20% 的人获得的津贴不到 50%。这主要是因为它的补贴锚点是家庭收入，所以会导致收入越高的家庭获得的补贴水平越高，反之越低。但从国家财政补贴所产生的效用来看，我们可以从该效应的平均意义进行考察，所以此将其进行平均化的比较也不失为一个合理处理。

② 根据经济合作与发展组织数据库，2018 年德国平均工资为 42320 欧元。

③ 根据 2018 年出台的《关于开展个人税收递延型商业养老保险试点的通知》（财税〔2018〕22 号），缴费阶段享受的税收优惠包括：对于取得工资薪金、连续性劳务报酬所得的个人，每月可以按照以下值的"孰低法"进行税前扣除，一是每月实际缴费额，二是 1000 元，三是每月工资薪金或劳务报酬收入的 6%；对于个人独资企业投资者、个体工商业主、承包承租经营者和合伙企业自然人合伙人，则可以按照以下值的"孰低法"抵扣，一是实际缴费额，二是 12000 元，三是当年应税收入的 6%。

为 480 元，占工资总额的比重约为 0.6%①，低于德国里斯特计划财政补贴 0.9% 的工资占比。另外，我国居民所面临的工资收入增长压力也呈现出较大波动性（见图 7-1），平均而言在"十二五"时期和"十三五"时期，年均社会平均工资增长压力分别为-693 元和-261 元。

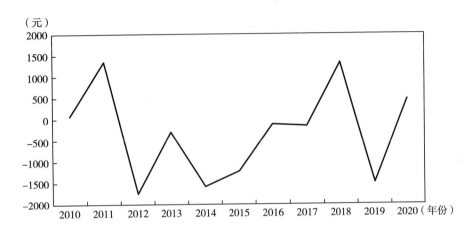

图 7-1 2010～2020 年我国社会平均工资增长压力

资料来源：CEIC 数据库。

总体上，我国税优支持力度还不足以补偿居民面临的工资收入增长压力；且激励举措单一，主要依靠 EET 模式的个税递延，尚缺乏直接补贴支持等举措。当然，税优激励效应的发挥还会受到国家税收政策、劳动力市场趋势等外部因素的影响。例如，我国以间接税为主体的税收体制下，个人所得税本身并不高，加之"减费降税"大趋势下对个税起征点的提升，当前政策设计的税优激励效应还会进一步被压缩。另外，与德国里斯特计划实施背景下的工资增长率相对平稳不同，我国当前的工资增长率下滑趋势持续加剧，这对税优政策补偿居民工资增长压力带来的挑战更大。这些经验启示我们，推动我国商业养老保险制度扩面必须与国家税收政策、劳动力市场趋势协同。

---

① 此处是按照 2018 年个人所得税征收税率表进行的计算，自 2019 年 1 月起个税起征点从 3500 元调整为 5000 元。

（二）美国：多元账户模式满足不同收入层次需求

美国个人养老金账户（IRA）能够良好运营及丰富发展，其关键在于能够适应劳动力市场变化，设计多样化账户为居民面临的不同层次的工资增长压力提供补偿，这值得我们借鉴。自 20 世纪 70 年代成立以来，IRA 为美国 4330 万没有参与到企业年金计划的人口提供了退休储蓄，资产规模占全国养老金总资产的比重达到 30.2%（Rhee and Boivie，2016）。其重要的成功经验之一是，灵活多样的个人退休账户及税优激励设计能够满足劳动力市场上不同收入层次的劳动者需求，并且产品之间还可以有条件地转续衔接（郑秉文，2016）。通常，OECD 国家的个人养老金计划会统筹考虑家庭和个人的收入、婚姻、子女情况，以及医疗、教育、住房等多方面支出压力（Fernández-López et al.，2010）。这些因素也构成了美国 IRA 计划灵活多样的重要划分条件。传统 IRA 和罗斯 IRA 作为两个最具代表性的个人退休账户，其关键区别差异在于前者的税优模式为 EET、后者为 TEE，这为不同收入水平的个人及家庭带来了不同的激励效应。因为，劳动力市场上的不同工资收入群体所面临的工资收入增长压力是不一样的（见表 7-3）。

表 7-3　1995~2019 年美国分年龄段平均工资收入及其增长压力

年份	1995~1999	2000~2004	2005~2009	2010~2014	2015~2019
平均工资增长率	0.03	0.01	0.01	0.01	0.01
18~24 岁工资增长压力（美元）	468	-438	-277	160	454
25~40 岁工资增长压力（美元）	614	-585	-351	462	-140
41~50 岁工资增长压力（美元）	521	-427	-420	285	-171
51~64 岁工资增长压力（美元）	567	-484	-451	275	843

注：按照 2020 年不变价格。

资料来源：笔者根据 OECD 数据库计算。

从美国过去几十年的劳动力市场来看：一方面，二战后"婴儿潮"一代在 2000 年前后陆续进入中年劳动力阶段（55~64 岁），且他们与其他劳动力群体的工资收入差距也呈扩大态势①（见图 7-2）。特别是在 1997 年罗斯 IRA 实施前后，正值劳动力市场工资增长率大幅波动之时，这种趋势一直从 20 世纪 90 年代初延续至 21 世纪头几年。在这种背景下，对于不同工资收入的群体来说，他们面临的增长压力无疑是不同的。另一方面，从个人所得税来看，不同家庭差异巨大，且表现出稳定一致的趋势（见图 7-3）。其中，单身无子女家庭个人所得税率最高，而这部分群体更多的是青年劳动力群体；相反，两对夫妻两孩子家庭个人所得税率次之，一对夫妻两孩子个人所得税率最低，而前者往往是中年劳动力家庭的概率最大，后者则以黄金年龄劳动力家庭最多。那么，对于青年和黄金年龄段劳动力而言，面临较高的个人所得税与较低的工资收入水平，他们对延迟税收的 EET 模式更加青睐；对于即将退休的中年劳动力来说，他们的工资收入较高，且个人及家庭所得税率相对较低，此时选择 TEE 模式更可取（郑秉文，2016）。

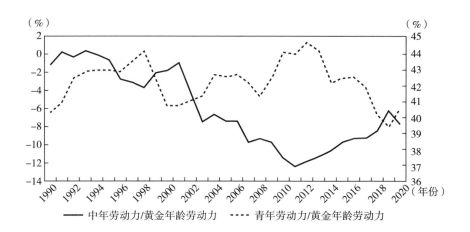

图 7-2 美国劳动力市场不同群体工资中位数比值的年度变化规律

注：中年劳动力年龄为 55~64 岁；黄金年龄劳动力年龄为 25~54 岁；青年劳动力为 15~24 岁；左轴刻度为中年劳动力/黄金年龄劳动力，其负数表示前者比后者多挣的；右轴刻度为青年劳动力/黄金年龄劳动力，其正数表示前者比后者少挣的。

资料来源：根据 OECD 数据库计算。

---

① 虽然，在 2008 年国际金融危机之后经过政府的一系列调整，劳动力市场的这种差异有所收敛，但总体的差异水平仍然居高不下。

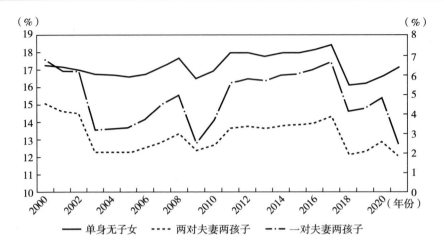

图7-3　美国不同家庭个人所得税税率

注：左轴刻度是单身无子女、两对夫妻两孩子；右轴刻度是一对夫妻两孩子。

资料来源：根据 OECD 数据库计算。

　　根据美国投资公司协会（ICI）关于 2016 年 IRA 运营的调查报告显示，参加传统 IRA 的人均供款为 4000 美元、罗斯 IRA 为 4700 美元；并且，参加 IRA 的年龄段主要在 35 岁及以上，而 35 岁以下占比仅为 15%（见表 7-4），所以实际上更多居民能够享受的税优水平大致在 5%（2000~2020 年平均值）。假设一对夫妻两孩子的黄金年龄段劳动者（25~54 岁）参加了传统 IRA，则他们能够享受的税收优惠大致为 260 美元。那么，基于该群体可能面临的平均工资增长压力，可以判断他们享受的 IRA 税收优惠基本上能够完全或绝大多数地得到补偿。另外，假若两对夫妻两孩子的中年劳动力（50~64 岁）参加的是罗斯 IRA，则向账户最终供款 4700 美元需要缴纳的实际税前缴费为 5402 美元，此时所缴纳的税费大致为 700 美元，但由于他们即将退休，其在缴费阶段的纳税周期将显著短于领取阶段享受税优政策的周期，所以参加罗斯 IRA 的激励效应也是显而易见的。总体上，美国劳动力市场不同群体之间的工资增长压力存在显著差异，但 IRA 的多元化税优设计对不同群体的工资增长压力进行了合理补偿，激励了他们参加该计划。

表7-4 持有 IRA 的居民年龄分布

年龄	35 岁以下	25~44 岁	45~54 岁	54~64 岁	65 岁及以上
占比	0.15	0.17	0.20	0.22	0.26

资料来源：中国证券投资基金业协会．个人退休账户（IRA）在美国家庭退休储蓄中的角色——美国投资公司协会（ICI）2017 年调查报告［R］．2019.

（三）日本："双重压力"下的商业养老保险发展

如果说，德国和美国关于商业养老保险的发展经验与西方社会福利体制的文化根源密不可分，那么与中国同属儒家文化圈的日本，则是东亚社会福利制度模式的代表国家。从比较历史的角度来看，我国当前的经济增长和人口老龄化趋势与日本 20 世纪八九十年代大致相同（见图7-4）。那么，在这样一个相似的趋势背景下，如何更好推进我国商业养老保险发展，日本的经验尤其值得我们借鉴[1]。伴随着人口老龄化持续加剧，日本工资收入的增长率从 90 年代以来持续了长达 20 多年的下滑趋势，直至近几年才出现扭转（见表7-5）。在此期间，日本养老保险制度先后引入个人定额供款养老金计划（iDeCo）[2]和个人储蓄账户计划（NISA）。其中，iDeCo 计划发起于 2001 年，执行 EET 税优模式，截至 2018年的资产规模为 1.62 万亿日元，占 GDP 比重为 0.3%，覆盖人口为 1300 万；NISA 计划发起于 2014 年，执行的税优模式为 TEE，截至 2018 年底的资产规模为15.7 万亿日元，覆盖人口 1309 万（宋凤轩和张泽华，2020）。总体上，日本iDeCo 计划和 NISA 计划取得了一定成功。

与德国和美国相比，日本商业养老保险计划至少有两个方面的独特之处。一是中年劳动力在各项商业养老保险计划中的占比更高。例如，参加 NISA 计划的居民年龄主要分布在 30~60 岁，占比达到44%；且开设 NISA 账户的人群中49%为 60 岁以上群体（宋凤轩和张泽华，2020）。这一比例远超美国 IRA 计划。二是提出了明确的免税期限。虽然德国里斯特计划与美国 IRA 计划的 EET 模式，其免税期均为领取养老金时自动终止，但关于 TEE 模式均未做出投资阶段免税

---

[1] 在商业养老保险发展方面，日本大致经历了三个阶段，即 20 世纪六七十年代的起步阶段、八九十年代的快速发展阶段与 21 世纪以来的稳步发展阶段。

[2] 虽然日本 iDeCo 计划与美国 401k 计划的投资运作流程十分相似，但前者主要由个人发起缴费，后者由企业或雇主发起缴费，所以一些学者仍然将 iDeCo 计划视为第三层次的商业养老保险项目。

期限的规定，而日本 NISA 计划明确了免税期（5 年和 20 年两个标准）。概言之，日本根据本国老龄化程度、金融市场需求、促进劳动力流动等具体国情设计了不同账户（宋凤轩和张泽华，2019），正是这些经验给予了我们更丰富的启示。表 7-6 展示了 iDeCo 计划和 NISA 计划的相关信息。

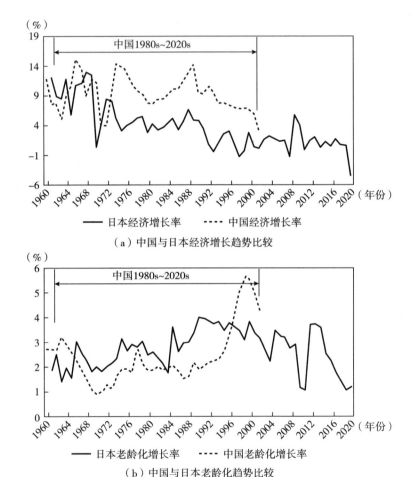

（a）中国与日本经济增长趋势比较

（b）中国与日本老龄化趋势比较

图 7-4　中国与日本经济增长、老龄化趋势比较

注：本图展示的是中国 1980~2020 年的经济及老龄化增长率与日本 20 世纪 60 年代以来的趋势比较。

资料来源：日本数据根据 OECD 数据库计算，中国数据根据《中国统计年鉴 2021》计算。

表 7-5　日本劳动力市场工资收入增长率及其增长压力

年份	1991~1995	1996~2000	2001~2005	2006~2010	2011~2015	2016~2020
老龄化增长率	0.038	0.036	0.030	0.0270	0.030	0.016
工资增长率	0.006	0.002	0.003	−0.004	−0.004	0.007
工资增长压力（日元）	−24769	−6124	17627	−20686	−8061	−8239
个人所得税率	—	—	0.054	0.065	0.075	0.079

注：个人所得税率是以一对夫妻两孩子家庭的税率为例，且在数据库中只公布了 2000 年以来的数据；按照 2020 年不变价格计算。

资料来源：根据 OECD 数据库计算。

表 7-6　iDeCo 计划和 NISA 计划

iDeCo 计划		
投保人类型	职业类型	最高缴费限额
第一类	自雇人员、学生	每月 68000 日元，每年 816000 日元
第二类	未参加企业年金企业雇员	每月 23000 日元，每年 276000 日元
	参加企业 DC 型计划企业雇员	每月 20000 日元，每年 240000 日元
	参加企业 DC 和 DB 型计划企业雇员	每月 12000 日元，每年 144000 日元
	参加 DB 型计划企业雇员	
	公务员	
第三类	家庭主妇	每月 23000 日元，每年 276000 日元
项目类型	免税投资额度	免税期限	投资期
初级 NISA	每年最新投资额为 80 万日元	5 年	2016~2023 年
普通 NISA	每年新增投资额最高为 120 万日元	5 年	2014~2023 年
NSTA	每年新增投资额为 40 万日元	20 年	2018~2037 年

资料来源：宋凤轩，张泽华．日本第三支柱养老金资产运营管理评价及借鉴［J］．社会保障研究，2019（6）：90-99.

　　首先，就 iDeCo 计划的 EET 模式来说，假设参加 DB 型计划的企业雇员按照最高缴费限额缴纳了 144000 日元，那么，按照日本个人所得税率 7.9%，则可享受的税收优惠为 11376 日元，占 2020 年平均工资水平的 0.3%。这一税优水平大于 2016~2020 年居民平均工资增长压力 −8239 日元。当然，对于其他类型居民来说，他们的缴费限额更高，其享受的税收优惠水平自然也就更高。其次，就 NISA 计划的 TEE 模式来说，假设居民参加普通 NISA 计划，且每年投资额为 120

万日元。那么，按照年化收益率 5%（朱文佩和林义，2022），则年度投资收益水平大致为 60000 日元；进一步根据日本资本利得税率 20.315% 来测算，则可享受的免税额为 12189 日元，这一税优水平和 EET 模式的缴费阶段免税水平基本一致，且能够补偿居民所面临的工资增长压力。最后，NSTA 计划虽然每年新增投资额规定为 40 万日元，但它作为一项为期 20 年的长期养老金储蓄投资计划，其可以享受的投资收益免税规模为 800 万日元，所以其可享受的税优总额也并不会低，对居民来说具备良好的长期激励效应。总体上，日本商业养老保险迅速扩面的重要成功，仍然离不开税优激励能够对职工和居民所面临的工资收入增长压力进行补偿的作用效应。

三、私人养老保险发展的经验：英国、日本与韩国

当前，私人养老保险在各国多层次养老保险制度体系中发挥着越来越重要的作用。但由于各国所面临的国内外经济社会条件和制度文化环境的差异，使得它们的私人养老保险扩张"起飞"的时间发生在不同的时代，这也就决定了它们必须采取不同的改革策略以适应国内需求和国际新趋势。在英国，职业养老金计划最先开始发展，起飞于二战后"内嵌式自由主义"盛行和劳动力"去商品化"趋势的背景。在日本，职业养老金计划仍然是私人养老保险的先锋，起飞于 20世纪 70 年代石油危机冲击下的经济增长紧缩时代，并且受到新自由主义和国内产业战略发展影响，实施了低水平"去商品化"策略。在韩国，个人养老金制度的率先发展是由政治经济要素决定，私人养老保险起飞于 20 世纪 90 年代至 21世纪初，是在"生产性福利"扩张与劳动力"再商品化"的趋势下实现的。总体上，这些经验对我国私人养老保险发展具有重要启示意义。

（一）英国：内嵌式自由主义①和"去商品化"

1. 私人养老保险"起飞"

早在 1930 年英国的老龄化水平就达到了 7%，但循序发展的私人养老金并没

---

① "内嵌"的含义是指经济自由嵌入社会共同体的意志之中，成为社会共同体的"共同认知"。

有表现出惊人的爆发力，直到二战后的20世纪50年代，英国职业养老金迎来了一次迅速的扩张（见图7-5），代表着英国私人养老金发展的突飞猛进——起飞①。通常，这时的私人养老金主要以职业养老金为主，其"起飞"原因主要归结于以下几个方面：一是老龄化加剧，到1960年英国老龄化水平已经达到11.7%，公共养老金支出规模迅速扩张增加了财政压力；二是《贝弗里奇报告》（1942年）、《国民保险法案》（1946年）等相继出台，标准化、收入关联、差异化等养老保险规制策略推动了职业养老金扩张；三是劳动组织（工会）的谈判能力提升，是职工社会权利扩张的重要支撑；四是二战时高额税负极大地调动了二战后居民参与私人养老金的积极性，因为私人养老金有可观的税收优惠抵扣；五是二战后英国金本位主义受到冲击，英镑贬值刺激了物价和工资，也间接促进了私人养老金扩张。但是，这些理由尚未触及那个时代核心的政治经济环境与社会结构原因。

二战后经济的繁荣推动了资本主义世界陆续进入"福利国家的黄金时代"。20世纪50年代初期，西欧社会支出占GNP的比重达到20%，而到70年代已经占到1/3，一些国家甚至更多。另一项数据显示，1960~1980年，欧盟社会支出占GDP的规模增加了两倍之多，达到20%以上（Tanzi and Schuknecht，2000）。在英国，1958年保守党颁布《养老金制度白皮书》，主张养老保险制度改革要实现三个目标：保护和鼓励职业养老金发展②；通过补贴来鼓励职工购买与收入关联的职业养老金；国民养老金建立在坚实财政基础上。到20世纪60年代，英国基本形成了由三种养老金计划构成的稳定养老保险制度体系，即同一标准的国民养老金、与收入关联的养老金、私人职业养老金（丁建定，2003）。这一结构直到1973年第一次石油危机爆发，以撒切尔政府的一系列新自由主义政策改革为转折，但在此之前的时间里，英国养老保险制度已经完成了内嵌式自由主义下的"起飞"。

① 根据安德森教授的统计，英国私人养老金规模化发展可以追溯到20世纪30年代，但从增长效率来看，1936~1953年参与私人养老金的人数从160万增加到310万，在长达近20年的时间里，增幅约94%。本书统计中，英国50年代末期至1967年不到10年的时间里，规模人数增幅约100%。所以，毋庸置疑，二战后的五六十年代英国私人养老金所表现出的爆发力是远大于30年代的。另外，从建设福利国家进程来看，二战后西方资本主义国家普遍提出建设福利国家口号，而养老金作为国民福利的重要组成部分，甚至是最大的部分，它的发展将直接决定福利国家目标的实现。所以，将英国私人养老保险"起飞"的时间确定在二战后也有其更加合理的时代背景。
② 在《贝弗里奇报告》中还披露，居民之所以偏好有补贴的、收入关联的养老金计划，而不是从国家免费获得养老金福利支付，是因为家计调查是获得福利的基本前提，而居民普遍反对家计调查。

（百万人）

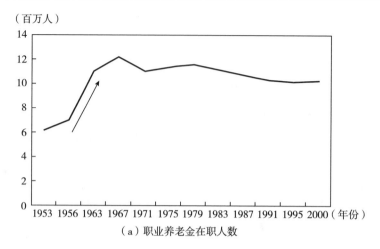

（a）职业养老金在职人数

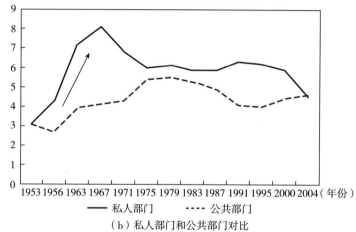

—— 私人部门　　⋯⋯ 公共部门

（b）私人部门和公共部门对比

图7-5　英国职业养老金计划在职人数

资料来源：Levy S，Miller D. The Occupational Pension Schemes Survey 2006［J］. Economic and Labour Market Review，2008，2（1）：38-41.

2. 内嵌式自由主义条件

"内嵌式自由主义"是将自由开放的市场化原则与公平正义的社会保护原则相结合，表现为对内实行自由市场经济政策，对外则建立有保护的自由贸易体系。这几乎是当时福利资本主义国家的共识，从而促成了国际秩序在很长一段时间的相对稳定。第一，得益于全球自由贸易，英国经济增长率在1950~1970年平均为3.3%，略低于同期欧洲4%的水平。在经济增长的良好势头之下，左派势力的政治表现与工会之间的谈判促进了获得补贴的私人养老金规模不断膨胀。第二，政府采取固定汇率制并实施外汇规制，控制了国内外资本的移动，一定程度上保证了国内资本与社会力量（如工会、行业组织）的权利平衡，为社会权利的扩大提供了支撑。第三，英国政府不仅在马歇尔计划的帮助下解决了财政危机，并且对英格兰银行和主要产业国有化，在社会政策领域进行了大刀阔斧的改革，从而平衡了左派势力对社会保护的强力需求，创造了私人养老金扩张的良好政治经济环境。

3. 劳动力"去商品化"趋势

毋庸置疑，包括养老保险制度在内的一系列社会政策构成了社会保护体系，但它们在这一时期所表现出来的一个共同性趋势是"去商品化"。在安德森教授的《福利资本主义的三个世界》中，充分就业被视为福利国家保障居民收入的重要政策工具。在繁荣的二战后经济增长土壤中，就业增长与工资增长相得益彰。一方面，在追求对外开放的同时，国家和居民所面临的风险必须得到某种程度的补偿，此时养老金的去商品化被视为这种补偿的具体表现，即政府通过税收政策支持职工参与私人养老金计划，推动了财政补贴的职业养老金的规模扩张。另一方面，与北欧国家的积极就业政策不同，英国实施"广覆盖、低水平"的社会保护策略，整体上的公共养老金支付水平并不高，这也为职业养老金的发展创造了需求空间。从另一个侧面来看，至少在 20 世纪六七十年代，英国的失业率水平都远高于德国、法国等欧洲大陆国家[①]，一定程度上也表明英国的劳动力去商品化程度可能并不及这些国家，那么在没有慷慨的公共养老金支出的情况下，职工努力获得职业养老金就成了他们主要争取的权益，从而推动了私人养老金的发展壮大。

4. 私人养老保险治理策略

在内嵌式自由主义思潮与"去商品化"的趋势下，英国逐步形成了一套适应经济社会与养老保险制度需求的改革政策框架。从养老金政治经济学来看：一方面，私人养老金福利作为工会和行会政治谈判的一个主要目标，并且为了彰显工会的社会政治力量，它们主导并加强对职业养老金基金的管理运营，不仅吸纳了很多小企业参与到该计划，因此而得到政府支持，还为政治活动（如选举拉

---

① 在 20 世纪 60 年代，英国失业率平均约为 2%，德国（西德）和法国则保持在 1% 以下，70 年代虽然各国失业率都有所上升，但英国 4% 的水平仍然高于其他国家（Drouin, 1987）。

票）创造了条件，巩固了它们的政治谈判话语权。另一方面，税收政策是私人养老金计划扩张的另一个重要先决条件，这就导致财政部门的决策力对私人养老金改革的绝对影响，最终形成私人养老金计划本身的"混合性"① 与养老保险制度（公共与私人）的"混合性"相交织，导致后来英国养老保险制度的异常复杂问题。这也在一定程度上体现了公共机构在私人养老金领域的治理失灵问题（当时的美国也存在类似的情况），从而需要社会和市场力量的补充。

从养老金社会学来看：英国的职业养老金计划正表现出与安德森（2003）所论断的一样，经过谈判和契约形成的私人福利在理论上是可以带来和市场一样的不平等，因为它所关注的主要还是劳动力中处于优势地位的层次，处于低层次或危险境地的职工则可能被边缘化②。显然，这种发展趋势的结果就是，内嵌式自由主义所强调的"个人选择"与私人养老金分层化的"二元现象"的奇怪结合，被当时高速增长的经济效率与"福利国家"口号所包容。第一，在机会层面，英国60年代初建立的国家分级养老金计划与协议退出机制，本质上体现的是职工在国家福利与市场福利之间提供了一个通道，随着普遍提升的市场福利（核心是工资提升），越来越多的职工转移到职业养老金计划。第二，在收入层面，在良好的经济增长趋势和宽松的财政支出下，当时英国的政策导向把私人养老金计划的"保险"属性转化成了"福利"，导致对私人养老金计划实施的规制更多的是出于对养老金待遇水平的考量，在其他方面则贯彻了市场放任态度。只有在协议退出机制实施以及公共与私人养老金的相互关系更加具体后，政府才逐步增加了对私人养老金计划的引导，但其根本的目的仍然是要保证职工福利水平的总体稳定。

综上可知，英国对私人养老金计划的改革策略至少具备三个特征：一是各方力量之间的妥协，二是重视财政支出效能，三是劳动力市场的放任。首先，养老金基金管理者是工会或行会，它既非政府机构又非市场机构，所以当时的私人养老金治理模式也被视为"集体"市场契约。虽然，工会管理加速了传统资本主义体系转向内嵌式自由主义体系，但同时也导致英国的私人养老金计划一开始就

---

① 既要体现公共财政支持所追求的福利国家目标，又要体现自由主义原则下的个人选择，最终导致了当时私人养老金计划更多关注于收益权和轻视了个人责任的规制。

② 在自由主义为核心的社会分层背景下，英国政府表现出来的对私人养老金计划的自由放任态度，随着时间推移，私人养老金计划所导致的两极分化将会持续加剧，特别是牵涉到税收政策的安排，这就可能导致严重的社会保护的公平性问题。

滑向了一种"妥协"的境地。国家与工会分别主导的公共与私人养老金计划，两者既存在补充关系，又具有竞争关系，奠定了英国关于"国家"与"集体"对养老保险制度改革的两股力量关系。从后者来看，1961年实施的"协议退出"机制①可以视为对这种矛盾的调和。其次，在内嵌式自由主义创造的经济高速增长背景下，把英国从物资匮乏的束缚中解放出来，1950～1970年，社会支出增长速度一度超过了经济增长率，这就决定了英国私人养老金发展处于一个"支付型"而非"规制型"②的福利国家体制中，其规制策略更多地偏好于对养老金待遇的保障③，以保障"福利国家"目标的达成。最后，20世纪五六十年代在内嵌式自由主义思潮下，英国对劳动力市场实施自由放任策略（汪建强，2005）。在充分就业和扩张社会权利的趋势下，由于缺乏对劳动力市场的必要干预，导致工资和价格加剧上涨，政府实施通货紧缩策略来调节经济过热，仍然避开了对劳动力市场工资的直接抑制。这一策略的直接后果就是，不仅没有从根本上调节劳动力市场压力，反而强化了国内公共福利分配的不公平问题，这也就强化了20世纪70年代英国养老保险向私有化转型的方向。

（二）日本：经济增长危机与低水平"去商品化"

1. 私人养老保险"起飞"

对于日本来说，作为资本主义福利国家的"后来者"，由于受到不同的政治经济条件与国际环境的影响，其养老保险制度变革模式具有自身的特点。1970年，日本的老龄化水平正式突破7%；1973年被称为"福利元年"，是社会保障制度改革之年（武川正吾，2011），开始实施养老金待遇与物价自动挂钩（高山宪之和王新梅，2018）。在此之前，很多职工参与的是"一次性福利计划"，其主要特征是强调福利确定（DB）与退休一次性总付（即非预付资金）。这就导致在20世纪七八十年代的经济滞胀或紧缩时期，这种制度安排给企业或雇主带来了巨大支付压力，所以他们寻求一个提供退休福利的基金系统（Watanabe，

---

① 1958年，英国提出了建立国家养老金计划与私人养老金计划的相互转续衔接的方案。1961年，英国正式成立"分级养老金"，作为国家养老金计划的补充，同时也建立了"协议退出"机制，要求在满足一定条件的情况下，职工可以退出分级养老金计划而参加职业养老金计划。

② "规制国家"与"给付国家"，前者是指国家通过各种规制活动把国家所追求的价值具体化，后者是指国家通过社会支出来实现国家的价值具体化。

③ 例如，英国职业养老金管理委员会成立初期的一个重要任务就是管理协议退出的职业养老金计划，并确保协议退出的职工的待遇水平不低于收入关联计划。

1994)。1962 年，日本开始启动建立税收优惠支持的税收合格养老金；1966 年，日本建立了另一种私人养老金，即雇员养老金基金[①]。这两项企业养老金基金奠定了日本私人养老金基础。其中，雇员养老金基金计划标志着日本正式迈入养老金基金化发展时代，是日本私人养老金发展的重大突破。图 7-6 显示，在 1970 年前后，该计划迅速扩张——这一现象本书称为日本私人养老保险的"起飞"，且连着 20 世纪 80 年代中后期两个阶段。

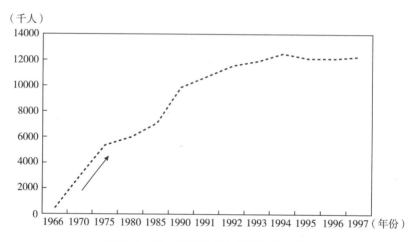

图 7-6　日本雇员养老金基金演进历史

资料来源：笔者根据 Park（2004）的研究成果绘制。

从国际经验来看，在这一时期资本主义国家的私人养老金扩张的大部分原因可以归结于四点：第一，石油危机的冲击终止了福利国家的良好经济增长势头。作为高度依赖外贸出口和能源进口的国家，日本经济在 1974 年首次出现负增长，自此进入了长期低增长时代，导致财政紧缩倒逼政府寻求社会合作来共同承担养老金支付。第二，人口老龄化持续加剧，生育率下降、预期寿命延长等指标助推，冲击了现收现付制养老保险制度的"代际契约"关系，制度赡养率加重劳动力的生产生活负担而制约生产效率提升，寻求更广泛的积累制养老金储蓄模式成为越来越多国家的选择。第三，新自由主义思潮的渗透，打破传统"内嵌式自由主义"的国家干预策略，强调个人选择和自由市场竞争，重新调整经济与社会领域的规制策略及组合，进一步推动了养老保险制度朝向私有化、市场化发展。

---

　　① 1966 年，日本建立雇员养老金基金。员工养老基金允许公司管理其员工养老基金的一部分，如果公司提供的福利比公共部分提供的福利高 30% 或更高，并且如果公司保证 5.5% 的年回报率，则必须参加。

第四，资本全球化冲击了福利国家传统的政治和社会力量平衡，劳工组织的谈判能力变弱与左派势力强势态度失去经济增长对社会支出的支撑，推动了各国新的政党轮换和养老保险制度改革治理策略的转型。

2. 福利国家经济增长紧缩

与英国私人养老金起飞于一个高速经济增长时代的背景不同，日本的私人养老金起飞于一个福利国家的经济增长紧缩时期。第一，全球经济增长的停滞凸显了日本税制改革的滞后①，企图通过扩大社会支出来增加对私人养老金的税收政策支持变得困难，导致职工养老保险对家族或企业的依赖更加强烈。对于企业来说，为了吸引人才和提升员工忠诚度，承担了主要的供款责任，推动了私人养老金的扩张。第二，日本的"福利"是超越党派、去政治化的（武川正吾，2011），控制"国民负担"也是各派力量所持有的共同态度②。特别是，日本以配套经济增长和工业发展为导向的社会政策，形成了重视公共事业支出而轻视社会支出的格局。所以，公共养老金支付的扩张变得困难，这既为私人养老金发展留足了空间，又减轻了企业负担而推动职业养老金的发展。第三，20 世纪 80 年代，随着人口老龄化加剧、长期低水平增长等影响，养老金、医疗、老年服务等社会支出不得不扩张，出于对未来经济形势和老龄化的担忧，国家开始延长国民年金受益年龄、控制公共养老金支出责任，更加急迫地转向寻求市场福利的补充，从而促进了 80 年代中后期私人养老金计划的再一次迅速扩张。

3. 低水平"去商品化"趋势

与此同时，日本的另一个背景是低水平的"去商品化"，以下两个事实可以佐证它的"去商品化"程度相对较低。第一，女性就业率相对较高③。表 7-7 显

---

① 在 20 世纪五六十年代经济高速增长时期，欧美国家引入了附加价值税（如增值税），为扩大私人养老金覆盖面奠定了丰厚的财政基础。日本长期囿于公共事业支出，强调对经济增长和工业发展的支持，对经济领域的保护掣肘了税制改革，所以日本错过了经济高速增长时期推行税制改革机会，导致后来的财政收入在经济滞胀时代变得紧张。

② 这就导致日本社会支出虽然有所起色，但很难大规模扩张，特别是在长期把经济增长和工业发展列为优先事项的国度，日本各群体（财政部门、大企业、工会等）都认为社会支出的扩张会给投资带来危害。

③ 就业政策的调整是资本主义福利国家转型的一项重要社会政策变革。20 世纪七八十年代，至少有两个条件从观念上根本性地改变了实现初始充分就业的看法：一是全球一体化；二是女性进入劳动力市场。因为，劳动力去商品化实质就是福利国家通过社会福利或社会保障支出保障居民在不依赖市场的情况下还能够维持自己生存或生活的水准，当大量女性进入劳动力市场时（无论是主动还是被动），也就意味着不同国家在支撑劳动力市场出清的社会政策之间存在差异。在去商品化程度较高的国家，得益于高速经济增长而带来的工资收入较高，所以男性就业足够维持家庭生活水准，也由于在父权主义盛行时代的社会分工，女性往往以承担家庭内部非报酬性劳动为主。

示，20 世纪 70 年代之前，日本的女性适龄劳动就业水平明显高于美国、德国等福利国家，1945~1972 年的平均就业率达到 51.6%（张乃丽和刘俊丽，2015）。第一次石油危机之后，日本的女性就业也仅仅落后于美国，并且从就业增长稳定性来看，还要强于法国和德国。其主要原因如下：一方面对于家庭来说，日本长期实施的抑制工资增长策略，导致男性职工收入在没有充分公共福利支持的情况下，难以保障家庭一定程度的生活水平，这就要求女性参加劳动力市场获得工资收入；另一方面对于国家来说，政府企图通过就业创造的市场福利来补充公共福利缺失部分，从而保证国民的福利水平提升。

表 7-7　日本与其他福利国家的女性适龄人口就业率趋势

年份	1970	1975	1980	1985	1990
澳大利亚	0.44	0.46	0.48	0.50	0.57
法国	—	0.50	0.52	0.51	0.52
德国	0.46	0.47	0.50	0.48	0.52
意大利	0.27	0.28	0.33	0.33	0.36
日本	0.53	0.49	0.51	0.53	0.56
瑞典	0.58	0.67	0.73	0.77	0.81
美国	0.46	0.48	0.55	0.59	0.64

注：女性适龄人口就业率＝15~64 岁的女性就业人口与总人口比重。

资料来源：笔者根据 OECD 数据库计算。

第二，低社会福利支出与社会投资型战略相结合，推动了日本"去商品化"程度不高。一方面从社会福利支出来看，甚至在 1955~1975 年的高速经济增长时期，其社会福利支出也大约只稳定在 GNP 的 2%，而在养老金领域，1970 年，养老金的社会性支出也只占到 GDP 的 1.1%（Tabata，1990），远低于同时期的欧美国家。虽然，20 世纪 80 年代随着老龄化加剧（养老服务、医疗服务需求增加）倒逼了社会支出的扩张，但也只是适应性地被动调整，而并非主观上的扩张意愿（小野太一，2019）。另一方面长期实施社会投资型战略，其核心目的是提高劳动者在市场中的生存能力，主要手段是加大教育投资与保护低生产率部门。安德森教授指出，德国在管理通货膨胀与充分就业之间选择了前者，从而实施了"保守的节俭政策"策略——与日本控制社会支出策略一致。日本与德国在政策调整背景方面具有很多相似之处①，因此，我们有理由相信两者是一个模式，特别是都实施了控制工资增长的策略。表 7-8 显示，日本的最低工资趋势②相较于其他 OECD 国家确实低很多。这样不仅有效防止了工资性通胀，稳定宏观经济增长，而且能够保护低生产企业，从而保证较高的就业水平，通过市场福利来补偿社会福利支出的不足③，以此缓和财政压力和社会分配矛盾，从而实现社会政策与经济政策之间的调和。

表 7-8　1970~1990 年日本与部分 OECD 成员国最低工资水平

年份	1970	1975	1980	1985	1990
加拿大	15481	19474	17285	14771	14839
法国	9293	13061	15014	17198	17782
日本	5410	6902	8264	9240	10067
荷兰	21561	28580	30409	26651	26277
美国	23227	21993	21202	17553	15907

注：以 2021 年不变价格及 2021 年美元汇率计算，单位为美元。

资料来源：OECD 数据库。

　　毋庸置疑，日本"去商品化"程度较低是其 1970 年前后私人养老保险"起飞"的另一个重要制度背景。一方面，劳动力"去商品化"程度较低，意味着依靠就业和工资获得市场提供的私人养老金福利仍然是其重要组成部分。因为，对于私人养老金来说，它的供款来源主要是雇主（企业）和雇员（职工），所以更多的就业意味着更广泛的私人养老金计划的供款来源。特别是在日本，企业承担了员工职业养老保险供款的主要责任，在政府配套保护小企业的"护送船队方式"策略④下，为私人养老金计划的扩张创造了良好条件。另一方面，低水平的社会福利支出使得劳动力在脱离市场后将面临着生活标准的下降，这也是日本实

---

　　① 包括但不仅限于：第一，日本和德国都是二战后重建的国家，所以它们的潜在增长能力相对于其他国家更强；第二，中央银行限制货币政策以控制工资和社会支出快速增长，防止通胀；第三，工会力量边缘化，再分配压力相对较小；第四，受过良好教育的劳动力供给相对充沛等。

　　② 由于连续的、历史的平均工资数据难以获取，所以此处采用最低工资水平来替代观察。

　　③ 当然，日本社会福利支出水平较低的另外一个原因是，较高水平的家庭储蓄的补偿作用，这一时期日本家庭储蓄率达到 13%~20%（Tabata，1990）。

　　④ 指政府为了保护和援助企业，往往以最弱的企业来制定标准和支持政策。这种方式最早起源于银行业，后来扩展到了日本的各个产业。

施低工资战略的重要政策配套，其核心目的就是要保证市场上劳动力供给的充足性，从而确保经济增长和工业发展目标。这一措施的背后，不仅降低了国民对公共养老金的依赖度和提升了个人责任，还减轻了企业当期的工资支出，并以"延迟工资"手段为职工建立职业养老金计划进行补偿，从而缓和了欧美国家曾经普遍面临的工资和价格上涨的压力，调和了社会和市场矛盾。

4. 私人养老保险治理策略

立足日本福利国家危机与低水平"去商品化"的背景，20世纪六七十年代日本私人养老保险的改革策略或治理逻辑主要体现为国家绝对主导、重规制、强调劳动力市场约束。第一，日本对私人养老保险改革治理体现了政府的绝对主导地位。日本"福利"反映的是强有力的国家行政或官僚体制。例如，1961年实施第一支柱国家养老保险与强制性职业年金、1966年推出雇员养老金计划、1973年启动养老金待遇调整机制、1985年改革基础年金等一系列养老保险制度重要改革，都是由国家主导实现的，而工会等社会民主主义力量发挥的作用非常有限。第二，在社会支出与规制两个方面，日本更偏向于依靠规制策略实现私人养老金计划的扩张。一方面，如前文所述，日本的社会支出水平相较于英国低了很多，这主要受制于经济增长紧缩的约束；另一方面，日本长期执行"强经济性规制、弱社会性规制"的策略，虽然对养老保险的直接性、社会性规制不及美国丰富，但通过嵌入经济性规制体系中，仍然体现了较强的规制政策取向[1]。第三，强调对劳动力市场的约束而不是放任。通过积极的就业策略（如保护低生产率部门）和社会投资型战略相结合，如控制工资增长，保护低生产力企业，引导劳动力部门间流动等，在提高劳动者的生存能力前提下，引入和提高参与者的个人负担，而不是限制参与者权益范围，即"受益者负担"策略。

（三）韩国：生产性福利扩张与"再商品化"

1. 私人养老保险"起飞"

在韩国，当前私人养老保险发展还处于起步阶段，但将20世纪90年代初至21世纪的头几年视为私人养老保险制度"起飞"时期并不为过。一方面，1994

---

① 一方面，政府企图通过经济增长和工业发展创造充分就业，为私人养老金计划的扩张创造条件，而将充分就业条件与"男人养家"的性别差异模式相结合，就可知经济性规制可以替代社会性规制。另一方面，通过养老金福利促进了企业对劳动力的吸引，同时也通过基金化创造的"耐心资本"促进了生产资本的投资，这是日本养老金基金化改革的一个重要目的（Park，2004）。

年为缓解老年赡养的公共财政压力，韩国宣布建立个人养老金制度，但它的发展并不稳定（Kim and Kang，2008），并且作为主要目标的 50 岁成员的占比仅为 3.9%。预计 2030 年该计划覆盖面只有 10.4% 的水平（Jung，2009）。另一方面，2005 年韩国颁布《职业养老金计划法案》，明确建立企业年金计划。在此之前，韩国一直实施一次性退休津贴计划，是基于 1953 年《勤劳基准法》建立，并从 1961 年转化为强制性计划后沿用至今。2017 年，在企业年金基础上增加了个人退休养老金计划，打通了企业年金和个人养老金计划之间转续衔接的通道。目前企业年金计划的引入率为 27.2%[①]。总体上，韩国私人养老保险发展并没有像英国和日本那样发达，由基本养老金、国民养老金与特殊职业养老金构成的公共养老保险仍然是保障老年收入的绝对支柱（张慧智和金香丹，2017），而企业年金覆盖面还比较有限，个人养老金计划也只是更多地充当一种投资工具，而非真正的老年收入保障[②]。

2. 生产性福利扩张时代

韩国先后建立起个人养老金和企业年金制度，并持续地优化调整以适应国家经济社会转型和改革发展的需求。从国内因素来看，首先，通过产业政策持续升级推动了经济增长（吕明元和尤萌萌，2013）。20 世纪 90 年代韩国经济增长率趋势良好，这种增长势头持续到 21 世纪前 10 年。1995 年，韩国实现人均 GNP 一万美元水平，1996 年加入 OECD。这为韩国推动社会保险制度改革奠定了物质基础。其次，韩国的政党与社会组织对国家福利制度变革具有重要影响力，表现为两个方面：一是 1987 年韩国正式开启向自由民主主义转型，推动民主主义迅速扩张，这是福利国家形成的重要条件之一，1997 年民主党派金大中政府执政，政府确立"生产性福利"目标，实施社会保险、社会救助与社会支出三个方面改革，如企业年金计划方案就是在金大中政府时期提出的；二是政党和工会影响力较大的国家，其政策切换节奏也非常快（相对于循序渐进式改革），如在公共养老金替代率方面，从 1988 年的 70% 降至 1998 年的 60%，再降至 2007 年的 40%，为私人养老金计划提供了空间。最后，人口结构年轻化。直到 2000 年韩国 65 岁以上人口占比才突破 7%，而日本在 1970 年就已达到 7%（见图 7-7），

---

① 参见韩国统计厅 2020 年公布的退休金数据。

② 目前的个人养老金制度设计的目标不是被排除在第二支柱之外的个体经营者，而是收入超过免税限额的人。因此，50 岁以上公司工人的参与率（7.8%）远远高于 50 岁以上自营职业者的参与率（4.4%）。这表明，个人养老金计划只不过是一种资产投资方法，而不是老年收入保障。

劳动力市场供给充足既为韩国产业转型提供了保障，又为削减公共老年养老金福利①提供了条件。

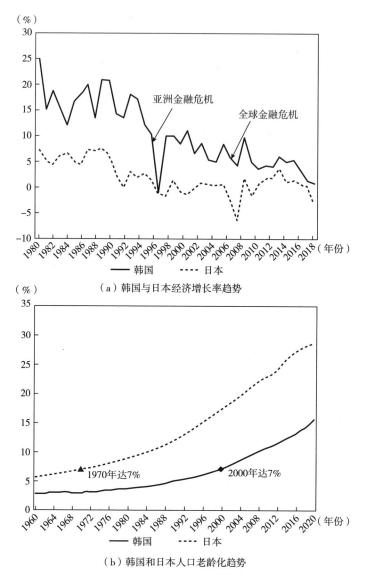

（a）韩国与日本经济增长率趋势

（b）韩国和日本人口老龄化趋势

图 7-7　韩国和日本经济增长率与人口老龄化趋势

资料来源：OECD 数据库。

---

　　① 虽然西方国家老年人口的贫困风险已经降低，但他们面临着削减公共养老金福利的强烈抵制，而在韩国，支持削减国家养老金福利的公众舆论很高，因为老一代人的贫困状况一直在恶化（Jung，2009）。

韩国"生产性福利"的形成也受到国际因素的影响，甚至起着更大的作用。第一，20世纪70年代石油危机后，世界经济思潮从嵌入式自由主义转向了新自由主义，贸易全球化进阶为资本全球化①，资本与劳动跨国流动的非对称性加剧，无论是物理距离还是现实国家管理（政策藩篱）层面，削弱了福利国家的工会和左派政党在推动福利建设方面的能力，使得福利供给的增长趋势减缓②。第二，随着全球化的深入发展，社会政策逐步演变为经济政策的次级概念，推动了越来越多国家从追求福利（Welfare）转向追求"工作福利"（Workfare），即通过积极劳动力政策与社会投资型战略，推进充分就业和社会政策的转型，以保障工作所创造的市场福利持续增加。第三，随着20世纪90年代末韩国工业化进程来到尾声，后工业时代的到来使得劳动力逐步从代表高生产率的工业转向了生产率水平并不高的服务业。同时，自90年代开始，西方福利国家普遍开启了从"为福利而增长"转向"为增长而福利"的模式（彼得森等，2019），这也使得韩国面临着国际上工作福利的竞争加剧。

3. 劳动力"再商品化"趋势

如前所述，劳动力去商品化实质是福利国家通过社会福利或社会保障支出确保居民在不依赖市场的情况下还能够维持自己生存或生活的水准。那么，"再商品化"就是这一模式的反向运动。一方面，随着70年代新自由主义的渗透，到90年代实现劳动力市场的"自立活动"是资本主义国家的共识，特别是在国际组织（如国际货币基金组织、世界银行）对新兴国家的援助计划中，往往设置了诸多新自由主义条款，要求各国通过积极的劳动力市场政策和社会投资型战略，推动劳动力重新回到市场。另一方面，老龄化、后工业化与经济全球化共时性效应作用：老龄化加剧了社会对养老、医疗支出等方面的需求；后工业化的产业和就业结构向服务业转向，社会生产率下降致使社会福利资源缩减（Sarfati，2005）；经济全球化削弱国家社会福利可能对全球市场竞争带来不公平挑战（房莉杰，2019）。显然，对于韩国来说，无论是从国际因素（受国际货币基金组织驰援），还是国内因素（老龄化、

①　二战后形成的内嵌式自由主义主要推动了贸易的全球化，因为布雷顿森林体系的形成后，为了稳定汇率，采用固定汇率制，进行了严格的外汇管制，所以资本的国际流动受到了一定程度的限制。直到20世纪80年代，金融自由化逐步兴起，推动了国家之间资本流动的规制逐步放松。

②　资本力量代表了企业成本需求，工会力量代表工人福利需求。通常，工会谈判要求增加工人福利水平，在资本不能国际流动的情况下，若是企业不同意则会导致严重的罢工，从而阻碍生产活动。相反，一旦资本可以在国际间流动，那么一国工会要求增加工人福利往往会落空，因为涉及企业成本的提升，会促使资本流向劳动成本更低廉的国家。

后工业化),都预示着韩国迈入了劳动力"再商品化"进程。

毋庸置疑,韩国私人养老金计划扩张嵌入在劳动力"再商品化"趋势之中。第一,国际货币基金组织(IMF)在向韩国提供经济援助计划时,要求尽快完成新自由主义模式的转型,其中就包括促进劳动力市场上的自立活动。这预示着更加注重工作福利而要求抑制社会福利。但是,在"生产性福利"口号下,韩国又迫切需要增加社会支出以提高国民福利待遇。因此,政府选择了折中的举措来缓和两者之间的冲突。例如,在促进国民年金计划的全民覆盖的同时,也将国民年金的替代率降低到40%的水平。第二,从20世纪90年代起,韩国实施了弹性化的市场政策,建立了整理解雇制度和派遣劳动制度,在一定程度上减弱了职工对企业的附庸关系,从而动摇传统一次性退休津贴计划的制度基础①,加快企业年金计划发展;同时又采取一定举措缓和这种弹性化,如对实施解雇条件中追加了规制条款②。所以,前者推动了工作福利的扩张,后者推动了社会福利的扩张。第三,在积极劳动力市场政策引导下,公共救助、社会保险与社会支出增长受到抑制,从强调现金福利转向了教育和培训、养老和医疗服务等服务供给。实际上自2000年后,韩国社会福利支出增长和日本20世纪80年代一样,虽然有需求,但其支出受到抑制,从而需要寻求更广泛的市场福利补偿;或者说,政府将有限的社会福利支出转移到服务培训方面,那么公共养老金支出等现金福利供给就会受到约束。

4. 私人养老保险治理策略

韩国在20世纪90年代至21世纪初实现了私人养老金的起飞,这是在生产性福利与劳动力"再商品化"的趋势下实现的。与英国和日本相比,韩国私人养老保险发展初期的治理策略主要表现在三个方面:一是政府的主导性强于英国,但受到国际因素和工会影响大于日本;二是重视规制策略;三是重视对劳动力市场的约束。具体来说,首先,如果说英国和日本体现的是国内政府与政党、工会之间的力量比较,那么韩国则是国家政府与国际因素之间的博弈。一方面,韩国工会力量对职业养老金计划实施曾一度起抑制作用,因为它们认为这是降低职工养老金福利的第一步,所以在经历激烈的辩论之后,《职业养老金法案》直

---

① 在《劳资关系法》下,韩国一次性退休津贴计划在大多数情况下其资金被再投资于自己的公司,没有外部积累。在《职业年金计划法案》下,企业年金则是基金化的投资运营模式,一开始就被赋予了金融投资工具的属性,这就决定了曾经内部流动或积累的资金管理模式将逐步被替代。

② OECD认为,韩国(对正式职工的)整体解雇制度中的就业保护程度是很高的。

到 2005 年才被推出。另一方面，韩国能够迅速从金融危机中重振离不开国际组织的驰援，在新自由主义思潮下要求抑制社会支出，推动积极的社会政策和就业政策来促进工作福利的发展，而私人养老金无疑是工作福利的重要内容。其次，通过规制手段来促进生产性福利增长，这与英国强调的支出保障是相反的，与日本注重"机会平等"的规制体系目标是一致的，但治理逻辑存在差异。在韩国，"再商品化"的趋势要求将养老、医疗、救助等社会支出限制在一定范围内，虽然在 2000 年韩国社会支出迅速扩张，但也只有 OECD 成员国平均（20%~30%）的一半，所以，促进劳动力市场政策完善和向工作福利过渡，需要政府的合理规制策略①。最后，韩国和日本一样，对劳动力市场都实施了强有力约束，即控制工资增长。当然，韩国还有一个更加突出的目标，即从一开始职业养老金和个人养老金都被赋予了金融投资工具的期待，这就涉及更大范围的金融系统安全性问题，所以它的养老金基金化是审慎开放的，产品的设计和税优政策的设计都体现了较强的养老金与金融系统的关系。

四、本章小结

本章中，通过对国际的比较研究，其研究意义不仅在于为我国促进各层次养老金计划的相互作用、完善个人养老金账户的税收优惠机制，以及推动私人养老保险制度建设等方面提供丰富的经验参考，更重要的是，这些国别之间的实践路径和治理策略进一步强化了我们对一个国家的养老保险制度改革与政治经济和社会结构条件的适应性关系的认识，这是实现各国多层次养老保险制度可持续发展的重要前提。这些国家的经验表明，一方面，任何养老保险制度建设都是嵌入在一个国家的政治、经济、社会等方面的结构关系之中；另一方面，任何养老保险制度建设都是为了适应不同时代背景下国内需求和国际趋势的双重影响。因此，不同国家的养老保险制度模式形成或转型，都需要在时间与政策两个维度上找到决策的均衡点。

---

① 在日本，由于社会政策通常嵌入在经济政策体系之中，所以经济性规制在很大程度上完成了社会性规制的功能，这也使得养老保险制度建设具有规制性特征。

第八章　多层次养老保险制度协同治理的制度优化及政策完善

本章是全书的终章，提出我国多层次养老保险制度协同治理的制度优化与政策完善的相关建议。前文中，笔者在纳入风险和规制的一个多层次养老保险制度协同治理的理论框架指导下，系统考察了基本养老保险与个人养老金制度相互作用、促进商业养老保险扩面及养老金基金化改革模式与进程三个典型侧面的关键问题，本章在这些研究的经验性结论的基础上提出相关政策建议。虽然，这些建议中的某些方面可能已经被相关文献提及，但我们必须承认，在当前社会各界关于如何提高多层次养老保险制度改革效率方面尚未达成一致认识的情况下，对于一些重要问题从不同方面进行充分论证是非常必要的研究工作。特别是，对于本书来说，我们更希望通过这些建议，搭建起一个更加完善的、上升到整个经济社会转型及劳动力市场变迁视角下的多层次养老保险制度协同治理的理论和政策框架。

一、推动养老保险制度改革嵌入国家重大战略实践

从国际实践经验来看，典型 OECD 成员国的养老保险制度改革几乎都与一个社会或国家的系统性转型有着密切关联：养老保险制度改革既是社会转型的重要政策工具，又是目标达成的制度表征。在我国，一方面，一些阻碍性变革的因素特别是既往历史上长期形成的传统文化和社会结构正在制度化，并且形成了分层化的制度文化特征。另一方面，需求紧缩、供给冲击、预期转弱的"三重压力"，人口老龄化与人口负增长的"叠加效应"，以及党的二十大对社会保障体

系发展理念与"中国式现代化"本质特征的科学论述，对我国多层次养老保险制度高质量发展提出了新的挑战和要求。所以，在新时代背景下推动我国多层次养老保险制度的协同治理，必然要求将改革治理策略嵌入在更宏大的经济、社会、文化及人口等系统性侧面的重大战略实践之中。

（一）站在国家治理的高度推动养老保险制度改革

第一，要以持续深化的国家治理能力现代化驱动多层次养老保险制度高质量发展。一方面，当前多重风险叠加使得多层次养老保险制度建设任务更加重大和复杂，基本与补充、政府与市场、长期与短期、内部与外部等不同维度的要素关系需要更好地统筹规划。另一方面，国家治理体系与治理能力现代化是新时代统筹国家经济、社会、文化、技术等多领域发展的纲领性战略。超越传统的保障性内涵，养老保险制度的功能定位应该上升到未来老年群体养老保险的治理范畴。未来，推动养老保险制度改革治理不仅要关注如何更好地以养老保险制度高质量发展来推动国家治理能力现代化，更要加大国家治理能力对养老保险制度建设的牵引，最终形成两者良性互动，这是建设中国特色多层次养老保险制度的重要任务。

第二，要以积极老龄化国家战略引领多层次养老保险制度与老龄金融的协同治理。老龄金融创新发展是多层次养老保障体系制度框架下应对人口老龄化的综合战略举措。当前，我国老龄金融实践探索仍然面临顶层设计不清晰、发展路径粗放、治理体系结构缺乏统筹规划等挑战，而政府、市场和学术界对这些问题的探索还有待深入。未来，我国多层次养老保险制度的改革治理要加大与居民消费行为研究、金融素养培育、政策和产品供给链完善、市场服务体系创新等多个侧面的协同治理，加大对我国居民储蓄文化、劳动力市场文化、金融制度文化等文化约束与老龄金融创新发展的协同发展，在具体的实践逻辑上，既要尊重行为主义的工具理性，又要深挖制度主义逻辑下的价值引领和模式建构。

第三，更加注重系统的国家安全观下多层次养老保险制度的投融资制度与路径优化。党的二十大报告首次把社会保障"安全规范"提升到国家战略层面。这不仅强调确保社保基金的安全与投资管理的规范，还体现了党和国家关于社会保障发展的底线思维和长远战略。在努力实现政策驱动转向政策与市场协同驱动的老龄金融创新实践进程中（林义，2021），未来，我国不仅要加强社保基金资产与金融市场结构、基金投资管理与实体经济融资需求、社保基金与市场资本供给、国家金融深化与金融市场发展等不同维度的协同治理，更要在法治化、数字化、标准化改革背景下，拓展社会保障体系制度安全、信息安全与基金安全，实现三者的融合创新。

第四，加大共同富裕改革背景下的多层次养老保险制度协同治理的创新发展。在马克思辩证唯物主义和历史唯物主义指导下，以系统的、整体的、协同的方法论创新为引领，以实现共同富裕为目标导向和问题导向，加强各层次养老保险保障项目与政策之间的协同效应研究，努力构建一个我国多层次养老保险制度体系的协同治理改革框架，至少要处理好三个维度的关系：一是处理好各项养老保险之间、养老保险与养老服务、养老保险与养老金基金化等不同方面的协同治理；二是要处理好多层次养老保险制度促进共同富裕、实现福利中国的经济社会条件和制度条件，注重主体权责配置、区域利益协调、政策联动实践等方面的协同治理机制建设；三是要处理好养老保险制度劳动力市场、金融市场、税收政策等方面的协同治理，破除长期制约多层次社会保障体系发展桎梏，为共同富裕改革背景下我国养老保障事业高质量、可持续发展寻找更优路径。

第五，以"福利中国"目标牵引重塑多层次养老保险制度再分配功能和制度能力建设。自2021年起，中国"社会福利共识"社会建构和社会主义福利国家目标，首次成为国家治理议程中的重要战略议题。以共享发展为底色、共同富裕为理想境界、社会保障为实现路径、福利中国为国家表征（郑功成，2022）的发展蓝图正在逐渐铺开。养老保险制度作为社会保障体系规模最大的制度安排，对福利中国目标的实现将发挥着举足轻重的作用。一方面，在中国共产党领导下，我国福利建设积累了富有特色的实践经验（翟绍果，2022）、自成体系的生产机制（徐进，2021）及政治经济建构基础（刘继同，2022）等条件和模式，其价值目标是一种超越资本主义社会形态的理想社会境界；另一方面，支撑福利中国目标的各项核心制度建设仍然不完善，福利供给过度强调"需求为本"而忽视制度能力建设。在这一背景下，推动多层次养老保险制度的协同治理，是福利中国建设的具体实践，更需要在福利中国目标牵引下推动养老保险制度分配功能和制度能力建设。

（二）适时启动养老保险制度的结构性调整

思路一：丰富公共养老保险制度的养老金计划项目，建立基于收入审查或公民养老保险权的国民年金制度，保障养老保险制度的再分配功能和防止老年贫困目标的协同实现。第一，国民年金计划能够实现养老保险制度收入再分配和激励功能的目标协同①。在我国，当前第一层次单一的基本养老保险实施收入关联且由财政补贴的制度设计。一方面，完全收入关联下职工和企业实际缴费率居高不下，挤占补充养老保险的需求空间；另一方面，大量财政补贴被捆绑在基本养老保险，在不增加财政支出规模的情况下，很难实现对补充养老金计划的有效激励。建立国民年金不仅可以降低当前收入关联的基本养老保险收入再分配和激励功能的内部矛盾性，而且无论是在缴费端还是在财政支出端都可以更大空间地激励补充养老保险发展。第二，有利于处理好财政支出和规制策略的混合策略协同。一方面，国民年金基于收入审查和完全财政支出，既能够调和既往单一基本养老保险情况下财政补贴极有可能对养老保险再分配的牺牲，又能够更好地通过基于收入审查的国民年金支付提供一个最低基础性养老保障，通过规制策略来提升养老金权利的结果均等化。另一方面，处理好基本养老保险层次的收入再分配和激励功能的协同，实际上也是为补充养老保险层次创造了条件，如个人养老金制度的发展中，规制策略的治理核心是提升全体职工和居民的养老金权利的机会均等化，而不用再去过度承担结果均等化的工具理性价值。第三，从国民年金筹资和支付视角来看：在筹资端，配套国家当前税收政策的改革，在增值税改革的基础上，设置以单位产出增加值为税基的国民年金专项税（蹇滨徽，2021），这样一来所有国民都可以均等化地享有经济增长的成果，并且国民年金制度的弹性还在于，能够统筹城乡基本养老保险，从而提升养老保险制度的公平性。在支出端，基于居民的收入审查，确定不同收入水平的居民和家庭能够享有的养老金水平。总之，国民年金的建立不仅能够更好地推动多层次养老保险制度的协同治理，实现国家养老保险制度风险缓解、层次相互作用与激励效能的良性互动，还在配套税收政策改革和基本养老保险全国统筹基础上具有可行性。

思路二：在配套劳动力市场工资增长调控放松和税收政策改革的基础上，推动补充养老保险的政策取向以扩张个人养老金制度方向为主②。第一，正如第三

---

① 在一些强调公共养老金再分配调节的国家，建立起基于养老保险权和收入审查的公共养老金计划非常重要，如丹麦的第一层次公共养老金供款与职工收入的关系薄弱，主要是基于收入审查，贡献了大致30%的替代率。

② 当然，这并不意味着放弃对企业年金制度的改革探索。实际上，我国企业年金发展以来，取得的成就远未达到预期，甚至近几年的扩张趋势停滞不前，从根本上来说这是我国公司治理层面的制度文化约束所致，而关于制度文化的变革在中短期内是很难一蹴而就的。从当前形势来看，职工和居民的养老金积累效率还有待提升，所以如果更有可能，可以将重心适度地转移到个人养老金制度上，抓住矛盾的主要方面，才能有的放矢地开展次要方面的改革。

中国多层次养老保险制度协同治理研究

章所述，推动个人养老金制度的扩张几乎是当前国际上养老保险制度改革治理的一个重要趋势，可称为私人养老保险的"第二次跨越"。例如，日本近年来的经验趋势值得考究，企业年金制度的覆盖面的缩减和个人养老金制度的扩张，后者提供了23%的替代率水平；另外，一些新兴国家也在纷纷大力推进个人养老金制度建设，从当前趋势来看，未来的个人养老金制度将是支撑私人养老保险的主体制度安排（Natali，2009）。第二，在未来我国极有可能进行一次有管理的硬着陆的结构性调整改革，即在"去投资"的总体方略下，资本形成率、国有企业改革等方面都将进行一次系统的调整，从而实现国家经济增长的动能彻底从依靠物质资本转向生产率进步的"索罗增长"模式上来（赖平耀，2016）。这至少会带来两个挑战：一是充分就业保障压力增大，公共服务领域的岗位比例会增长，导致社会平均工资增长的效率会进一步下降；二是"降费减税"刺激经济增长将会是税收政策调整的一个重要举措，势必会推动税收结构的进一步调整。对于个人养老金制度来说，社会平均工资增长率的下降意味着税收激励的空间可能被压缩，抑制税优政策的效能发挥，建议建立税优政策标准的指数化机制。另外，如果实施国民年金制度，必须开拓有效的税源，如适时开征房产税、资本利得税、消费税、遗产税、赠与税以及优化个人所得税等，甚至对我国税收结构进行必要的改革调整。

二、持续推进基本养老保险制度的参量式改革

在我国，补充养老保险的发展很大程度上取决于基本养老保险制度的改革调整（Shi and Mok，2012）。在人口老龄化加剧与经济增长紧缩的背景下，为了保障基本养老保险制度财务的可持续性，国家先后启动了调整目标替代率、扩大制度覆盖面、降低缴费率、实施中央调剂制度，以及国有资本划转和"全国统筹"等政策措施。当前及未来，在国家"一揽子"政策效应下，我国基本养老保险制度的财务可持续性是可以得到保障的。当然，这种结果的呈现是建立在一定的参量式改革所需达到的绩效目标之上，包括基于社会平均工资的目标替代率调整最晚不能超过2042年左右，大致水平可以设置为42%；实际缴费率不应低于17%，且调整周期不能早于2041年左右；两者的边际替代效应大致为3∶1，即

目标替代率每下调 3 个百分点，可以为实际缴费率创造约 1 个百分点的下调空间。总体上，这个结果可以作为接下来持续优化我国基本养老保险制度参量式改革的一个参考。

（一）有序推进目标替代率的下调与分解

从基本养老保险与个人养老金制度的相互作用视角来看，替代率的调整还涉及各层次养老保险在保障职工养老金充足性方面的权责分担。2009～2021 年，我国基本养老金替代率虽然总体下滑，但平均水平仍然高达 55%，高出同期 OECD 成员国公共养老金替代率近 12 个百分点，甚至与它们的（平均）综合替代率相差无几（见表 8-1）。这通常是解释我国补充养老保险发展滞后的重要原因。第四章测算表明，未来随着基本养老金目标替代率调整至 42%，加上个人养老金账户所提供的替代率，我国居民的养老金综合替代率可以达到 60%～70%（建立个人养老金账户 30 年左右），所以，大力发展个人养老金制度是保障未来居民养老金充足性的关键。从 OECD 成员国经验来看，强制性和自愿性私人养老金计划提供的替代率水平约为 20%，这与我们测算的个人养老金账户未来提供的替代率大致相当。

表 8-1　OECD 成员国养老金替代率与我国基本养老金替代率

年份	2009	2011	2013	2015	2017	2019	2021
强制性公共养老金（%）	45.7	42.1	40.6	41.3	40.6	39.6	42.2
强制性私人养老金（%）	13.3	15.1	13.4	11.6	12.3	9.4	9.6
自愿性私人养老金（%）	9.4	7.2	13.9	4.7	5.8	6.2	5.8
综合替代率（%）	68.4	64.4	67.9	57.6	58.7	55.2	57.6
中国基本养老金（%）	57.1	53.4	53.1	55.2	56.9	54.4	54.8

注：OECD 成员国的养老金替代率为 34/38 个国家的平均值。

资料来源：历年 OECD 养老金概览。

从加拿大、丹麦、荷兰及瑞典的经验来看，第一层次建立了丰富的养老金计划，包括基于居住权的基本养老金、目标养老金、缴费确定型养老金、最低养老金。这些计划通过相互作用，为老年人提供基本收入保护[①]。例如，加拿大和丹麦提供了基于居住权的养老金和目标养老金计划，合计替代率分别为 32.1% 和

---

① 平均而言，四个计划提供的替代率（平均值）分别为 4.5%、17.3%、3.4%、13.4%。

37.6%——前者是对全体居民提供的保障性养老金，后者为针对低收入者提供的基于收入调查的补充性公共养老金。这套政策组合既保障居民权益的公平性，又体现了公共养老金的再分配功能。在我国，当前第一层次提供的养老金计划项目单一，无法满足复杂的制度目标，如在再分配、平滑消费等目标面前显得笼统，从而抑制了养老金替代率充足性风险的缓解效率。未来，我国基本养老保险制度的目标替代率改革，不仅是总量规模上的调整，还要努力设计更多元的公共养老金计划，对目标替代率进行分解，以满足养老金充足性、公平性、再分配等复杂的多元化养老保险制度目标。

（二）积极重塑缴费率调整的内生动力

基本养老保险的实际缴费率水平最低可以设置为17%左右，加上个人养老金账户的供款率6%，那么企业和居民为基本养老保险和个人养老金账户的缴款规模大致为23%，此时可以有效保障制度的财务可持续和养老金替代率充足性。但是，未来缴费率调整至少要统筹考虑两个问题：第一，从国际经验来看，养老保险制度必须以有效强制雇主满足其缴费要求的执行机制为基础（Nyland et al.，2012）。但对于我国来说，如果未来补充养老保险的更多精力是朝向个人养老金制度，那么激励职工个人满足缴费要求的机制设计就显得尤为重要。第二，从具体国情来看，当前推动基本养老保险缴费率调整的主要动力仍然是外生的[①]，但未来随着多层次养老保险制度建制模式转向"目标导向"，缴费率的调整动力可能更多地来自于制度内生需求，如怎样更好地实现制度再分配、平滑消费、缓解风险效率等目标。

三、完善适应我国税收体制的养老金税优政策

建立和完善与我国税收体制相适应的养老金税优政策，本质上是促进国家税

---

① 从历史来看，我国现代养老保险制度建立初期，为了快速筹集更多资金，缴费率设置得相对较高。后来，随着我国养老保险制度的发展，缴费率在有效强制企业和职工满足其缴费要求方面的矛盾日益凸显。但过去快速的经济增长和工资增长率缓和了这些矛盾。近年来，随着我国经济增长放缓，工资增长压力给养老保险缴费带来了挑战，为了缓和这一矛盾，政府开始降低企业缴费率。

收制度与养老保险制度改革的协同。随着我国多层次养老保险制度的改革重心扩张到补充养老保险，政府面临的挑战至少包括两个方面：第一，如何通过税收优惠的制度安排来塑造私有化养老金计划的公共责任，从而保障政府在整个养老保险制度改革治理中的核心主导地位；第二，如何通过税收优惠政策设计，特别是合理的税收激励模式刺激家庭或个人增加补充养老金储蓄，从而缓解未来的养老金充足性风险①。从 OECD 成员国的经验来看，绝大多数国家都对私人养老金计划进行了税收优惠方面的激励。当然，由于各国基准税制方面的差异，使得各国无法直接进行比较，但从税收优惠的总体支出（以下简称税优支出）来看，多数国家的税优支出相当于本国 GDP 的 1%左右或者更低②（OECD，2021）。在我国，当前的养老金税优政策还不完善，是制约我国补充养老保险扩张的一个重要原因。

（一）强化中央对税收优惠政策的顶层设计

在推动国家税收体系"嵌入社会"（吕冰洋和张兆强，2020）的历史演进中，要强化中央在各层次养老金体系的税收优惠政策中的主导作用。虽然，未来个人养老金账户的一个重要取向是，税收优惠要在一个全国统一的平台系统进行，养老金账户平台、产品目录清单与税务部门直接对接。但这仅有利于促进税收政策的"前端整合"（郑秉文，2019），后端的体制机制整合则需要由强有力的中央政府主导。一方面，随着基本养老保险全国统筹，加之未来各层次养老金计划更加丰富多元，这就要求中央政府统筹协同好各层次养老金计划的税优政策安排。从加拿大、丹麦、荷兰和瑞典的经验来看，处理好各层次养老金体系的税收优惠关系，即通过各层次养老金体系中不同养老金计划的税优政策安排，来协调多层次养老保险制度在平滑消费和再分配功能之间的政策效应，是促进各层次之间相互作用的重要内容。另一方面，无论是税收体制还是养老金税优政策体系，其改革都不能一蹴而就，面对中短期经济增长放缓和税优政策的不完善，需

---

① 在我国，2018 年之前几乎没有政策层面对商业养老保险实施的税收优惠措施，2018 年实施了个税递延型商业养老保险试点。相对来说，我国企业年金方面的税收优惠起步较早，对企业和个人的缴费免税进行了明确。但是，从企业年金实际运营成效来看，我国企业年金的税收激励效果并不理想。

② 根据"Pensions at a Glance 2021：OECD and G20 Indicators，OECD Publishing，Paris，2021."，上面有数据显示的 OECD 成员国为 23 个，其他国家不适用。在 23 个 OECD 成员国中，有不到一半国家的税收优惠的财政支出占 GDP 的 0.2%或更多，只有 6 个国家——澳大利亚、加拿大、德国、以色列、瑞士和美国的税收优惠的财政支出相当于 GDP 的 1%或更多。

要中央顶层指导出台一些政策，以缓和个人养老金制度与税制改革之间的摩擦①。

（二）税优水平要能补偿工资收入增长压力

补偿当前及未来经济衰退时期劳动力市场的工资收入增长压力，是推动我国个税递延型商业养老保险扩面的关键，进而影响着我国补充养老保险发展。OECD 成员国的经验表明，普遍重视税收激励及税优政策的灵活多样性是它们推动商业养老保险发展的共同性成功经验。从技术层面来看，每个国家的政策设计都是不同的，甚至存在很大的差别。但是，与我国多层次养老保险制度设计一样，德国、美国、日本的养老保险制度都是把社会缴费作为融资来源，而这种模式的核心是劳动力就业与工资收入（Polakowski，2018）。缴费和养老金之间的等价关系，实质上是居民对现期收入与未来收入之间的权衡。伴随着我国经济增长新常态，未来工资收入的增长率将持续滑向一个低增长趋势，职工和居民预期工资收入增长与实际工资收入之间的差异将是一个难以跨越的社会压力。

工资收入的增长压力，归根结底源于两个方面：一方面，在当前对职工和居民个人退休计划背后的心理因素的认识仍然有限的情况下（Hershey et al.，2006；Griffin et al.，2012），从持续缩减的实际工资收入中扣除一部分去购买商业养老保险，这不仅要求他们进一步压缩当期的消费，而且对绝大多数职工和居民来说，从隐晦的工资账单中扣除个人养老金缴费也无异于减少了他们的现期收入。另一方面，更大的挑战在于就业，而就业决定了劳动者对未来收入的预期。从比较历史视角来看，OECD 国家在 20 世纪七八十年代的改革经验在于，一是抑制工资增长，二是调整就业政策，这是它们应对经济紧缩和人口老龄化的普遍选择。在我国，长期以来的劳动力市场工资政策体系尚未真正建成，政府的调整空间无外乎市场作用的范围，除此之外，更多的精力将会放在就业政策的调整上面。

我们可以大胆预测，未来我国劳动力市场将面临这些趋势：一是放松工资增长的抑制和加强对就业的调控，这会带来劳动力市场工资离差的扩大；二是放松对工资的抑制会导致经营成本的增加而压缩了企业再生产的投入，从而导致资本

---

① 当然，我们并不能完全避免改革进程中的路径依赖，这是我国基本养老保险制度改革中的重要制约性因素，也是各国多层次养老保险制度改革的重要挑战。但我们必须警惕，如果个人养老金制度的税优政策由地方统筹，极易引起养老金私有化、市场化改革的"马太效应"——形式上，这些权利对于每个地区都是相同的，但由于社会文化和政治经济因素，极有可能会产生发达地区比那些欠发达地区从国家政策中受益更多的现象，从而导致区域之间的分化，给制度建设的公平性带来挑战。

市场活跃度下降；三是工资税率和就业（或失业）之间的关联性将被强化，且成为影响居民储蓄决策的关键；四是公共领域的就业规模将会持续壮大。当然，关于未来趋势的预测，智者见智、仁者见仁。如果接受劳动力市场将来可能会存在的这些趋势，这将深刻地影响职工和居民购买商业养老保险的行为。如此一来，未来工资收入离差水平、持续增强的就业压力、劳动力市场灵活性及资本市场低收益，将是我国商业养老保险扩面所面临的不容忽视的挑战。

虽然，揭示未来劳动力市场的不确定性因素还很多，但工资收入的增长压力将是决定居民是否购买商业养老保险的归因和结果变量。既往经验表明，在一些商业养老保险持续扩张的国家，其税优激励或财政补贴方案设计都隐含着这样一个规律，即各国政府提供的税收优惠和财政补贴水平与居民所面临的工资收入增长压力几乎是"等值"的（Magwegwea and Lim，2020；Geyer et al.，2021）。在我国，工资增长率从 2000 年的 15% 下滑到 2019 年的 7%[①]，这是解释我国商业养老保险扩面受阻的重要因素。并且，未来的劳动力市场趋势仍然不会乐观，长期存在的工资收入增长压力将极大地挑战居民的现期收入与未来收入预期。因此，国家若要推动商业养老保险扩面，就必须补偿职工和居民所面临的劳动力市场工资收入增长的压力。

（三）尽快研制出合理的直接财政补贴方案

在我国，养老保险制度与税收制度的协同治理，是应对我国多层次养老保险制度可持续发展的重要方略，但从中短期来看，税制的改革很难迅速到位。对标典型 OECD 国家养老保险制度改革成功案例，它们的税收制度与我国存在较大差异。这是长期抑制我国补充养老保险税优政策效能发挥的重要原因。一方面，从典型 OECD 国家经验来看，私人养老金计划表现良好的国家，它们对居民或家庭的征税比重相对较高（见表 8-2），使得税优政策对养老金储蓄积累的刺激作用明显[②]。然而，当前我国征税主要集中在生产环节，居民或家庭征税过少；加之近年来面临经济增长放缓，为了缓解居民工资收入的增长压力，上调了个税"起征点"，进一步挤压税优激励空间（周海珍和吴俊清，2019）。另一方面，我国

---

① 2020 年，由于受到全球新冠疫情的冲击，我国工资增长率甚至出现了断崖式下降，仅为 2%。

② 在我国税制体系中，也存在大量的税收优惠政策或手段，但更多的是集中在生产环节，主要对象是企业，在社会领域或生活领域，税收政策则相当有限。所以，未来国家税制改革的一个重要任务就是要调整我国税收优惠政策从生产领域拓展到生活领域，直接惠及于民（吕冰洋和张兆强，2020）。

个人所得税税收基数较窄,也难以适应我国居民和家庭收入多元化趋势。这不仅关系到税收优惠政策对建立个人养老金账户的激励作用,更关系到通过税务管理系统,对家庭或个人收入建立高效率、全覆盖的收入审查程序,从而为多样化养老金计划(如基于收入审查的补充性基本养老保险、低收入家庭个人养老金账户的财政补贴等)改革奠定基础。

表 8-2 典型 OECD 成员国与我国税制结构比较

税种	生产税(%)	所得税(%)	消费税(%)	财产税(%)
中国	62.1	30.5	6.9	0.5
美国	0	59.4	20.6	20
英国	25.5	44.9	13.9	15.7
德国	30	52.9	13.8	4.4
法国	26.6	41.1	15.9	16.5
日本	0	52.9	33.3	13.8
加拿大	16.8	56.5	12.3	14.4

资料来源:吕冰洋,张兆强.中国税收制度的改革:从嵌入经济到嵌入社会〔J〕.社会学研究,2020,35(4):152-173+244-245.

以个人养老金制度试点为例,税收政策手段单一,难以调动居民参与个人养老金储蓄的主观能动性,所以建议在中短期尽快出台直接财政补贴方案。第一,如前所述,对税基拓展、税优政策调整等税制改革仍然需要一个较长时间。中短期来看,面临当前个人养老金制度建设的急迫性,可以考虑直接财政补贴政策。里斯特计划的经验值得借鉴(林义和周娅娜,2016)。例如,相对于税收减免所基于的职工薪资报酬等"隐形"基准,家庭人口、子女出生等"显性"因素在标准量化方面更有优势,且能够与我国人口政策相协同。第二,直接财政补贴更有利于惠及低收入群体。当前,国家面对经济增长放缓,持续上调个税起征点以"让税于民"。无论是税收制度的调整,还是养老金税收优惠政策的实施,其重要目标之一都是再分配,但社会政策之间目标的统一性并不能代表实践过程也是统一的。在我国,起征点的上调产生了大量低薪资的居民或家庭无法享受到税优福利的风险。所以,通过实施直接财政补贴,能够与基于薪资报酬的税收优惠形成相互补充的作用,共同促进多层次养老保险制度税优政策的效能发挥,建成更加公平高效的税收制度和养老保险制度。

四、构建养老保险税收优惠激励的瞄准机制

税收优惠瞄准机制是各国多层次养老保险制度目标替代率瞄准的重要组成部分。在加拿大、丹麦、荷兰和瑞典，各层次养老金计划的替代率都实施了一套有效的瞄准机制。例如，在一些强调公共养老金计划对再分配调节的国家，收入审查机制（Income Test）显得尤为重要，丹麦的公共养老金供款与职工收入的关系薄弱，而主要是基于收入审查，贡献了大致 30% 的替代率。又如，大多数国家以身份、企业、行业等因素为分类依据，设计多样化的养老金账户及税优政策标准，实质上也是建立一套系统整合的瞄准机制。在我国，一方面，未来养老金替代率充足性将普遍受到挑战，并且男女职工、不同收入群体、非全职就业群体等，他们的养老金替代率差异有扩大风险；另一方面，各层次养老金计划单一，长期缺乏对目标群体的瞄准机制建设，特别是基本养老保险层次，由于制度建设目标的笼统性（既要实现平缓消费的目标，又要承担再分配功能）导致长期缺乏有效的瞄准机制①，从而牵制了整个多层次养老金体系的相互作用。

（一）加大部分群体税优力度

当前，我国个人养老金制度刚起步，而典型 OECD 成员国的个人养老金账户及税优政策已然经历了一个较长的发展时期，如加拿大 RRSP/RRIF/TISA 账户、美国 IRA 均发端于 20 世纪 70 年代，瑞典个人养老金制度发端于 90 年代，至今建立起一套结构清晰、机智灵活、推陈出新的个人养老金制度及税优政策体系。从比较历史的角度来看，我们必须承认与发达国家在发展历史跨度上的差异。一

---

① 我国基本养老保险制度设置了单一的强制性 DC 养老金计划，与职工工资关联，虽然建立了统筹账户和个人账户，但后者长期实施"空账运行"，所以基本上执行统筹账户（现收现付制）模式。从 OECD 成员国经验来看，它们的第一层次设置了基于居住权养老金、目标养老金、缴费确定型养老金与最低养老金计划等多个项目，在有披露数据的 34 个国家中有 25 个国家的第一层次由上述两种及两种以上的养老金计划构成。例如，最低养老金通常基于对家庭或职工的收入审查，提供一个能够满足最低生活标准的补充养老金替代率，主要瞄准的是低收入家庭。丹麦是这项养老金计划的代表。由于它所提供的替代率水平相对较低，所以更多地需要依靠私人养老金来保障替代率的充足性。又如，目标养老金通常提供的是一个慷慨的养老金替代率，更加强调公共养老金计划的再分配功能，所以它所瞄准的群体是所有普通居民。

方面，20 世纪七八十年代向 DC 型职业养老金计划的转向，为进一步地向个人养老金计划转向积累了丰富经验。相反，我国在职业养老金方向的探索经验是有限的，并且哪怕是国际上，关于推进个人养老保险发展的主导因素仍然无法确定——究竟是财政激励、信息的可用性、政府和服务商的营销努力（Börsch-Supan et al.，2012），还是其他因素。另一方面，从当前的国际经验来看，税收优惠对刺激家庭储蓄的作用是积极且显著的，但却有许多国家的个人养老金计划覆盖面仍然很有限，如美国 IRA 覆盖面只有 30%左右，德国里斯特计划的规模仅为预期市场的 40%左右。

未来，我国要重视个人养老金计划的瞄准机制建设。第一，要加大对女性职工的税优激励和养老金账户补贴。按照现状制度安排，平均而言（当前）20 岁的女性职工全职就业的养老金综合替代率比男性低 10 个百分点左右，加之生育政策调整冲击到女性全职就业，必然会加剧她们未来的养老金充足性压力。第二，要加大对中低收入群体的税收优惠力度。尽管我国养老金与收入关联，与高收入者相比，中低收入群体的福利被替代的比例更高，但这并不意味着他们的养老金财富积累的绝对水平也高①。例如，基于相同的税优比率，中低收入职工的养老金替代率明显低于高收入群体。这不仅涉及税优政策作为一项社会政策在公平和效率之间的权衡，更关系到未来中低收入职工的养老金替代率充足性。第三，要加大对当前男性 55 岁左右、女性 40 岁左右职工的税收优惠力度。一方面是补偿他们由于下调基本养老金目标替代率所产生的综合替代率缩水；另一方面是刺激他们尽快建立个人养老金账户，帮助他们更多地进行养老储蓄以抵御未来养老金充足性压力。

更为重要的是，随着经济增长持续迈向一个衰退的时代，加之老龄化趋势的加剧，灵活就业（或非正规就业）规模将在劳动力市场上占据一个较大比例（Levy，2017）。国际劳工组织公布的一组数据显示②，灵活就业在亚太地区的平

---

① 一方面，中低收入群体较高的替代率更多的是来自基本养老金目标替代率的贡献，即从社会统筹账户中获得的养老金支付更高，这必然会加剧基本养老保险制度的财务可持续压力；另一方面，为了避免税优政策的"马太效应"，即假若单一的按比例税收优惠抵扣或减免，必然会将税优福利更多地分配给高收入群体。所以，这两个方面使我们认识到加大对中低收入群体税优瞄准的重要性。

② 平均而言，非正规就业在非洲的总就业人数中高达 85.8%。尽管发达国家的非正规就业率可能要低得多（如爱沙尼亚为 6.9%、挪威为 7.4% 和斯洛文尼亚为 5%），但情况并非总是如此。例如，在一些 G20 新兴经济体中，非正规率非常高，印度（88.2%）、印度尼西亚（85.6%）、中国（54.4%）和墨西哥（53.4%）。然而，在韩国等发达国家，这一比例也相对较高，非正规就业占总数的 31.5%。

均占比为 68.2%，中国为 54.4%（Redonda et al.，2019）。一方面，灵活就业会显著地减少国民为退休账户的供款，因此劳动力市场就业的灵活性大大降低了替代率；反过来，低覆盖率（灵活就业）对低收入居民或家庭的影响不成比例，所以加剧了不平等（赵青等，2021）。另一方面，随着我国延迟退休的实施，老年群体的劳动参与率将大幅提高。从社会平均水平来看，灵活就业率越高会使得老年群体工作时间更长（Ameriks et al.，2020），并且工资收入会随着年龄的增长而增加，这种工资份额向高龄群体的集中，会抑制青年劳动者的工资增长，从而对他们的福利保障产生冲击。

从整个社会系统来看，大规模的灵活就业部门会减少税基，从而产生提高税率的压力，且这种压力向纳税人转移，容易导致横向不公平。那么，这种系统性的失调，也必然会影响到我国税优激励计划的实践效能。第一，纳税人税收负担的加重可能会抑制他们对个人养老金储蓄的需求，特别是对低收入那部分群体，税收负担加重无疑会加剧他们难以平滑的消费矛盾。第二，灵活就业和正规就业之间的重要区别是劳动合同的签订及形式，大量灵活就业会给我国以劳动合同为统计依据的社保缴费带来困难，从而影响到公共财政支持的预算统计，必然会牵涉个人养老金制度发展。第三，灵活就业群体的工资收入水平通常不及正规部门群体（张盈华，2016），而低收入群体在参与任何养老保险计划面前的动力存在天然的不足。

在我国，要更好地推动税优激励制度设计，一个重要指标就是如何推动个人养老金制度更多地覆盖灵活就业群体。一个核心的思路是，给予他们更大幅度的税收优惠和财政补贴以激励他们参与养老金计划，这是包括分类分层账户设计、瞄准机制设计等多项混合策略的政策组合。也就是说，分类分层的个人养老金账户要尽可能覆盖灵活就业、家庭主妇、学生及其他人群，扩大供款人口基数，并通过账户转接实现个人养老金账户的长期稳定持有和投资，这方面日本的经验值得借鉴（Nomura，2019）。此外，积极探索产品制税优模式的建设。一些学者认为，按照"账户"而不是"产品"①设定税优激励和财政补贴，为以家庭为单位的账户激励模式奠定基础（穆怀中等，2016），但是，忽视产品制税优模式的探

---

① 当前，税收递延只面向符合《个人税收递延型商业养老保险产品开发指引》的商业养老保险产品，如果引入其他金融机构开发的养老金产品，就需要摒弃目前税收递延只指向"产品"的做法，改为按照个人养老金账户的缴费总额设置税优方案，即税优指向"账户"，这样既可以避免重复税优，又有助于引入信托管理和保障个人选择权（张盈华，2016）。

索所带来的不足也不容忽视①。另外，税优政策设计的另一个关注维度是"精算公平"与"分配公平"。笔者认为，推进"分配分层"的账户设计，一个重要逻辑就是将精算公平作为个人养老金制度税优实现的"基层"，因为它可以无差别地惠及全体居民和市场主体；在此基础上，瞄准特殊群体和灵活就业群体来达成分配公平目标的"上层"税优政策安排，因为回归养老保险的"保险"本质，任何盯住分配公平的税优制度安排必须要在精算公平基础之上，后者不能缺失，更不能将两者颠倒。

（二）防止税优助长"不公平"

如果说，把克服劳动力市场工资收入的增长压力与分类分层的账户设计相结合，作为完善我国税优激励政策"锁定"的关键性因素，那么，很难在短期内找到总体积极的办法。因为，面对经济增长放缓与劳动力市场的多重转型，纵然不考虑财政负担的情况下，政府可以加大对税优激励的支持力度，但分配的"公平性"仍然是一个绕不开的挑战。任何国家的养老保险制度改革调整，所产生的分配效应都会在不同的个人群体之间进行转移。在我国，劳动力市场的工资收入差距巨大是不争事实。但国际经验也提醒我们，个人养老金账户的税优激励效应常常是"颠倒"的。因为，它们是从应税收入中实施扣除和减免，从而加剧了对不平等的负面影响。这意味着，税优激励的边际效应会随着居民或家庭收入的增加而增加（Duflo et al.，2006），而对于低收入居民和家庭来说可以忽略不计。至少，从目前我国所实施的试点政策方案来看，税收优惠的最大受益群体绝非是低收入者。

由于高收入群体更有可能拥有丰富的养老金储蓄，以及低收入群体很难处理对消费的平滑，所以，许多国家正在力图建立税优激励和财政补贴对受益人的瞄准机制，把基于职工工资收入的税收抵免与扣除额递减方法相结合。通常，税收减免不如扣除额递减，因为后者会减少应税收入，因此，其影响取决于纳税人的边际税率——它是收入的递增函数；相反，税收减免直接减少税收，不依赖于税率（Redonda et al.，2019）。事实上，当税收减免作为可退还的税收抵免授予时，累退的影响甚至更小，因为那些没有足够收入来受益于税收优惠的人仍然会受到该条款的影响。虽然，当前我国按照"孰低法"作为税收减免的计算标准，但

---

① 关于"出台直接财政补贴"的建议中，笔者论述了当前我国税制改革及其结构特征与税优政策安排协同治理，这些观点也在一定程度上支持积极探索产品制税优模式。

如前所述，设置的税优激励水平极其有限，同样会导致缺乏对低收入群体的吸引力。其原因就在于，强调税收减免的同时却忽视了抵扣额递减法的使用，这可能是解释我国试点覆盖面扩张绩效不佳的一个重要原因。

另外，职工和居民对税率的预期也是影响公平性的一个潜在风险。因为，一旦对政府提供的税收优惠产生了不确定性，那么，这可能会加剧由于工资收入增长压力、居民金融素养、信息不对称等因素所导致的不公平分配效应。一方面，从国家趋势来看，我国个人所得税总额增长率与平均工资收入增长率趋势大体一致，且总体上前者大于后者（见图8-1），这可能会影响居民对未来个人所得税向上增长的预期。根据国际经验，此时居民会更加青睐 TEE 模式①。另一方面，税率预期在地区之间的差异。虽然，相较于行政属性更强的基本养老保险制度，个人养老金制度更大程度上为私有化、市场化运营，但不同注册地的金融机构提供的养老保险产品，以及居民在不同地区建立个人养老金账户，可能享受的税优激励和财政补贴的水平是有差异的。特别是，未来国家的税优激励的标的从当前的账户模式，拓展到一个更加宽泛的个人养老金账户、金融机构营业税等多维度层面。

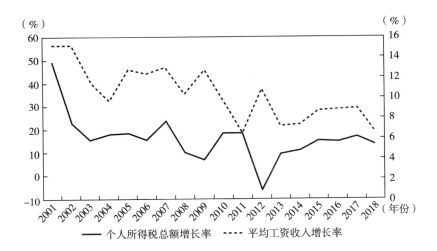

图8-1　我国年度个人所得税总额增长率及平均工资增长率

注：左轴刻度代表个人所得税总额增长率，右轴刻度代表平均工资增长率。

资料来源：历年《中国统计年鉴》。

---

① 这在一定程度上可能是解释当前我国 EET 模式下的个税递延型商业养老保险试点成效不佳的重要原因。

五、加大力度调整养老金基金化改革治理策略

（一）加强养老金基金化改革的顶层设计

毋庸置疑，从过往经验事实中能够获得对当前及未来改革的目标和价值启示，往往比简单地从历史经验中直接抓取技术性工具更具有意义。在我国，社会保障制度建设从配套市场经济体制建设，到独立建制的确立，再到上升到国家治理体系的重要组成部分，正逐步地朝向社会系统回归。显然，随着改革进程的深化，国家应该从整个社会系统层面出发，加强制度的顶层设计。2019 年，《中共中央关于坚持和完善中国特色社会主义制度　推进国家治理体系和治理能力现代化若干重大问题的决定》，强调了"两个一百年"奋斗目标在国家治理系统和治理能力现代化建设的核心价值引领，提出了经济、社会、文化、科技等多方面的改革治理目标。这就要求在推进多层次养老保险制度改革治理中，不能局限于对养老保险制度问题的应对，应该将多层次养老保险制度的制度功能与价值目标跨越到社会体系层面，从经济、社会、文化等多方面循序协调发展的视角，来推进养老金基金化改革事业。

未来，随着我国老龄化趋势加剧，越来越多的资产作为养老金储蓄，并转化为支付给退休老年人的养老金，极有可能导致再生产投资的资本紧缺，因此，推动养老金基金的资本化运作，成为各国在人口老龄化和经济增长放缓时代缓解资本紧缺的重要工具。OECD 成员国的经验表明，各国相继推进基金化改革的历史进程基本上与其资本增量的趋势是一致的。对于我国来说，自改革开放以来，资本增量的趋势大致可以划分为三个阶段（见图 8-2）。第一阶段是 1990 年之前，面对 20 世纪 80 年代市场经济转型、企业改制、银行体系调整等一系列改革，资本增量的变化较为波动。第二阶段是 1991~2010 年，这一时期资本增量的变化总体不大，前期略有下降和后期略有回升。第三阶段是 2011 年至今，总体上资本增量迅速下滑，逐步凸显了国家资本紧缺的压力。上述趋势在一定程度上为我国多层次养老保险制度发展缓慢提供了解释——至少在 2010 年之前，我国经济

体系中尚未出现资本紧缺压力①，使得养老金基金化改革缺乏根本动力。

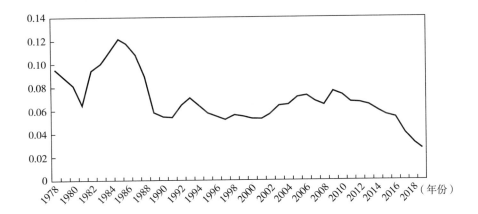

图 8-2　改革开放以来我国资本增量趋势

注：资本增量＝固定资本形成额/GDP；需要注意的是，此处固定资本形成额可能与表 6-4 中所展示的典型 OECD 成员国的资本增量的计算口径不一致，但从一定程度上来说，根据同一个统计口径和计算方式下的各国的趋势性分析是可取的。

资料来源：固定资本存量根据单豪杰（2008）的方法测算所得；GDP 数据摘自历年《中国统计年鉴》。

我国养老金基金化改革必须推进养老金储蓄保值增值与缓解资本紧缺压力的政策目标协同。从 OECD 成员国经验来看，20 世纪 90 年代加拿大、澳大利亚等国家在实施养老金基金化改革后，其资本增量趋势在 21 世纪的头几年有所回升，表明基金化改革可能创造短暂的复苏。2020 年，我国养老金储蓄的累计规模为 11.8 万亿元左右，占 GDP 的比重大致为 13.9%，其中，公共养老金储蓄占整个储蓄规模的比重为 47%——这一数据在英国和美国为 1% 和 7%，在德国和法国为 13%、35%，在日本、韩国为 52% 和 59%，表明越是 "后来" 的国家，它们的公共养老金储蓄占比越高。平均而言，OECD 成员国公共养老金储蓄占比均值为 24%。

① 进入 21 世纪，国家先后出台《企业年金试行办法》《企业年金基金管理办法》等指导性文件，在政策红利的刺激下，国家企业年金得到短暂的繁荣发展，但从根本上来说，由于缺乏对主体行为（政府可预见的资本紧缺压力，以及由此导致的经济增长放缓）的根本刺激，改革进程动力不足。2010 年后，一方面是随着老龄化趋势加剧，养老保险制度财务可持续面临严峻挑战；另一方面是资本增长趋势的迅速下滑，迫切需要为经济建设开辟新的资本融资渠道。由此，推动养老金基金化改革的重要性上升到国家改革治理议程的前列。党的十八大以来，完善多层次养老保险制度体系，促进企业年金、职业年金、个人养老金发展几乎在党和国家的一系列重大纲领性文件和规划政策中反复出现。

相比较而言，我国公共养老金储蓄规模仍然较大，特别是现收现付制模式下，难以形成长期的基金积累。假若以 OECD 成员国的平均水平为参照，那么，未来我国养老金基金化规模增量的当期价值为 2.7 万亿元，占 GDP 的比值大致为 3%[①]。因此，大力促进养老金基金化改革对缓解我国资本紧缺压力的效应是显著的。

（二）促进金融体系的资本融资制度完善

养老金基金化与各国金融体系结构模式休戚相关，良好的资本市场是养老金基金化改革的重要条件。一方面，近年来我国养老金基金投资在经济增长放缓的大环境下，虽然收益率有所下滑，但整体运行仍然平稳。在公共养老金基金方面，2016~2020 年我国投资收益率为 7.8%，与典型 OECD 成员国相比，该收益率居于中上水平；在私人养老金基金方面，投资收益率平均为 5.9%，与 OECD 成员国的平均水平基本持平。另一方面，从我国金融体系结构来看，长期以银行主导的社会融资模式为主体，信贷资金的规模优势非常突出；但金融"脱媒"趋势日益凸显，市场资源配置的效率逐步提升，资本市场长期形成以融资为主的、金融抑制的模式。在前文中已经论述了，我国的金融体系结构与英美的市场主导型和法德的银行主导型模式均存在一定程度的差异，未来，我国的金融体系调整将朝向服务于宏观经济社会战略、市场与银行"双峰"主导的新模式（宋清华，2001；吴晓求等，2022）。

从国际经验来看，经济建设的资本供需矛盾是决定养老金基金化改革进程的先决条件。在我国，养老金基金化必须与资本供给模式相适应，如果缺乏对金融融资模式的审慎研究，而试图推进养老金基金化的改革，无疑都是一厢情愿。一方面，来自银行系统内外的债务和股票证券，为我国初期资本市场铺平道路，从这个意义上说，证券化是金融系统内部调整所释放的促进资本增量的一种有效途径[②]。这就解释了在 2000~2010 年前后我国资本增量趋势确实有一定回升的现

---

① 注意，这里并没有对未来养老金基金化规模进行预测，此处所展示的数据仅仅是根据当前我国基金化规模及对标 OECD 成员国的平均水平，而简单地进行一个时间节点上的比较。显然，准确预测我国养老金基金化所涉及的因素是非常复杂的，包括人口老龄化的程度、资本市场容量、对外开放程度等，这是一个庞大的课题。

② 证券化是一种结构化交易，发起人将一批资产转让给受托人（一个具有监督和管理责任的特殊目的法律实体）受托人反过来发行由基础资产支持的证券。资产可以包括银行贷款、抵押贷款、信用卡应收款和其他应收款——任何形式的现金流。在采用基于盎格鲁-撒克逊法律体系的信托法的国家在证券化方面比较成功（Bebczuk and Musalem，2009）。

象。另一方面，企业和家庭选择不同的中介渠道是内生的，而不会管养老保险制度安排如何。例如，对于企业来说，我国企业的融资严重依赖于内部资金和银行信贷，对外部股权只是扮演一个边缘化角色，所以，它们对养老金基金化的反映并不是太积极。同样，对于家庭来说，在我国资本市场透明度改革没有达到预期水平的情况下，它们是不愿意把储蓄交给不透明的企业。这种社会态度，也是影响我国养老金基金化改革的重要条件①。

在我国，2022 年出台了《中国银保监会关于规范和促进商业养老金融业务发展的通知》，明确了支持和鼓励银行保险机构发展养老金融业务。这在一定程度上预示着，未来我国养老金基金化改革必然与银行改革相协同。从当前的改革趋势来看，银行作为金融体系重要支撑的地位不会改变，证券化是我国既往金融制度改革的重要创新，这为我国养老金基金化提供了重要条件——在一定程度上它使得养老金储蓄更加安全、更容易地将这些资产纳入其投资组合。在这种路径下，必须加快推进如下几项改革：一是优化监管约束，甚至是放松。从风险控制来说，扩大养老金基金可供选择的资产投资菜单，包括衍生品、私募股权和风险资本（Brunner and Rocha，2010）。二是对所有金融工具的税收待遇进行审查。国际经验表明，对不同类型的金融工具应该保持征税中立，但我国当前税收制度对不同的金融工具区别对待的情况并不少见。三是政府可以通过向市场引入更多资产来适度补充养老金基金对金融市场的依赖，如通过政府与社会合作模式，来引导市场进程。

（三）提高居民金融素养以改善社会态度

通常，补充养老保险扩面很大程度上会受到关于税级效应、最低分配要求，以及提款对税率和养老金财富的影响。然而，面对经济增长放缓及劳动力市场的多重转型，一些因素的影响需要从长计议。纵然在不考虑财政负担的情况下，政府可以加大对税优激励的支持力度，但居民金融素养、退休行为背后的心理因素等要素，在短期内想完全掌握是不现实的。全球普遍存在低水平的金融知识，并且为鼓励人们增加退休储蓄而提供的税收激励和财政补贴措施的有效性似乎有限。OECD 的一项调查显示，在 G20 成员中我国居民的金融素养表现得相对良

---

① 在这方面，德国里斯特计划给我们提供的经验是直接的。德国的社会态度对里斯特计划的扩面产生了深刻影响。民族性格的保守、对资本市场心存芥蒂、金融素养对"安全"的狭义理解等多方面因素，使得里斯特计划在后期的覆盖面扩展举步维艰。

好。但是，这并不意味着我们已经达到了迅速推广商业养老保险覆盖面的水平（见图8-3），已经有研究表明，我国居民金融素养仍然是制约商业养老保险扩面或发展的重要因素（郑路和徐旻霞，2021；朱文佩和林义，2022）。

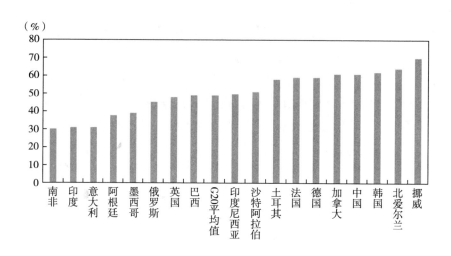

图8-3 金融知识达到最低目标分数的受访者比例

资料来源：OECD. G20/OECD INFE Report on Adult Financial Literacy in G20 Countries［R］. 2017.

一方面，鼓励个人为退休储蓄更多的最有效方法是提高他们的金融素养，而提高居民金融素养的最直接方法是加大教育投入力度。这是一个非常有针对性且长期的社会投入计划，为了制定和设定适当的关于老龄金融或养老金融方面的教育计划，需要不同主体者之间协调一致，包括教育机构、金融组织、监管部门等。但当前来看，哪怕是发达国家，它们对向居民普及"什么样"的金融知识，以及"如何做""何时做"等方面仍然知之甚少（Horioka and Niimi，2019），这就需要更多的实证研究来支撑。另一方面，由于教育投入计划的见效周期很长，当务之急，也可作为一项补充计划，充分发挥企业和雇主的作用。一些研究发现，企业自动向个人养老金账户为员工供款，比税收减免政策的效果更好（Chetty et al.，2014）。这是因为，企业或雇主在金融知识方面的储备通常大于劳动者或居民个体，且更加容易掌握。这种自动缴款计划，是美国IRA和401k计划成功的重要因素，值得我们借鉴。

提高居民老龄金融素养的根本目的是增加养老金财富积累。但是，居民对金融产品能够有效积累财富的质疑，成为一项重要挑战，这不能仅从培养居民金融素养来解决。通常，随着年龄的增长，居民对新知识的接受程度会显著降低。从国际经验来看，主要的改革趋势包括：一是供给越来越多的更能够积累养老金财富的金融产品；二是加强监管和立法，保障这类金融产品的安全性，并且是精算公平；三是向社会充分宣传各类信息，帮助他们更加容易获得所需信息；四是提高利益相关者（如养老金财富规划师）的能力，以协助和引导认知能力下降的老年人做出适当的财务决策。当然，这些趋势并非是帮助老年群体认同并购买商业养老保险的全部动力。如果居民对商业养老保险能够有效积累养老金财富充满信心，那么推广和发展终身年金和商业养老金则是未来我国个人养老金制度发展的长远计划。

附录　政策仿真模拟参数设置

一、人口参数

首先，劳动力人口与退休人口。本书运用 PADIS-INT 人口预测软件，以 2020 年第七次全国人口普查数据为基础，结合生育率、预期寿命、年龄别死亡率及出生性别比等参数的合理设定，对 2020~2070 年的全国人口规模进行预测。附图 1 展示了测算期内劳动力市场人口结构。观察可知：第一，劳动力人口规模持续下降，但在 2055 年左右降速会有所放缓。第二，退休人口规模呈倒"U"型趋势，且在 2055 年前后出现拐点。第三，总抚养比也在 2055 年左右之前持续上升，但随后也会随着退休人口减少而下降。总体来看，我国未来人口结构变化的下一次转折点可能会分布在 20 世纪 50 年代。

其次，预期寿命。根据中国统计年鉴数据显示，2010 年全国男女预期寿命分别为 72.38 岁和 77.37 岁，2020 年分别为 73.64 岁和 79.43 岁，平均预期寿命为 77.8 岁。随着生活水平提高和医疗服务发展，我国人口预期寿命必然呈增长趋势。根据联合国人口司测算数据，到 2030 年我国人口预期寿命分别达到男性 75.96 岁和女性 81.34 岁。总体上，我国预期寿命增长规律为每 5 年大致提高 1 岁。鉴于此，本书设置测算期内，我国男性和女性预期寿命每 5 年增长 1 岁，截至 2070 年则分别为 84 岁和 90 岁。

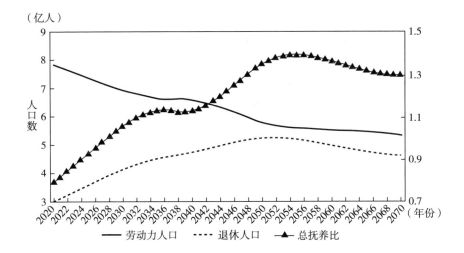

附图1 我国2020~2070年人口结构年度变化规律

资料来源：2020年数据来自于第七次全国人口普查数据，其他年份为预测数据。

最后，老年人口总死亡率。本书的老年人口总和死亡率，将根据中国保险监督管理委员会2005年颁布的《中国人寿保险业经验生命表（2010—2013）》来计算。其中，65岁男性死亡率为0.00699、女性为0.00384，而100岁男性死亡率为0.3284、女性为0.20084。那么，本书据此测算出65~100岁的老年群体总和死亡率大致为0.08。综上所述，由于死亡模式的相对稳定性，本书测算期内的死亡率设置为0.08。

二、经济参数

第一，名义工资增长率。从中短期来看，"十三五"时期全国在岗职工平均（名义）工资增长率为9%，但这种"补偿性"工资增长趋势必然会随着经济发展的成熟而下降。根据《中华人民共和国国民经济和社会发展第十四个五年规划和2035年远景目标纲要》，若到2035年我国基本实现社会主义现代化发展要求，经济增长需要完成2035年人均实际GDP水平比2020年翻一番的任务，那么"十四五"时期GDP年均增速要达到4.8%（刘伟和陈彦斌，2020）。

从长远来看，根据发达国家的经验，过去几十年 OECD 成员国平均工资增长率呈现出持续下滑趋势，从 20 世纪 90 年代初期的 8% 下降至 2010 年的 2% 左右。在我国，自 21 世纪以来工资增长率也呈现出波动下滑态势，从 21 世纪初的 17% 下降至"十三五"时期的 9% 左右。从比较历史的视角来看，我们很难辩驳我国未来几十年的工资增长率不会沿袭发达国家的轨迹（见附图 2）。鉴于此，本书设定未来我国名义工资增长率在 2021~2050 年下降至 2%，随后保持不变。

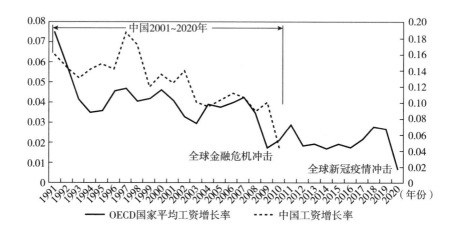

附图 2 OECD 成员国平均工资增长率与我国工资增长率趋势

注：左轴刻画的是 OECD 成员国平均工资增长率，右轴刻画的是中国工资增长率。

资料来源：OECD 成员国数据根据 OECD 数据库计算，中国数据根据历年《中国劳动统计年鉴》计算。

第二，通货膨胀率。由于我国没有公开发布通货膨胀率指标数据，通常学者们把职工消费价格指数（CPI）作为通货膨胀率的代理变量，但许多学者认为这一水平显然低估了我国通货膨胀水平。国际经验表明，3%~4% 的通货膨胀率是健康经济体的水平（王萌萌和张璟，2021）。随着国家经济发展不断成熟，加之政府宏观调控下通货膨胀管理机制的不断完善，我国未来通货膨胀率水平将会保持一个稳定区间。鉴于此，本书设置，在测算期内我国的通货膨胀率水平保持在每年 3%。

第三，就业率。由于我国就业服务体系不尽完善，加之人们的观念存在误区，主动到就业服务机构登记求职的失业人员数比实际失业人员数要少，所以，我们不难理解我国登记失业率可能会低于实际失业率水平，因此本书采用调查失业率的指标。2018 年国家统计局发布的城镇调查失业率 5% 左右，但同期国际劳工组织数据显示，发达国家和地区平均失业率为 6.6%，发展中国家和地区平均失业率为 5.5%，全球平均失业率为 5.7%，整体上表明我国就业形势相对比较稳定。由此，本书设定预测期间我国城镇失业率为 5%，就业率为 95%。

第四，城镇化率。根据《中国统计年鉴 2021》，2011~2019 年我国城镇人口占总人口比重的年均增长率为 2.4% 左右，截至 2020 年底，城镇人口比重为 63.9%。根据诺瑟姆提出的"诺瑟姆曲线"[①]，城镇化水平在中期阶段（30%~70%）会有快速提升。潘家华等（2019）、张晓彤和张立新（2021）的测算显示，2030 年我国城镇化率将达到 70% 左右，到 2050 年将达到 80% 左右。根据《人口与劳动绿皮书：中国人口与劳动问题报告 No.22》显示，"十四五"时期我国城镇化率增速出现由快转慢的拐点，预计到 2035 年后我国城镇化率峰值将出现在 75%~80%。鉴于此，本书设置在 2021~2030 年城镇化匀速上升至 70%，在 2031~2040 年匀速上升至 80%，在 2040 年后长期保持在 80%。

第五，基金投资收益率。自 2016 年 12 月基本养老保险基金受托运营以来，年均投资收益率为 6.89%（贺党渊，2021）。另外，《2019 年全国社会保障基金理事会社保基金年度报告》披露，社保基金自成立以来平均收益率达到 8%，企业年金从 2007 年以来的年化收益率也超过 7%。当然，基金投资收益水平在很大程度上也会受到国民经济发展质量和增长速度的影响。随着外部经济环境的冲击，未来无论在宏观经济发展还是资本投资环境方面所面临的约束会增强，所以，社保基金投资收益的高速增长会面临更加强力的挑战。鉴于此，本书设置基金投资收益率年均为 7%。

三、制度参数

第一，养老金调整系数。国际经验表明，养老金待遇调整通常可以通过价格指数化、工资指数化或两者的结合来建立养老金待遇调整机制（Barr and

---

① 诺瑟姆提出了著名的生长理论曲线，城镇化的发展路径如 S 形曲线，发展过程分为初期阶段（城镇化水平低于 30%）、中期阶段（城镇化水平为 30%~70%）和后期阶段（城镇化水平为 70%~90%），其中期阶段形成速度最快。

Diamond，2008；林义和蹇滨徽，2019）。当前，我国基本养老金待遇调整按照当地企业在岗职工平均名义工资增长率的一定比例，不同地区的执行标准并非一致，但刘苓玲等（2016）研究表明，当前我国养老金调整机制很难有效保障养老金领取者的实际待遇水平，所以实际上的养老金待遇调整幅度相对更高一些。根据历年《人力资源和社会保障事业发展统计公报》数据计算，2010~2020年我国职工基本养老金待遇年均增长率为10.2%，与我国名义工资增长率基本一致。基于此，本书假定我国基本养老金待遇调整系数与职工名义工资增长率保持一致。

第二，覆盖率。Holzmann（1998）的研究发现，在发达国家无论其养老保险制度体系多么完善，养老保险制度覆盖率最高也大致只有90%的水平。有研究认为，随着我国未来人均收入达到3万美元时，基本养老保险制度覆盖率将会达到90%。当前，我国机关单位并轨改革完成，基本养老保险覆盖率为80%左右（金刚等，2020）。根据《中华人民共和国2020年国民经济和社会发展统计公报》，城镇职工人均可支配收入为43834元，"十四五"时期年均增长率为7.1%。假设未来城镇职工人均可支配收入保持7.1%的增速，则到2035年城镇人均可支配收入达到183282元（按照美元对人民币汇率6.2折算，约合3万美元），将具备实现90%覆盖率的经济基础。综上所述，本书设置2021~2035年覆盖率匀速地从80%提升至90%，随后保持不变。

第三，法定退休年龄。领取养老待遇的最低退休年龄对于社会养老保障制度的支出有着重要的影响（Gillion and Turner，2000）。2012年《人力资源和社会保障事业发展"十二五"规划纲要》明确提出适时研究弹性延迟领取养老金年龄的政策。党的十八届三中、五中全会均对"延迟退休年龄"政策进行了明确指导，延迟退休的顶层设计思路基本定调。2021年，《中华人民共和国国民经济和社会发展第十四个五年规划和2035年远景目标纲要》进一步明确"小步调整、弹性实施、分类推进、统筹兼顾"等原则，逐步延迟法定退休年龄。

"十四五"时期，无论从养老保险基金安全本身考虑，还是从整个社会经济运行状况来看，我国延迟退休政策的实质性实践时机已然成熟。本书设定，2025年启动延迟退休：女职工每3年延迟1岁（或每年延迟4个月），取消"干部"

和"普通职工"的身份差别①，到2050年退休年龄增加8.3岁；男职工每5年延迟1岁，到2050年退休年龄增加5岁。此时，按照退休余命来看，男女职工大致分别为15岁和20.3岁，平均为17.65岁，与OECD成员国预测的平均17.8岁基本一致（见附图3）。

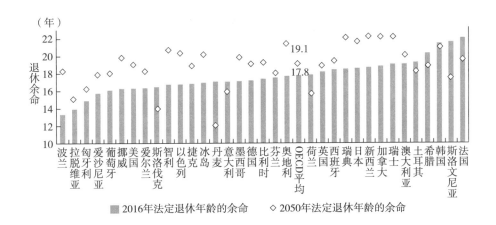

附图3　OECD成员国法定退休年龄余命

资料来源：OECD数据库。

第四，缴费率。2019年国务院颁布《降低社会保险费率综合方案》，规定我国职工基本养老保险法定缴费率为24%，其中统筹账户为16%、个人账户为8%②。但由于既往我国社保和税务分别征收模式，导致征缴率水平不高，从而使得平均实际缴费率并未达到法定缴费率。2020年，大致测算出职工基本养老保险实际缴费率为19%③。当然，随着2018年我国启动合并征缴改革，由税务机构统一征收，这会有助于提高我国实际缴费率。Gillion等（2000）研究认为，当一

① 既往女职工退休年龄存在"干部"55岁和"普通职工"50岁的就业身份差异，在实际测算过程中，对二者进行区分是难以办到的，所以本书假定女职工初始退休年龄为52岁。
② 从国际比较来看，我国职工基本养老保险制度中统筹账户缴费率仍然还是远高于英国、美国、波兰等国家的12%左右和德国、瑞典等国家的9.5%左右；与之相反，个人账户缴费率较之英国（11%）、美国（12.4%）、波兰（12.22）等国家相对偏低。
③ 根据财政部《2020年全国社会保险基金收入决算表》，2020年企业职工和机关事业单位保费收入合计28967.83亿元；根据《2020年度人力资源和社会保障事业统计公报》，2020年基本养老保险参保职工（缴费者）32859万人；城镇单位（私营与非私营）就业人员平均工资大致为77553元。基于上述数据，测算得出我国基本养老保险实际缴费率大致为19%。

个国家实施税务征收模式后，征缴率可以达到80%。另外，在未来经济新常态阶段，国家法定缴费率很大概率还会进一步下调。

第五，替代率。通常，不同层次养老金的替代率问题本质上是公共与私人养老金之间的责任分工，以及通过各层次互动来减轻整个养老保险系统风险的问题。就我国而言，自2005年开始补偿历史欠账的条件下已经持续十几年的增长常态，导致人们老年后的经济来源全部寄托在基本养老金制度上。截至"十三五"时期，社会平均工资替代率约为60%①。企业年金替代率仅为5%（郑功成，2019），个人储蓄养老保险的替代率几乎可以忽略不计（路锦非和杨燕绥，2019）。显然，各层次养老金替代率关系结构失衡，将直接影响到多层次养老金体系的合理构建（郑功成，2020）。

本书中，替代率是促进多层次养老保险制度各层次协同治理的关键参数。需要说明三点：其一，当前及未来一段时间，做实二三层次的替代率水平尚需时日，所以基本养老金替代率不能盲目下调。根据《中华人民共和国国民经济和社会发展第十四个五年规划和2035年远景目标纲要》，多支柱、多层次养老保障体系建设是未来我国养老保险制度改革的重要任务，因此，在2035年前后我国多层次养老金体系的替代率关系将逐步确定。其二，基本养老金替代率调整，必须考虑到养老金待遇充足性与人口老龄化趋势下的基金可持续压力，这是确定二三层次养老金替代率水平的先决条件。其三，个人账户极有可能是打通各层次协同关系的重要纽带，统筹账户与个人账户的替代率关系尤为重要。

第六，个人养老金账户管理费率。对于个人养老金来说，管理费用是一项非常重要的支出。从国际经验来看，沉重的管理费是制约个人养老金制度发展的重要原因，很多国家都对其做了明确的规定。不同国家的计划提供者（如保险公司、基金公司）以不同的方式向个人养老金账户持有者收取管理费用，它通常和缴费、工资、资产规模或经营业绩挂钩。OECD成员国的经验显示，它们的管理费率大致在养老金资产规模的0.5%~2%（见附图4）。本书中，我们设置个人养老金账户的年化管理费率为个人养老金账户资产规模的1%。

---

① 我国企业职工基本养老保险制度坚持"全覆盖、保基本、多层次、可持续"的原则，劳动者在职时以职工平均工资缴费满35年，退休时基本养老金的目标替代率设计为上年职工年平均工资的60%左右。

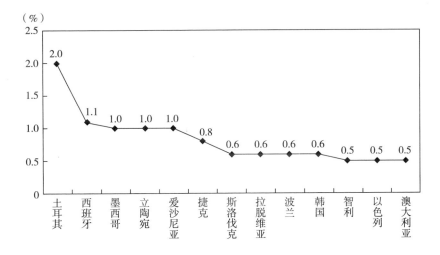

附图 4 部分 OECD 成员国个人养老金年化费率

资料来源：OECD 数据库。

四、国有资本划转

如前所述，当前我国养老保险制度改革的一项重要举措是国有资本划转社保基金，其根本目的是保障基本养老保险制度的财务可持续。根据国际经验来看，美国、英国、波兰等发达国家的主要措施是将国有资产收益或股份收入划转到社保基金（李培和丁少群，2022），作为权益法定关系，表明当社保基金出现亏空时，可以适当将国有资产变现以弥补基金缺口。当前，我国按照"分红为主，运作为辅"的模式，国有资产划转对社保基金的保障效应很有限。例如，四川省按照该模式改革，每增长 1% 的划转比例，每年只能减少基金缺口大致 7 亿元[①]。但未来随着基本养老金全国统筹，在一定程度上能够缓解基金运营能力相对较弱的地区，所以我们暂不考虑基金缺口的约束。

一方面，从"十三五"时期运营情况来看，国有资本总规模从 2017 年的

---

① 数据摘自林义教授受四川省人力资源和社会保障厅委托的"划转国有资本充实社保基金的实证测算"课题成果。

66.5 万亿元增长至 2020 年底的 98.7 万亿元（不含行政事业性国有资产和国有自然资源资产），年均利润率大致为 4.5%（见附表 1）。另一方面，根据 2019 年颁布的《关于全面推开划转部分国有资本充实社保基金工作的通知》，截至 2021 年底中央层面基本完成划转任务，涉及 93 家央企和中央金融机构划转总额 1.68 万亿元，当年股权划转分红大致 200 亿元。但是，地方层面进程不一，总体推进缓慢。例如，四川省 2021 年底划转的国有资本及其权益 1549 亿元，仅相当于全省地方国有资本规模的 1.2%。鉴于此，本书设置：2025 年底完成 10% 的国有资本划转任务；国有资本收益率在测算期内稳定保持在 4.5%。

附表 1　2017~2020 年我国国有资本经营情况

年份	类型	国有资本总规模（万亿元）		利润（亿元）	
		中央	地方	中央	地方
2017	国有企业	16.2	34.1	17757.2	11228.7
	金融机构	16.2*	—	—	—
2018	国有企业	16.7	42	20399.1	13478.6
	金融机构	17.2*	—	—	—
2019	国有企业	17.8	47.1	22652.7	26318.4
	金融机构	14.9	5.3	—	—
2020	国有企业	19.6	56.4	—	—
	金融机构	16.5	6.2	—	—

注：* 为中央和地方金融机构国有资本总规模。

资料来源：国务院历年发布的《国有资产管理情况的综合报告》与财政部公布数据。

五、财政支持

第一，财政补贴基本养老保险基金。未来，我国财政补贴社保基金的思路可能面临多个方面的变化：一是按照"增量改革"思路，未来财政补贴的主要目标是解决历史留存问题，所以随着改革推进，历史留存问题也将会逐步减少直至彻底解决，未来财政补贴率有可能会随之下调。二是随着国有资本划拨社保基金的推进，对基金缺口在一定程度上可以通过国有资本合理变现来应对财务风险，这在很大程度上会减轻财政兜底责任；另外，基金投资运营收益将会给养老保险基金带来可观的收入，这在很大程度上减轻财政负担。三是全国统筹的启动，地区间基金余缺将由中央统一调剂，所以可以缓解部分地区基金缺口压力。

一方面，财政补贴社保基金规模应该控制在每年国家财政收入的一个适度范围内。例如，根据《中国统计年鉴》数据计算，2019 年财政补贴社保基金规模占一般公共预算收入比例为 5.4%，而整个"十三五"时期年均水平为 4.9%[①]。另一方面，2010~2019 年各级政府财政补贴养老保险的支出占历年基金收入的年均比例在 16.2% 左右，特别是近年来，这一比例上升趋势明显，2019 年该水平为 19.4%[②]。结合上文分析，此处设定财政补贴基本养老保险基金的补贴率为年度基金收入的 15%。

第二，个人养老金账户的税收优惠。国际经验表明，个人养老金账户的税收优惠通常设置不同限额范围内对职工免征或减征个人（工资）所得税。德国里斯特计划从 2008 年起规定每年免税额为 2100 欧元，这一额度相当于 2020 年德国平均工资的 5%。但是，德国工资所得税率远高于我国，平均而言达到 30%[③]，2100 欧元的免税额可以节约税费 630 欧元，占德国社会平均工资的 1.5%，是我国免税额占平均工资比重的 3 倍之多。无独有偶，美国 IRA 计划缴费最高限额为6000 美元，按照美国 2020 年平均工资税率 10.5% 计算，6000 美元的免税额度可以为职工节约税费 630 美元，占其社会平均工资的比重大致为 2.1%，是我国的近 4 倍。

另外，德国李斯特计划还有其他直接财政补贴内容，美国 IRA 的账户转续衔接还会有机会享受一定的免税激励。相比较而言，根据我国 2018 年出台的《关于开展个人税收递延型商业养老保险试点的通知》可知，我国初始阶段施行的是EET 模式，即职工在缴费阶段享受税收优惠——对于取得工资薪金、连续性劳务报酬所得的个人，每月可以按照"孰低法"进行税前扣除：一是每月实际缴费

---

①　根据历年《人力资源和社会保障事业发展统计公报》和财政部数据计算。

②　2010~2019 年分别为 14.%、13.4%、13.2%、13.3%、14%、16.1%、18.6%、18.5%、20.4%、19.4%。

③　根据 OECD 官网数据计算，我们使用的是"单身人士，平均收入的 100%，无子女""一对夫妻，平均收入的 100%，两个孩子""两对夫妻，平均收入的 100%，两个孩子"三组数据的平均值。

额；二是 1000 元；三是每月工资薪金或劳务报酬收入的 6%①。以每月 1000 元
（每年 12000 元）的限额为例，与 2020 年社会平均工资 77553 元相比，比值为
15%。按照 3% 的个人工资所得税率②，免税额为 360 元，仅相当于工资收入的
0.5%。鉴于此，本书设置未来我国个人养老金账户税收优惠比例在 2025 年提升
至社会平均工资的 2%，此后保持不变。

---

① 当然，文件还对个人独资企业投资者、个体工商户业主、承包承租经营者和合伙企业自然人合伙
人等居民群体的税优待遇享受做了规定：一是实际缴费额；二是 12000 元；三是当年应税收入的 6%。但
是，本书主要讨论领取工资的居民，所以暂不考虑这部分群体，故不做过多赘述。

② 2020 年我国个人工资所得税率表，5000 元以下免征所得税，5001~8000 元部分征收 3%；8001~
17000 元部分征收 10%，以此类推。此处，我们根据社会平均工资水平，按照 3% 的水平进行征缴。

参考文献

[1] Ansell C, Gash A. Collaborative Governance in Theory and Practice [J]. Journal of Public Administration Research and Theory, 2007, 18 (4): 543-571.

[2] Arza C. The Gender Dimensions of Pension Systems: Policies and Constraints for the Protection of Older Women [R]. 2015.

[3] Adelman S W, Cross M L. Comparing a Traditional IRA and a Roth IRA: Theory Versus Practice [J]. Risk Management and Insurance Review, 2010, 13 (2): 265-277.

[4] Adascalitei D, Domonkos S. Reforming Against All Odds: Multi-Pillar Pension Systems in the Czech Republic and Romania [J]. International Social Security Review, 2015, 68 (2): 85-104.

[5] Ameriks J, Briggs J, Caplin A, et al. Older Americans Would Work Longer If Jobs were Flexible [J]. American Economic Journal: Macroeconomics, 2020, 12 (1): 174-209.

[6] Brophy J M. The Political Calculus of Capital: Banking and the Business Class in Prussia, 1848-1856 [J]. Central European History, 1992, 25 (2): 149-176.

[7] Etzioni A. The New Golden Rule: Community and Morality in a Democratic Society [J]. Estudios Pedagogicos, 2002, 7 (28): 217-220.

[8] Bosworth B, Burtless G. Pension Reform and Saving [J]. National Tax Journal, 2004, 57 (3): 703-727.

[9] Barr N, Diamond P. Reforming Pensions: Principles and Policy Choices [M]. Oxford: Oxford University Press, 2008.

[10] Brunner G, Rocha R. Risk-Based Supervision of Pension Funds: Emerging

Practices and Challenges [J]. Social Science Electronic Publishing, 2010, 10 (3): 1-38.

[11] Burtless G. Lessons of the Financial Crisis for the Design of National Pension Systems [J]. CESifo Economic Studies, 2009, 56 (3): 323-349.

[12] Börsch-Supan A H, Coppola M, Reil-Held A. Riester Pensions in Germany: Design, Dynamics, Targetting Success and Crowding-In [R]. 2012.

[13] Borzutzky S. Pension Market Failure in Chile: Foundations, Analysis and Policy Reforms [J]. Journal of Comparative Social Welfare, 2012, 28 (2): 103-112.

[14] Barr N. The Pension System in Sweden [R]. 2013.

[15] Barth E, Moene K O, Willumsen F. The Scandinavian Model—An Interpretation [J]. Journal of Public Economics, 2014, 117 (Sept.): 60-72.

[16] Beetsma R, Constandse M, Cordewener F, et al. The Dutch Pension System and the Financial Crisis [J]. CESifo DICE Report, 2015, 13 (2): 14-19.

[17] Börsch-Supan A H, Bucher - Koenen T, Goll N, et al. 15 Years of the Riester Pension Scheme-Taking Stock [R]. 2016.

[18] Bosworth B , Dornbusch R , Labán R. Chilean Economy: Policy Lessons and Challenges [M]. Washington, DC: Brookings Institution, 1994.

[19] Coffee J C. Liquidity Versus Control: The Institutional Investor as Corporate Monitor [J]. Columbia Law Review, 1991, 91: 1277-1368.

[20] Gillion C, Turner J, Bailey C, et al. Social Security Pensions: Development and Reform [M]. Geneva: International Labour Office, 2000.

[21] Cai Y, Cheng Y. Pension Reform in China: Challenges and Opportunities [J]. Journal of Economic Surveys, 2014, 28 (4): 636-651.

[22] Chetty R, Friedman J N, Leth-Petersen S, et al. Active vs. Passive Decisions and Crowd-Out in Retirement Savings Accounts: Evidence from Denmark [J]. The Quarterly Journal of Economics, 2014, 129 (3): 1141-1219.

[23] Carone G , Eckefeldt P , Giamboni L , et al. Pension Reforms in the EU since the Early 2000's: Achievements and Challenges ahead [R]. 2016.

[24] Cribb J, Emmerson C, Dataset D, et al. What Happens When Employers are Obliged to Nudge? Automatic Enrolment and Pension Saving in the UK [J]. Jonathan Cribb, 2016, 14 (4): 412-438.

［25］ Calu M, Stanciu C. An Insight of the Future-Pan European Pension Product ［J］. Global Economic Observer, 2018, 6 (1): 101-106.

［26］ Culpepper P D. Institutional Rules, Social Capacity, and the Stuff of Politics: Experiments in Collaborative Governance in France and Italy ［R］. 2003.

［27］ Drouin J M. Western European Adjustment to Structural Economic Problems ［M］. Lanham, MD: University Press of America, 1987.

［28］ Disney R, Emmerson C, Wakefield M. Pension Reform and Saving in Britain ［J］. Oxford Review of Economic Policy, 2001, 17 (1): 70-94.

［29］ Diop A Y . Governance of Social Security Regimes: Trends in Senegal ［J］. International Social Security Review, 2003, 56 (3-4): 17-23.

［30］ Dermine J . Banking in Europe: Past, Present and Future ［R］. 2003.

［31］ Dunleavy P, Margetts H, Bastow S, et al. New Public Management is Dead: Long Live Digital-Era Governance ［J］. Journal of Public Administration Research and Theory, 2006, 16 (3): 467-494.

［32］ Duflo E, Gale W, Liebman J, et al. Saving Incentives for Low-and Middle-income Families: Evidence from a Field Experiment with H&R Block ［J］. The Quarterly Journal of Economics, 2006, 121 (4): 1311-1346.

［33］ Donahue J, Zeckhauser R J. Public-Private Collaboration ［M］. Oxford: Oxford University Press, 2008.

［34］ Evers A, Wintersberger H. Shifts in the Welfare Mix: Their Impact on Work, Social Services, and Welfare Policies ［M］. London, New York: Routledge, 1990.

［35］ Ebbinghaus B. Varieties of Pension Governance under Pressure: Funded Pensions in Western Europe ［J］. Cesifo Dice Report, 2012, 10 (4): 3-8.

［36］ Ebbinghaus B. The Privatization and Marketization of Pensions in Europe: A Double Transformation Facing the Crisis ［J］. European Policy Analysis, 2015, 1 (1): 56-73.

［37］ Emerson K, Nabatchi T, Balogh S. An Integrative Framework for Collaborative Governance ［J］. Journal of Public Administration Research and Theory, 2012, 22 (1): 1-29.

［38］ Feher C, Bidegain I D. Pension Schemes in the COVID-19 Crisis: Impacts and Policy Considerations [R]. 2020.

[39] Fernandéz-López S, Otero L, Rodeiro D , et al. What are the Driving Forces of Individuals' Retirement Savings? [J]. Finance a Uver, 2010, 60 (3): 226-251.

[40] French E, Jones J. Public Pensions and Labor Supply over the Life Cycle [J]. International Tax and Public Finance, 2012, 19 (2): 268-287.

[41] Goldin C, Margo R A. The Great Compression: The Wage Structure in the United States at Mid-Century [J]. The Quarterly Journal of Economics, 1992, 107 (1): 1-34.

[42] William G, Shoven J, Warshawsky M. The Evolving Pension System: Trends, Effects, and Proposals for Reform [J]. Journal of Pension Economics & Finance, 2007, 6 (3): 350-351.

[43] Galor O, Weil D N. Population, Technology, and Growth: From Malthusian Stagnation to the Demographic Transition and Beyond [J]. American Economic Review, 2000, 90 (4): 806-828.

[44] Groome T, Blancher N, Ramlogan P, et al. Population Ageing, the Structure of Financial Markets and Policy Implications [C]. Sydney: G20 Workshop on Demography and Financial Markets, 2006.

[45] Guardiancich I. United Kingdom Current Pension System: First Assessment of Reform Outcomes and Output [R]. 2010.

[46] Griffina B, Loea D, Heskethb B. Using Proactivity, Time Discounting, and the Theory of Planned Behavior to Identify Predictors of Retirement Planning [J]. Educational Gerontology, 2012, 38 (12): 877-889.

[47] Grabosky P. Beyond Responsive Regulation: The Expanding Role of Non-State actors in the Regulatory Process [J]. Regulation and Governance, 2013, 7 (1): 114-123.

[48] Zheng G C, Scholz W. Global Social Security and Economic Development: Retrospect and Prospect [R]. 2019.

[49] Gentilini U, Almenfi M, Orton I , et al. Social Protection and Jobs Responses to COVID-19 [R]. 2020.

[50] Geyer J, Grabka M M, Haan P. 20 Jahre Riester-Rente: Private Altersvor-

sorge Braucht Einen Neustart [J]. DIW Wochenbericht, 2021, 88 (40): 667-673.

[51] Holzmann R. A World Bank Perspective on Pension Reform [R]. World Bank, 1998.

[52] Hershey D A, Henkens K, Dalen H P V. Mapping the Minds of Retirement Planners: A Cross-Cultural Perspective [J]. Journal of Cross-Cultural Psychology, 2006, 38 (3): 361-382.

[53] Hassan A F M, Salim R, Bloch H. Population Age Structure, Saving, Capital Flows and the Real Exchange Rate: A Survey of the Literature [J]. Journal of Economic Surveys, 2010, 25 (4): 708-736.

[54] Huber E, Stephens J D. Democracy and the Left: Social Policy and Inequality in Latin America [M]. Chicago: University of Chicago Press, 2012.

[55] Holzmann R. Global Pension Systems and Their Reform: Worldwide Drivers, Trends and Challenges [J]. International Social Security Review, 2013, 66 (2): 1-29.

[56] Holzmann R, Stiglitz J E. New Ideas about Old Age Security : Toward Sustainable Pension Systems in the 21st Century [R]. World Bank, 2001.

[57] Hamid T A, Chai S T. Meeting the Needs of Older Malaysians: Expansion, Diversification and Multi-Sector Collaboration [J]. Malaysian Journal of Economic Studies, 2013, 50 (2): 157-174.

[58] Horioka C Y, Niimi Y. Financial Literacy, Incentives, and Innovation to Deal with Population Aging [R]. 2019.

[59] Hinrichs K. Recent Pension Reforms in Europe: More Challenges, New Directions. An Overview [J]. Social Policy and Administration, 2021, 55 (3): 409-422.

[60] International Labour Office. The ILO Multi-Pillar Pension Model: Building Equitable and Sustainable Pension Systems [R]. 2018.

[61] ISSA. 10 Global Challenges for Social Security-2019 [R]. Brussels: International Social Security Association, 2019.

[62] Yermo J. Governance and Investment of Public Pension Reserve Funds in Selected OECD Countries [J]. Financial Market Trends, 2008 (1): 133-161.

[63] Jung C L. A Political Economy of Pension Reform in Korea [D]. Sheffield:

University of Sheffield, 2009.

[64] Choi Y J, Timo F. Welfare Reform and Social Investment Policy: International Lessons and Policy Implications [M]. Bristol: Policy Press, Bristol University Press, 2021.

[65] Kurach R, Kuśmierczyk P, Papla D. The Optimal Portfolio for the Two-Pillar Mandatory Pension System: The Case of Poland [J]. Applied Economics, 2019, 51 (23): 2552-2565.

[66] Karayev A A, Mukhtarova A, Tileubergenov Y M, et al. Public Administration of Social Security in the Republic of Kazakhstan [J]. Journal of Advanced Research in Law and Economics, 2016, 5 (19): 1051-1057.

[67] Kim W S, Kang S H. Improving the Personal Pension Provision for Old-Age Income Security [J]. Social Wefare Policy, 2008 (32): 261-292.

[68] Lamping W, Rüb F W. From the Conservative Welfare State to an ' Uncertain Something Else' : German Pension Politics in Comparative Perspective [J]. Policy and Politics, 2004, 32 (2): 169-191.

[69] Levi-Faur D. The Welfare State: A Regulatory Perspective [J]. Public Administration, 2014, 92 (3): 599-614.

[70] Levy S, Miller D. The Occupational Pension Schemes Survey 2006 [J]. Economic and Labour Market Review, 2008, 2 (1): 38-41.

[71] Lazear E P. Pensions and Deferred Befefits as Strategic Compensation [J]. Industrial Relations: A Journal of Economy and Society, 2010, 29 (2): 263-280.

[72] Majone G. The Rise of the Regulatory State in Europe [J]. West European Politics, 1994, 17 (3): 77-101.

[73] Majone G. From the Positive to the Regulatory State: Causes and Consequences of Changes in the Mode of Governance [J]. Journal of Public Policy, 1997, 17 (2): 139-167.

[74] Marier P. Pension Politics: Consensus and Social Conflict in Ageing Societies [M]. London, New York: Routledge, 2008.

[75] Bebczuk R N, Musalem A R. How Can Financial Markets Be Developed to Better Support Funded Systems? [C] //Holzmann R. Aging Population, Pension Funds, and Financial Markets. Washington, DC: The World Bank, 2009.

［76］ Mcguire M, Agranoff R, Silvia C. Putting the "Public" Back into Collaborative Public Management ［C］. Syracuse, NY: Public Management Research Conference, 2011.

［77］ Muscat O. Report "Intergenerational Balance of the Canadian Retirement Income System" by Chief Actuary Jean-Claude Ménard and Actuary Assia Billig Prepared for the International Social Security Association Technical Seminar on "Proactive and Preventive Approaches in Social Security-Supporting Sustainability" ［R］. 2013.

［78］ Maltseva E, Janenova S. The Politics of Pension Reforms in Kazakhstan: Pressures for Change and Reform Strategies ［R］. 2019.

［79］ Magwegwe F M, Lim H N. Factors Associated with the Ownership of Individual Retirement Accounts (IRAs): Applying the Theory of Planned Behavior ［J］. Journal of Financial Counseling and Planning, 2021, 32 (1): 116-130.

［80］ Natali D. Public/Private Mix in Pensions in Europe: The Role of State, Market and Social ［R］. 2009.

［81］ Nyland C, Hartel C E J, Thomson S B, et al. Shaming and Employer Social Insurance Compliance Behaviour in Shanghai ［J］. Journal of Contemporary Asia, 2012, 42 (4): 629-650.

［82］ Naczyk M, Domonkos S. The Financial Crisis and Varieties of Pension Privatization Reversals in Eastern Europe ［J］. Governance, 2016, 29 (2): 167-184.

［83］ Nomura A. Japan's Pension System: Challenges and Implications ［J］. Journal of Asian Capital Markets, 2019, 3 (2): 4-9.

［84］ Natali D. Pensions in the Age of COVID-19: Recent Changes and Future Challenges ［R］. 2020.

［85］ Ortiz I , Durán-Valverde F, Urban S , et al. Reversing Pension Privatization Rebuilding Public Pension Systems in Eastern Europe and Latin American Countries (2000-2018) ［R］. 2018.

［86］ OECD. OECD Pensions Outlook 2020 ［M］. Paris: OECD Publishing, 2016.

［87］ OECD. Pensions at a Glance 2015: OECD and G20 Indicators ［M］. Paris: OECD Publishing, 2015.

［88］ OECD. Pensions at a Glance 2019: OECD and G20 Indicators ［M］.

Paris：OECD Publishing, 2020.

[89] OECD. Pensions at a Glance 2021：OECD and G20 Indicators [M]. Paris：OECD Publishing, 2021.

[90] Park G. The Political-Economic Dimension of Pensions：The Case of Japan [J]. Governance, 2004, 17 (4)：549-572.

[91] Pochinok N B, Andryushchenko G I, Savina M V, et al. Place of Private Pension Funds in the Financial Market [J]. Asian Social Science, 2015, 11 (14)：161-168.

[92] Polakowski M. Old-Age Pension Systems' Reformsi in Germany, Greece and France-A Social Citizenship Perspective [J]. Prace Naukowe Uniwersytetu Ekonomicznego We Wroclawiu, 2018 (510)：165-180.

[93] Lindert P. Growing Public-Social Spending and Economic Growth since the Eighteenth Century [M]. New York：Cambridge University Press, 2004.

[94] Rein M, Turner J. Public-Private Interactions：Mandatory Pensions in Australia, the Netherlands and Switzerland [J]. Review of Population and Social Poling, 2001 (10)：107-153.

[95] Rajan R G, Zingales L. The Great Reversals：The Politics of Financial Development in the Twentieth Century [J]. Journal of Financial Economics, 2003, 69 (1)：5-50.

[96] Rhee N , Boivie I . The Continuing Retirement Savings Crisis [J]. Social Science Electronic Publishing, 2016, 2 (1)：1-26.

[97] Mckinnon R. Introduction：Pursuing Excellence in Social Security Administration [J]. International Social Security Review, 2016, 69 (3-4)：5-19.

[98] Redonda A, Galasso V, Mazur M, et al. Taxation in Aging Societies：Increasing the Effectiveness and Fairness of Pension Systems [C] . Tokyo：Asian Development Bank Institute, 2019.

[99] Skocpol T, Evans P, Rueschemeyer D, et al. Bringing the State Back in [M]. Cambridge：Cambridge University Press, 1985.

[100] Schieber S J , Shoven J B . The Consequences of Population Aging on Private Pension Fund Saving and Asset Markets [J]. Social Science Electronic Publishing, 1994 (179)：123-124.

[101] Stevens Y. The Silent Pension Pillar Implosion [J]. European Journal of Social Security, 2017, 19 (2): 98-117.

[102] Shi S J, Mok K H. Pension Privatisation in Greater China: Institutional Patterns and Policy Outcomes [J]. International Journal of Social Welfare, 2012, 21: 30-45.

[103] Settergren O, Andersson A, Kristiansson-Torp H, et al. Orange Report: Annual Report of the Swedish Pension System [R]. Swedish Social Insurance Agency, 2007.

[104] Shaji A S, Neelamegam R. A Study on Insurance and Investment Pattern of Middle-Income Group at Kollam Dist [J]. International Journal in Management and Social Science, 2016, 4 (7): 378-383.

[105] OECD. Preventing Ageing Unequally [J]. International Social Security Review, 2018, 71 (3): 125-127.

[106] Sørensen O B, Billig A, Lever M, et al. The Interaction of Pillars in Multi-Pillar Pension Systems: A Comparison of Canada, Denmark, Netherlands and Sweden [J]. International Social Security Review, 2016, 69 (2): 53-84.

[107] Tabata H. The Japanese Welfare State: Its Structure and Transformation [M]. Tokyo: University of Tokyo Press, 1990.

[108] Tanzi V, Schuknecht L. Public Spending in the 20th Century: A Global Perspective [M]. Cambridge: Cambridge University Press, 2000.

[109] Thaler R H, Benartzi S. Save More Tomorrow (TM): Using Behavioral Economics to Increase Employee Saving [J]. Journal of Political Economy, 2004, 112 (S1): 164.

[110] Sarfati H. New Risks, New Welfare: The Transformation of the European Welfare State [J]. Oup Catalogue, 2005, 11 (4): 654-657.

[111] Tillin L, Duckett J. The Politics of Social Policy: Welfare Expansion in Brazil, China, India and South Africa in Comparative Perspective [J]. Commonwealth and Comparative Politics, 2017, 55 (3): 253-277.

[112] Vujačič I, Petrovič-Vujačič J. Privatization in Serbia: Results and Institutional Failures [J]. Economic Annals, 2011, 56 (191): 89-105.

[113] Wilson T A. Summary Report on Retirement Income Adequacy Research/

Options for Increasing Pension Coverage among Private Sector Workers in Canada ［J］. Canadian Tax Journal, 2010, 58 （2）：459-473.

［114］Wilensky H L. The Welfare State and Equality：Structural and Ideological Roots of Public Expenditures ［M］. Berkeley：University of California Press, 1974.

［115］Weisskopf T E. The Effect of Unemployment on Labour Productivity：An International Comparative Analysis ［J］. International Review of Applied Economics, 1987, 1 （2）：127-151.

［116］Watanabe N. Private Pension Plans in Japan ［R］. 1994.

［117］Whitehouse E, D'addio A, Chomik R, et al. Two Decades of Pension Reform：What has been Achieved and What Remains to be Done? ［J］. The Geneva Papers on Risk and Insurance-Issues and Practice, 2009, 34 （4）：515-535.

［118］Ghellab Y, Varela N, Woodal J. Social Dialogue and Social Security Governance：A Topical ILO Perspective ［J］. International Social Security Review, 2011, 64 （4）：39-56.

［119］Yu J Y, Cai Y C, Ai T . The Collaborative Governance Mechanism and Enlightenment of Singapore Elderly Security System ［J］. International Journal of Business and Economics Research, 2018, 7 （4）：88-96.

［120］Zhu H Y, Walker A. Pension System Reform in China：Who Gets What Pensions? ［J］. Social Policy and Administration, 2018, 52 （7）：1410-1424.

［121］维吉妮·库代尔, 晓愚. 人口老化对工业化国家长期增长的影响 ［J］. 国际经济评论, 1993 （11）：38-43.

［122］安华. 社会分层与养老保险制度整合研究 ［J］. 保险研究, 2012 （3）：110-115.

［123］白重恩, 钱震杰. 国民收入的要素分配：统计数据背后的故事 ［J］. 经济研究, 2009, 44 （3）：27-41.

［124］博·罗斯坦, 臧雷振. 经济增长与政府质量的中国式悖论："韦伯式"科层制与中国特色"干部制" ［J］. 经济社会体制比较, 2016 （3）：144-152.

［125］［美］彼特·F. 德鲁克. 养老金革命 ［M］. 刘伟, 译. 北京：东方出版社, 2009.

［126］［英］保罗·皮尔逊. 福利制度的新政治学 ［M］. 汪淳波, 译. 北

京：商务印书馆，2004.

[127] 蔡昉．二元经济作为一个发展阶段的形成过程［J］．经济研究，2015，50（7）：4-15.

[128] 成欢，林义．调动市场功能构建多层次养老保险体系［J］．中国社会保障，2014（3）：32-33.

[129] 成欢，林义．多层次养老保险协同发展的联动机制及配套政策研究［J］．经济理论与经济管理，2019（9）：75-88.

[130] 曹海军，梁赛．理解"中国之治"的密钥："协同优势"与"优势协同"［J］．学术月刊，2021，53（4）：81-91.

[131] 曹信邦，张静．基于个人所得税递延政策的养老金性别不平等研究［J］．社会保障研究，2022（2）：19-33.

[132] 曹胜．国家中心范式创新价值的追问与反思：对多视角学术批评的考察［J］．学海，2022（4）：96-105.

[133] 丁建定．英国养老金制度的发展及其对中国养老金制度的启示［J］．社会保障问题研究，2003（1）：556-578.

[134] 董克用，孙博．社会保障概念再思考［J］．社会保障研究，2011（5）：3-8.

[135] 党俊武．老龄金融是应对人口老龄化的战略制高点［J］．老龄科学研究，2013，1（5）：3-10.

[136] 董保华．我国劳动关系解雇制度的自治与管制之辨［J］．政治与法律，2017（4）：112-122.

[137] 董克用，王振振，张栋．中国人口老龄化与养老体系建设［J］．经济社会体制比较，2020（1）：53-64.

[138] 董克用，孙博，张栋．从养老金到养老金融：中国特色的概念体系与逻辑框架［J］．公共管理与政策评论，2021，10（6）：15-23.

[139] 邓大松，张怡．社会保障高质量发展：理论内涵、评价指标、困境分析与路径选择［J］．华中科技大学学报（社会科学版），2020，34（4）：38-47.

[140] 费孝通．江村经济：中国农民的生活［M］．南京：江苏人民出版社，1986.

[141] 房连泉．全面建成多层次养老保障体系的路径探讨：基于公共、私人养老金混合发展的国际经验借鉴［J］．经济纵横，2018（3）：75-85.

[142] 封进. 人口老龄化、社会保障及对劳动力市场的影响 [J]. 中国经济问题, 2019 (5): 15-33.

[143] 房莉杰. 平等与繁荣能否共存: 从福利国家变迁看社会政策的工具性作用 [J]. 社会学研究, 2019, 34 (5): 94-115+244.

[144] 范维强, 刘俊霞, 杨华磊. 生育、养老保险基金可持续与养老金待遇机制调整 [J]. 统计与信息论坛, 2020, 35 (9): 17-25.

[145] 郭鹏. 日本共济年金与厚生年金的"并轨"及对中国的启示 [J]. 甘肃社会科学, 2017 (3): 113-117.

[146] 郭剑雄. 人口量质转型与中国经济增长——从马尔萨斯陷阱到内生型增长的人口变迁视角审视 [J]. 陕西师范大学学报 (哲学社会科学版), 2019, 48 (6): 22-33.

[147] 郭东杰, 唐教成. 人口老龄化、养老保险改革与劳动参与率研究 [J]. 财经论丛, 2020 (6): 12-20.

[148] 高山宪之, 王新梅. 日本公共养老金制度设计如何借鉴国际经验? [J]. 社会保障评论, 2018, 2 (3): 22-29.

[149] [丹麦] 戈斯塔·埃斯平-安德森. 转型中的福利国家: 全球经济中的国家调整 [M]. 杨刚, 译. 北京: 商务印书馆, 2010.

[150] 胡继晔. 养老金融: 促进社会保障可持续的重要战略 [J]. 中国党政干部论坛, 2016 (1): 50-52.

[151] 韩克庆. 养老保险中的市场力量: 中国企业年金的发展 [J]. 中国人民大学学报, 2016, 30 (1): 12-19.

[152] 黄薇, 王保玲. 基于个税递延政策的企业年金保障水平研究 [J]. 金融研究, 2018 (1): 138-155.

[153] 黄宪, 刘岩, 童韵洁. 金融发展对经济增长的促进作用及其持续性研究: 基于英美、德国、法国法系的比较视角 [J]. 金融研究, 2019 (12): 147-168.

[154] 贺晓波, 宋雅京, 曾诗鸿. 降低养老统筹费率、试行个税递延型商业险的储蓄效应 [J]. 上海经济研究, 2020 (2): 122-128.

[155] 景天魁, 杨建海. 底线公平和非缴费性养老金: 多层次养老保障体系的思考 [J]. 学习与探索, 2016 (3): 32-36.

[156] 景鹏, 胡秋明. 生育政策调整、退休年龄延迟与城镇职工基本养老保

险最优缴费率［J］．财经研究，2016，42（4）：26-37．

　　［157］蹇滨徽．中国城镇职工多层次养老保险制度分析与优化研究［D］．成都：西南财经大学，2021．

　　［158］［丹麦］考斯塔·艾斯平-安德森．福利资本主义的三个世界［M］．北京：法律出版社，2003．

　　［159］克劳斯·彼得森，陶冶，华颖．为福利而增长还是为增长而福利？北欧国家经济发展和社会保障之间的动态关系［J］．社会保障评论，2019，3（3）：24-32．

　　［160］陆铭，欧海军．高增长与低就业：政府干预与就业弹性的经验研究［J］．世界经济，2011（12）：3-31．

　　［161］李倩倩．新西兰私人养老储蓄计划评估对我国的启示［J］．现代经济探讨，2015（12）：91-95．

　　［162］刘苓玲，任斌，赵佩娜．公共养老保险制度参数调整与基金平衡研究：一个文献综述［J］．社会保障研究（北京），2016，23（1）：74-85．

　　［163］赖平耀．中国经济增长的生产率困境：扩大投资下的增长下滑［J］．世界经济，2016，39（1）：75-94．

　　［164］刘军强．沙滩上的大厦：中国社会保险发展与治理的跟踪研究［M］．北京：商务印书馆，2018．

　　［165］刘鹏，刘嘉．非均衡治理模式：治理理论的西方流变及中国语境的本土化［J］．中国行政管理，2019（1）：109-115．

　　［166］林义．论多层次社会保障模式［J］．中国保险管理干部学报，1994（1）：1-10．

　　［167］林义．社会保险制度分析引论［M］．成都：西南财经大学出版社，1997．

　　［168］林义．养老基金与资本市场互动发展的制度性约束［J］．社会保障研究（北京），2005（1）：149-158．

　　［169］林义．养老基金与资本市场互动发展的制度分析［J］．财经科学，2005（4）：90-96．

　　［170］林义，林熙．人口老龄化与养老保险制度可持续发展需要重视的问题［J］．老龄科学研究，2015，3（3）：61-69．

　　［171］林义．积极应对人口老龄化挑战的战略思维［J］．西华师范大学学报

（哲学社会科学版），2016（2）：41-44.

[172] 林义，周娅娜. 德国里斯特养老保险计划及其对我国的启示 [J]. 社会保障研究，2016（6）：63-70.

[173] 林义. 中国多层次养老保险的制度创新与路径优化 [J]. 社会保障评论，2017，1（3）：29-42.

[174] 林义，刘斌，刘耘礽. 社会治理现代化视角下的多层次社会保障体系构建 [J]. 西北大学学报（哲学社会科学版），2020，50（5）：103-111.

[175] 林义，任斌. 政治经济视角下的中国社会保障：变迁逻辑与发展经验 [J]. 社会科学，2021（10）：57-69.

[176] 林义. 多层次社会保障体系优化研究 [M]. 北京：社会科学文献出版社，2021.

[177] 林义. 我国多层次养老保障体系优化与服务拓展 [J]. 社会保障评论，2022，6（5）：56-65.

[178] 梁漱溟. 中国文化要义 [M]. 上海：学林出版社，1987.

[179] 林毓铭. 部分积累式养老保险制度研究 [J]. 财经科学，1996（4）：25-28.

[180] 李培林. 关于社会结构的问题：兼论中国传统社会的特征 [J]. 社会学研究，1991（1）：77-83.

[181] 李连芬，刘德伟. 我国养老金"多支柱"模式存在的问题及改革方向 [J]. 财经科学，2011（3）：108-116.

[182] 吕明元，尤萌萌. 韩国产业结构变迁对经济增长方式转型的影响：基于能耗碳排放的实证分析 [J]. 世界经济研究，2013（7）：73-80+89.

[183] 刘建伟. 习近平的协同治理思想 [J]. 武汉理工大学学报（社会科学版），2018（1）：51-56.

[184] 路锦非，杨燕绥. 第三支柱养老金：理论源流、保障力度和发展路径 [J]. 财经问题研究，2019（10）：86-94.

[185] 李小林，张源，赵永亚. 人口老龄化、城镇化与城镇职工养老保险支付能力 [J]. 金融评论，2020，12（1）：94-114+125-126.

[186] 吕冰洋，张兆强. 中国税收制度的改革：从嵌入经济到嵌入社会 [J]. 社会学研究，2020，35（4）：152-173+244-245.

[187] 刘伟，陈彦斌. 2020—2035 年中国经济增长与基本实现社会主义现代

化［J］. 中国人民大学学报，2020，34（4）：54-68.

［188］刘继同. 中国"社会福利共识"的社会建构与现代社会主义福利国家制度目标［J］. 学术月刊，2022，54（6）：73-84.

［189］刘一弘，高小平. 风险社会的第三种治理形态："转换态"的存在方式与政府应对［J］. 政治学研究，2021（4）：122-133+159.

［190］马勇. 究竟是什么决定了一国的金融体系结构［J］. 财经研究，2012，38（1）：61-71.

［191］穆怀中，陈洋，陈曦. 灵活就业人员参保缴费激励机制研究：以家庭预期收益效用为视角［J］. 中国人口科学，2016（6）：11-24+126.

［192］潘斌. 社会风险研究：时代危机的哲学反思［J］. 哲学研究，2012（8）：16-18.

［193］刘继同. 中国"社会福利共识"的社会建构与现代社会主义福利国家制度目标［J］. 学术月刊，2022，54（6）：73-84.

［194］彭华民. 福利三角：一个社会政策分析的范式［J］. 社会学研究，2006（4）：157-168+245.

［195］人民论坛. 大国治理：国家治理体系和治理能力现代化［M］. 北京：中国经济出版社，2014.

［196］宋清华. 金融体系变迁与中国金融改革取向［J］. 财贸经济，2001（12）：26-30.

［197］单豪杰. 中国资本存量K的再估算：1952~2006年［J］. 数量经济技术经济研究，2008，25（10）：17-31.

［198］孙祁祥，郑伟. 中国养老年金市场：发展现状、国际经验与未来战略［J］. 保险研究，2013（5）：129.

［199］邵红伟，靳涛. 收入分配差距根源研究：基于三步法收入分配分析框架［J］. 社会科学，2016（11）：44-51.

［200］宋凤轩，张泽华. 日本第三支柱养老金资产运营管理评价及借鉴［J］. 社会保障研究，2019（6）：90-99.

［201］宋凤轩，张泽华. 日本第三支柱养老金资产管理：运营模式、投资监管及经验借鉴［J］. 现代日本经济，2020，39（4）：85-94.

［202］妥宏武，杨燕绥. 养老金制度及其改革：基于不同福利模式的分析［J］. 经济体制改革，2020（2）：11-16.

［203］汤闳淼．平台劳动者参加社会养老保险的规范建构［J］. 法学，2021（9）：164-175.

［204］汪建强．当代英国养老金制度改革简述［J］. 学海，2005（2）：146-150.

［205］王绍光．从经济政策到社会政策：中国公共政策格局的历史性转变［J］. 中国公共政策评论，2007（1）：29-45.

［206］王健，王红梅．中国特色政府规制理论新探［J］. 中国行政管理，2009（3）：36-40.

［207］吴敬琏，刘吉瑞．论竞争性市场体制［M］. 北京：中国大百科全书出版社，2009.

［208］［日］武川正吾．福利国家的社会学：全球化、个体化与社会政策［M］. 李莲花，李永晶，朱珉，译，北京：商务印书馆，2011.

［209］王海东．我国退休年龄政策及其对个人账户替代率的影响研究［J］. 保险研究，2013（5）：82-93.

［210］汪丽萍，邓文慧．企业年金税惠政策的税收平滑作用研究［J］. 保险研究，2017（5）：62-74.

［211］王海明．保险协同治理研究［M］. 北京：社会科学文献出版社，2017.

［212］沃夫冈·舒尔茨，蔡泽昊．全球政治经济视角下的社会保障：历史经验与发展趋势［J］. 社会保障评论，2017，1（1）：135-152.

［213］吴香雪，杨宜勇．"立"与"守"协同治理：构建社会保障共同体：社会契约视域下的社会保障责任划分与践行［J］. 西部论坛，2020，30（4）:12-23.

［214］王萌萌，张璟．汇率制度、货币政策名义锚与通货膨胀［J］. 世界经济与政治论坛，2021（4）：93-121.

［215］王萌萌，眭鸿明．守护正义：我国社会保险权的实现路径［J］. 南京社会科学，2021（4）：107-113.

［216］吴晓求，何青，方明浩．中国资本市场：第三种模式［J］. 财贸经济，2022，43（5）：19-35.

［217］徐进．当代中国的福利生产机制及其生成逻辑［J］. 学术探索，2021（8）：76-84.

［218］席恒，翟绍果．更加公平可持续的养老保险制度的实现路径探析

[J]．中国行政管理，2014（3）：11-14．

[219] 席恒，余澍，李东方．光荣与梦想：中国共产党社会保障 100 年回顾[J]．管理世界，2021，37（4）：12-24．

[220] 徐晓军．内核—外围：传统乡土社会关系结构的变动：以鄂东乡村艾滋病人社会关系重构为例[J]．社会学研究，2009，24（1）：64-95+244．

[221] 肖瑛．从"国家与社会"到"制度与生活"：中国社会变迁研究的视角转换[J]．中国社会科学，2014（9）：88-104+204-205．

[222] 徐文娟，褚福灵．基于收入水平的多层次养老保险体系构建研究[J]．社会保障研究，2016（5）：3-10．

[223] 小野太一，黄莎，华颖．日本社会保障的历史发展与当前问题[J]．社会保障评论，2019，3（3）：14-23．

[224] 谢波峰，常嘉路．个税改革如何影响了个人税收递延型商业养老保险的需求[J]．财贸经济，2021，42（7）：49-66．

[225] 杨燕绥．中国社会保障法律体系的构想[J]．公共管理学报，2004（1）：63-70+95-96．

[226] 应展宇．变革中的欧洲金融体系：1980~2000[J]．世界经济，2005（7）：3-14．

[227] [美] 亚历山大·格申克龙．经济落后的历史透视[M]．张凤林，译．北京：商务印书馆，2009．

[228] 杨令侠．加拿大应对金融危机的几个特点[J]．红旗文稿，2009（22）：9-11．

[229] 杨菊华，何炤华．社会转型过程中家庭的变迁与延续[J]．人口研究，2014，38（2）：36-51．

[230] 杨舸．社会转型视角下的家庭结构和代际居住模式：以上海、浙江、福建的调查为例[J]．人口学刊，2017，39（2）：5-17．

[231] 余泳泽，胡山．中国经济高质量发展的现实困境与基本路径：文献综述[J]．宏观质量研究，2018，6（4）：1-17．

[232] 杨复卫．新中国养老保险法治建设 70 年：变革、成就与启示[J]．现代经济探讨，2020（2）：93-103．

[233] 袁志刚，郑志伟，葛劲峰．全球经济增长面临的困境与出路[J]．学术月刊，2020，52（8）：67-82．

[234] 于新亮，张文瑞，郭文光，等．养老保险制度统一与劳动要素市场化配置：基于公私部门养老金并轨改革的实证研究 [J]. 中国工业经济，2021（1）：36-55.

[235] 郑宇．开放还是保护：国家如何应对经济危机 [J]. 世界经济与政治，2018（12）：134-155+160.

[236] 郑功成．共同富裕与社会保障的逻辑关系及福利中国建设实践 [J]. 社会保障评论，2022，6（1）：3-22.

[237] 郑功成．当代社会保障发展的历史观与全球视野 [J]. 经济学动态，2011（12）：71-74.

[238] 郑功成．中国养老金：制度变革、问题清单与高质量发展 [J]. 社会保障评论，2020，4（1）：3-18.

[239] 郑功成．多层次社会保障体系建设：现状评估与政策思路 [J]. 社会保障评论，2019，3（1）：3-29.

[240] 郑功成．中国社会保障70年发展（1949—2019）：回顾与展望 [J]. 中国人民大学学报，2019，33（5）：1-16.

[241] 张盈华．工作贫困：现状、成因及政府劳动力市场政策的作用：来自欧盟的经验 [J]. 国际经济评论，2016（6）：121-133+7.

[242] 张思锋，李敏．中国特色社会养老保险制度：初心改革再出发 [J]. 西安交通大学学报（社会科学版），2018，38（6）：83-92.

[243] 郑秉文．养老金制度改革应重点关注八个方面 [J]. 经济研究参考，2015（12）：34.

[244] 郑秉文，胡云超．英国社会养老制度市场化改革对储蓄的影响 [J]. 欧洲研究，2004（1）：116-129+158-159.

[245] 郑秉文，孙守纪．强制性企业年金制度及其对金融发展的影响：澳大利亚、冰岛和瑞士三国案例分析 [J]. 公共管理学报，2008（2）：1-13+121.

[246] 郑秉文．中国养老金发展报告2016："第二支柱"年金制度全面深化改革 [M]. 北京：经济管理出版社，2016.

[247] 郑秉文．扩大参与率：企业年金改革的抉择 [J]. 中国人口科学，2017（1）：2-20+126.

[248] 郑秉文．改革开放40年：商业保险对我国多层次养老保障体系的贡献与展望 [J]. 保险研究，2018（12）：101-109.

[249] 郑秉文."多层次混合型"养老保障体系与第三支柱顶层设计 [J]. 社会发展研究, 2018, 5 (2): 75-90.

[250] 郑秉文, 周晓波, 谭洪荣. 坚持统账结合与扩大个人账户: 养老保险改革的十字路口 [J]. 财政研究, 2018 (10): 55-65.

[251] 郑秉文. 面向 2035 和 2050: 从负债型向资产型养老金转变的意义与路径 [J]. 华中科技大学学报 (社会科学版), 2021, 35 (3): 20-37.

[252] 钟伟, 黄涛. 从统计实证分析破解中国 M2/GDP 畸高之谜 [J]. 统计研究, 2002 (4): 24-27.

[253] 张乐川. 公共养老保险制度改革困境的探讨: 基于日本国民年金基金的分析 [J]. 现代日本经济, 2016 (3): 84-94.

[254] 周飞舟. 政府行为与中国社会发展: 社会学的研究发现及范式演变 [J]. 中国社会科学, 2019 (3): 21-38+204-205.

[255] 张维为. 这就是中国: 走向世界的中国力量 [M]. 上海: 上海人民出版社, 2019.

[256] 张全红. 我国劳动收入份额影响因素及变化原因: 基于省际面板数据的检验 [J]. 财经科学, 2010 (6): 85-93.

[257] 张乃丽, 刘俊丽. 日本女性就业与经济增长的相关性研究 [J]. 日本学刊, 2015 (3): 120-139.

[258] 赵频. 积极劳动力市场政策研究综述 [J]. 商业研究, 2012 (11): 48-54.

[259] 周云波, 田柳, 陈岑. 经济发展中的技术创新、技术溢出与行业收入差距演变: 对 U 型假说的理论解释与实证检验 [J]. 管理世界, 2017 (11): 35-49.

[260] 张慧智, 金香丹. 韩国多支柱养老保障体系改革及启示 [J]. 人口学刊, 2017, 39 (2): 68-77.

[261] 周海珍, 吴俊清. 个人税收递延型商业养老保险受益群体和财政负担分析: 基于新旧个人所得税税制的比较 [J]. 保险研究, 2019 (8): 70-80.

[262] 郑智航. 国家治理现代化的中国逻辑及其展开 [J]. 法制与社会发展, 2021, 27 (3): 71-89.

[263] 郑路, 徐旻霞. 传统家庭观念抑制了城镇居民商业养老保险参与吗?: 基于金融信任与金融素养视角的实证分析 [J]. 金融研究, 2021 (6): 133-151.

［264］赵青，徐静，王晓军．"正规就业—灵活就业"比较视角下的养老金充足性研究［J］．保险研究，2021（9）：99-111.

［265］张晓彤，张立新．中国城镇化进程概述和未来城镇化水平预测［J］．云南农业大学学报（社会科学版），2021，15（1）：20-25.

［266］朱文佩，林义．养老金融发展与家庭金融资产配置的国际经验借鉴［J］．西南金融，2022（7）：3-17.

［267］朱文佩，林义．金融素养、金融普惠性与养老金融资产配置［J］．山西财经大学学报，2022，44（3）：43-57.

［268］翟绍果．福利共享与全民共富：走向福利中国的百年实践与经验价值［J］．社会保障评论，2022，6（3）：21-33.

［269］张熠．社会保障模式与改革：一个基于"不可能三角"理论的分析［J］．社会保障评论，2022，6（3）：44-56.

［270］约翰·合德森，华颖．从福利国家到竞争国家？英国社会保障与经济关系的演变［J］．社会保障评论，2018，2（1）：123-140.

［271］林义．制度分析及其方法论意义［J］．经济学家，2001（4）：79-85.

［272］中国证券投资基金业协会．个人退休账户（IRA）在美国家庭退休储蓄中的角色［J］．声音，2019（2）：1-25.

［273］郭瑜，田墨．企业年金参与的影响因素分析：基于雇主—雇员应配数据的实证研究［J］．中国人民大学学报，2016，30（1）：37-43.

［274］潘家华，单菁菁，武占云．中国城市发展报告 No.12［M］．北京：社会科学文献出版社，2019.

［275］贺觉渊．去年基本养老保险基金权益投资收益达 1136 亿［N］．证券时报，2021-09-15（A02）.

［276］林义，蹇滨徽．OECD 国家公共养老金待遇自动调整机制的经验及启示［J］．探索，2019（2）：108-117.

［277］金刚，柳清瑞，宋丽敏．延迟退休的方案设计及对城镇企业职工基本养老保险统筹基金收支影响研究［J］．人口与发展，2016，22（6）：25-36.